医院档案管理与实务

潘美恩 廖思兰 黄洁梅 主 编

吉林科学技术出版社

图书在版编目（CIP）数据

医院档案管理与实务 / 潘美恩，廖思兰，黄洁梅主编． -- 长春：吉林科学技术出版社，2021.8
ISBN 978-7-5578-8581-6

Ⅰ．①医… Ⅱ．①潘… ②廖… ③黄… Ⅲ．①医院－档案管理 Ⅳ．①G275.9

中国版本图书馆CIP数据核字(2021)第171311号

医院档案管理与实务

主　　编	潘美恩　廖思兰　黄洁梅
出 版 人	宛　霞
责任编辑	隋云平
封面设计	北京万瑞铭图文化传媒有限公司
制　　版	北京万瑞铭图文化传媒有限公司
幅面尺寸	185mm×260mm　　1/16
字　　数	291千字
页　　数	216
印　　张	13.5
版　　次	2022年4月第1版
印　　次	2022年4月第1次印刷
出　　版	吉林科学技术出版社
发　　行	吉林科学技术出版社
地　　址	长春市净月区福祉大路5788号
邮　　编	130118
发行部电话/传真	0431-81629529　81629530　81629531　81629532　81629533　81629534
运输部电话	0431-86059116
编辑部电话	0431-81629518
印　　刷	长春市昌信电脑图文制作有限公司
书　　号	ISBN 978-7-5578-8581-6
定　　价	60.00元

版权所有　翻印必究　举报电话：0431-81629508

前言

任何管理学科的产生和发展，都因其具有独一无二无可取代的存在价值。而这种存在价值主要是通过学科自身的功效反映出来。档案管理学也是如此。作为中国档案学最基础的学科，档案管理学的功效直接体现了中国档案学的发展水平和地位。

档案管理学的结构主要分三部分，一是档案的定义，即提出档案管理的研究对象。二是档案管理的过程，旨在提出管理的方法、原则及基本程序。三是档案管理者及档案管理机构组织，也就是档案管理的主体。中国的档案管理学自发展以来，到20世纪80年代，一直采用这种结构。这种结构可以长期存在并一直被沿用，说明其具有一定的合理性。任何一门学科如果上升到管理层面，那么就无法躲避"管什么""如何管""谁来管"的问题。如果不对档案进行详细的定义和说明，就无法为其找到相应的管理者和管理方式；如果不对档案管理的过程进行系统化、针对性的分析，那么对档案管理的主体研究将会变得没有价值。同样，对管理主体认识模糊，则很难具体问题具体分析，形成科学合理的管理方式。因此，这种管理无论从各个结构或从各机构之间的相互功效来看，都存在合理性，并可以很清晰地折射出管理类科学的构建方式。

可以说中国的档案管理学的结构功效一般体现在两个方面，一是以教育为目的，深入分析学科的结构，以达到良好的教育意义和教学效果。二是以完善学科为目的，通过对管理学的结构进行完善和细化，让其更好地发挥理论的指导意义。

从中国档案管理学的现状来看，已经具备管理学的基本结构，但要使之朝着科学的管理学方向发展，还需要不断地加强探索和深入研究。首先，需要加强结构本身的功效建设，例如针对档案的定义，实际上就是对档案管理对象的探讨，档案的行政管理，则是对档案的组织机构或管理者操作方式的研究。如何对档案的价值进行鉴定，实际上是研究档案管理的过程与方法。这些理论观点本身的发展，就是对档案管理学功效的加强和细化。其次，是要加强各个结构之间的联系。例如，在探讨档案管理的过程时，需要考虑到这个过程的对象和实施主体，如果欠缺考虑就会导致结构的单一性，缺乏针对性。只有做到上述两点，才能逐步完善中国档案管理学的研究，这种完善不仅仅是结构上的完善，更是对档案管理学自身的不断充实。

中国档案学存在的最大优势是可以对数据或对象进行系统化分析，这一点在档案管理学上得到了很好的诠释。档案管理学作为中国档案学的基础科学，普及程度逐渐加强，也渐渐受到全社会的重视。档案管理学经过不断的完善、充实、演变，已经形成了自己独有的体制和发展模式。未来随着科技的不断进步，研究方式更加多样化，对档案管理的研究将更加细致和深入。档案管理学的不断完善，必将更好地起到其应有的指导和实践意义。

目录

第一章 医院档案认知 ... 1
第一节 医院档案的定义 ... 1
第二节 医院档案的来源 ... 2
第三节 医院档案的本质 ... 7
第四节 医院档案的种类 ... 13

第二章 医院档案管理 ... 16
第一节 医院档案管理工作概述 ... 16
第二节 医院档案管理工作的原则 ... 18
第三节 医院档案管理的组织体系 ... 21
第四节 医院档案管理的制度建设 ... 25
第五节 医院档案管理的发展趋势 ... 27

第三章 医院档案收集管理 ... 30
第一节 医院档案收集工作概述 ... 30
第二节 医院档案收集的形式 ... 34
第三节 医院 档案收集工作的要求 ... 43

第四章 医院档案整理 ... 44
第一节 医院档案整理工作概述 ... 44
第二节 医院档案整理的内容 ... 47
第三节 医院档案整理的类型 ... 51
第四节 医院档案整理的组织管理 ... 64

第五章 医院档案鉴定 ... 68
第一节 医院档案鉴定工作概述 ... 68
第二节 医院档案鉴定的价值 ... 77
第三节 档案保管期限 ... 84

  第四节　医院档案的销毁 87
第六章　医院档案保管与防护 89
  第一节　档案库房建设标准和管理 89
  第二节　纸质档案保管与防护 94
  第三节　非纸质档案保管与防护 104
  第四节　实物档案保管与防护 108
  第五节　档案库房安全防范 112
  第六节　档案管理系统安全防范 116
第七章　医院档案灾害预防 124
  第一节　档案灾害的产生原因 124
  第二节　档案灾害的种类 125
  第三节　档案灾害的预防机制 128
  第四节　档案灾害的应急处理 130
第八章　医院档案资源开发利用 134
  第一节　医院档案资源的服务和利用 134
  第二节　医院档案编研和汇编 136
  第三节　医院档案资源开发利用能力建设 140
  第四节　医院档案资源开发利用与保密 142
  第五节　新技术在档案开发利用中的应用 147
第九章　医院档案实务 151
  第一节　档案的著录标引及检索 151
  第二节　声像档案的管理 168
  第三节　名人档案的建立和管理 173
  第四节　医院基建档案的管理 183
  第五节　科技档案的管理 185
  第六节　设备仪器档案的管理 202
参考文献 209

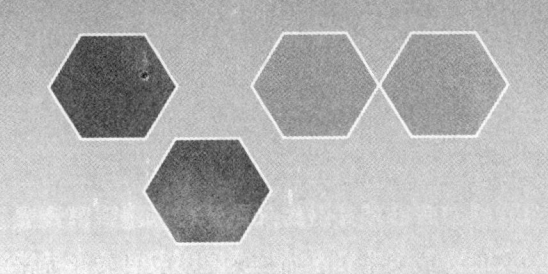

第一章 医院档案认知

第一节 医院档案的定义

要对档案下一个比较科学的定义，必须搞清楚档案这一概念的本质属性。档案的本质属性主要是：

其一，档案是人们（含国家机构、社会组织和个人）在社会实践活动中（政治、经济、科学、文化等）直接形成的原始记录，是第一手材料；

其二，档案具有查考利用价值；

其三，记录档案的方式和载体多种多样。

据此，对档案的定义可以做如下表述："档案：国家机构、社会组织和个人从事政治、经济、科学、文化等社会实践活动直接形成的文字、图表、声像等形态的历史记录。"

这一定义的基本含义，包括以下四个方面：

一、档案是人们（组织和个人）在其社会实践活动中直接形成的

这里的"人们"泛指历代的国家机构、社会组织、家族、家庭和个人，他们是档案的形成（制作）者。但是，不是任何人都可以形成档案，必须是从事社会的政治、经济、科学、文化等实践活动的人们，也就是说档案是人们在从事社会实践的活动中产生和形成的，离开了人们的社会实践活动便不可能产生档案。然而，档案又是直接形成的，没有经过任何中间环节。可是"人们"是复杂的，"社会实践活动"是极其丰富的，"直接形成"是可靠的，因而决定了档案来源的广泛性、复杂性，档案种类的多样性、丰富性和档案内容的客观真实性。

二、档案是历史的原始记录

由于档案是它的形成者在从事社会实践活动中直接形成的第一手材料，即原始记录，不是人们事后编写或随意收集的材料，因而它具有原始记录性的特点。所以档案的原稿（原本）往往只有一份孤本，是最珍贵的。在实际工作中要特别注意保护档案原件（原本）的完整与安全，就是这个道理。

三、档案是由文件转化而来的

人们从事社会实践活动的直接原始记录为文件（或文书），而档案是从文件转化而来的。文件转化为档案必须具备三个基本条件：一是办理完毕（或叫处理完毕）的文件才能作为档案。正在办理的文件不是档案。衡量文件办理完毕的标志是：完成了文书处理程序；一般完成了文件的现行效用。所以可以说，文件是档案的前身，档案是文件的归宿；"今天"的档案就是"昨天"的文件，"今天"的文件就是"明天"的档案。二是有查考利用价值（即凭证和参考作用）的文件，才有必要作为档案保存。文件办理完毕后，其中有些文件虽失去了现行效用，但对日后工作和科学历史研究仍有查考利用价值；有的文件则随现行效用的消失而一同消失，无查考利用价值，不必作为档案保存。所以档案又是文件的精华，"有文必档"是不对的。三是按照一定的规律保存起来的文件，才能最后成为档案。档案虽然由文件转化而来的，但是文件不能自动地成为档案。人们只能按照文件形成的规律、历史联系及其各种特征，运用立卷的原则和方法，组合成系统性、条理性的案卷（或叫保管单位），即立卷归档后才能成为档案。从这个意义上说，文件是档案的因素，档案是文件的组合。

四、档案信息的记录方式和载体是多种多样的

档案信息的记录方式和载体（又称制成材料）是构成档案的两个基本因素。档案的载体，既有我国古代遗留下来的龟甲兽骨、竹简木牍、金石、贝叶、缣帛等档案，又有近现代以纸张为主的纸质档案，还有胶片、磁带、磁盘等现代形式的档案。档案信息的记录方式有：文字的、图像的和声音的等多种形式。档案信息的记录方式和载体的发展变化与革新，标志着档案和档案工作发展不同阶段的不同水平。档案工作者必须明确档案的范围，把应该保存归档的文件收集齐全，集中保管。

第二节 医院档案的来源

一、档案的产生

我国的档案源远流长、卷帙浩繁、内容丰富、种类极多、价值珍贵。它不仅是中华民族光辉灿烂文化的象征，而且是中华民族文明历史发展的见证。毛泽东同志指出："在中华民族开化史上，有素称发达的农业和手工业，有许多伟大的思想家、科学家、发明家、政治家、军事家、文学家和艺术家，有丰富的文化典籍……中国是世界文明发达最早的国家之一，中国已有将近四千年的有文字可考证的历史。"这里说的"文化典籍"即包括历史档案及其编纂物；"有文字可考证的历史"，就是指甲骨文字（书），即已发掘的甲骨档案，也就是说，有档案可考证的历史将近四千年。

在远古社会未产生文字以前，人们用语言作为表达思想、交流感情和经验的工具。但是这种口耳相传的"记录"方式难以记住、传远，也容易失真，于是人们便产生了用"结绳""刻契""图

画"等记录方式来辅助记忆。

所谓"结绳",就是人们在绳子上打成大小不等、式样不同、颜色各异的结,以表示各种不同的事情。《易经》上有"上古绳,以记事"之说。"刻契",就是人们在骨头、木板、竹器或其他材料(如陶器)上刻成各种形状不同的符号和标记,用以记事。由于"结绳""刻契"均具有备忘、信守、凭证的作用,有保存使用的价值,所以当事人或相应范围内的人一见到这些符号、标记,就能明了其中的含义,唤起对往事的回忆,帮助他们研究和处理各种事情,从中得到益处。从这个意义上来说,"结绳""刻契"记事具有档案的性质,是我国早期档案的萌芽。比"结绳""刻契"更能直接表意的记事方法就是"图画"。远古的人常在其居住的洞壁上画画,用以记载他们的活动、表达他们的思想。比如,打了一头牛、两只鹿,他们就在收获图上画上一头牛、两只鹿,画得很逼真,使人一看就知道是什么意思。因此,有些人又把这种图画称为"图画文字"。图画文字在档案界被称为图画档案。这种由图画文字所组成的"文件",无论中外都有较多的发现。它是艺术档案的始祖,也是现代档案的前身。

随着生产力的发展、社会的进步,上述这些记事表意的具体图画符号逐渐和语言相结合,成为抽象的、一般的概念的代表,这就是最早的文字(一般称为"象形文字")。随着文字系统化的文书档案,要算殷商的甲骨档案了。

二、档案载体的发展

甲骨,是龟甲和兽骨(大都是牛胛骨)的统称,既是当时的占卜材料,也是一种书写材料。甲骨档案就是殷商和周初统治者在占卜活动和政务活动中,刻写在甲骨上的关于政治、军事、经济和社会生活等各方面情况的文字记录。由于它绝大部分是在占卜活动中形成,并在殷墟(今河南安阳)大量出土,人们又习惯称其为"甲骨卜辞"或"殷墟卜辞""殷墟书契"等。到目前为止,我国出土甲骨共十五万片之多,是研究商周历史不可缺少的第一手材料。

在纸张普遍使用以前的历史时期,除有上述甲骨档案外,我们的祖先还把文字刻写在竹木、青铜(器)、石头、缣帛、玉板等材料上,从而形成了简册档案、金文档案、石刻档案和缣帛档案等。

青铜器是用铜锡合金铸成的器具,铸刻在这种器具上的铭文,因古人称铜为金的缘故,被称为"金文"。铜器在古代又称为"钟鼎",故它又名为"钟鼎文"。从殷商晚期开始,人们就在铜器上面铸刻文字、记载史实,特别是西周以后,风气极盛,并且一直延续到了春秋战国时代。当时,凡属颁布法律、册命赏赐、战争征伐、记功述德、诉讼誓盟等重大事件及其形成的有关重要文件,都专门铸造器物进行记载。例如西周晚期的《矢人盘》是矢、散两国划定疆界的契约文书。又如《曶鼎铭》,记述贵族匡与曶的诉讼纠纷,其中特别记载了我国西周的奴隶价格。显然,这些记事性质的铭文,不是为了传播知识、总结经验,而是为了传给后世子孙作为信证或纪念,它的档案属性十分明显,我们称它为"金文档案"。

石刻档案,在我国大约始于周代。先秦典籍中不乏"镂于金石"的记载。1965年在山西境内出土的侯马盟书（属于公元前五世纪春秋末期晋国与各诸侯国的盟书），就有相当部分是刻写在石板上的。秦帝国统一政权建立后，秦始皇曾多次出巡，在峄山、泰山、会稽等处数次刻石，有的是颁布诏令、宣示政策，有的是整齐风俗、记功述德，内容相当丰富。这些石刻被西汉大史学家司马迁作为修史的第一手资料录入《史记》。可见，它们的档案性质是较为明显的。石刻特有的优点使得它在纸张盛行之后也不曾绝迹，因而千百年来石刻延续不断。仅近几年就陆续发现了不少，其中较为典型的有：长江水位石刻、宋代交通法规石刻、明代地方政府禁止早婚石刻、清代保护山林石木的石刻、明清四川地震石刻等等。它们是历史研究极其珍贵难得的原始材料，也是我国历史档案的一个重要组成部分。石刻档案和前面谈到的金文档案，在档案界往往合称为"金石档案"。

大约从春秋战国起，我国开始在丝织品上书写文件、绘制地图，从而出现了缣帛档案。《墨子》《韩非子》《晏子春秋》等古代典籍中都有这方面的记载。春秋秦汉时期，缣帛档案增多。史书上谈到的东汉末年董卓的军队曾毁坏了皇家档案库中保存的大量帛书一事就是证明。20世纪70年代，湖南长沙出土了缣帛档案，其中三幅西汉初年的舆图档案更为举世所罕见。它是中国也是世界上迄今发现的最古的地图档案。

甲骨档案、金石档案等，是特定历史条件和环境的产物。它们的制成材料，甲骨也好、金石也好，在当时不可能是专门用来书写的材料，只有经过整治的竹片木板才是。以竹木为载体的原始历史记录，就是通常所说的"简牍档案"。

所谓"简"，是指一根竹片；用绳索编连在一起的若干根竹简，就称为"策"（也写成"册"）。简编成册一般可分为麻编（用麻绳编连）、丝编（用丝绳编连）和韦编（用熟牛皮条编连）三种。简册主要用来书写较长的文件。一块未写字的木板叫"版"，写有字的则叫"牍"，一尺见方的"牍"，又称为"方"。版多用来书写短文及图画、写信、登录物品与统计户口等。

档案载体是不断变化发展的，随着社会的进步、文化的发展，简、帛作为书写材料，已显露出它们的不足，正如《后汉书·蔡伦传》所说："缣贵而简重，并不便于人。"于是，智慧勤劳的中国人民就发明了一种既具简、帛之长又免简、帛之短的新型书写材料——纸。

据考古发掘和文献记载，远在西汉就出现了纸，经过蔡伦的改进推广，逐渐被用来进行书写，形成了纸、帛、简并用的局面。到公元四世纪的魏晋南北朝时期，纸以它轻便价廉、易于书写、便于传递的优势，逐渐取代了简、帛成为当时通用的书写材料。史书上说，东汉安帝时，太尉桓玄掌握了朝政大权，随即下诏停用简牍，皆代之以"黄纸"书写公文。从此，纸张就普遍成为我国档案文件的书写材料，以纸张为载体的纸质档案，也就大规模形成。纸的发明及其应用于文献记录，给文书档案工作带来了一场空前的大变革。

近百余年来，新型档案载体——磁性材料和感光材料相继问世，影片、照片、录音、录像档案和机读档案不断产生，从而极大地丰富了档案的内容和形式。

三、档案称呼的演变

我国档案的历史，源远流长。在"档案"一词出现并泛指旧公文之前的较长时期里，档案的称谓多而不一。大体可根据它们的载体划分为两大类别。汉魏以前，主要以竹木作为书写材料，因此，文书档案的称呼，从文字学的角度来看，大都与竹木有关，如"典""册""简""策""简书""简策""简牍""典籍""图籍"等。周代，称文书档案为"中"，"中"实是古"册"字的省形，也与竹木相关。汉魏以后，书写材料主要是纸张，因而档案多称为"文书""公文""文案""堂案""文卷""案卷""案牍""文牍""例案"等。"档案"一词在清代初期已开始使用。康熙十九年（1680年）的《起居注》中就有"部中无档案"之语，杨宾在《柳边纪略》一书中，数处提到"档案"一词，其中有一处是这样说的："边外文字多书于木，往来传递者曰牌子，以削木若牌故也。存储年久曰档案、曰档子，以积累多贯皮条挂壁若档故也。然今文字之书于纸者，亦呼为牌子、档子。"满族对档案文件的这种约定，必定随着他们对全中国的统治而沿用推广开来。因此，清代文献中，通常把保存起来的书于纸上的文字记录称作"档案""档子"，应该说就是源于这种约定，并沿用至今。

总之，不论"档案"一词是怎样演变形成的，它从清代初期见于文献记载，至今历时已三百多年，然而真正较为科学地赋予和揭示它的含义、使之成为档案学的固定术语，则是近六十年才开始的事情。

四、档案的形成

档案是由人们社会实践活动的副产品——文件直接转化而来的。文件的转化、档案的形成，自有它不可违背的客观规律。揭示这种转化的基本原理、探究档案形成的规律，有助于对档案理解的深化，有助于提高档案管理的水平。国家机关、社会组织和个人，在社会实践活动中，形成了各种载体形式的文件，这些文件在完成了特定的使命或者办理完毕之后，部分地向档案转化。这种转化绝非不同量的简单复现，而是甲事物向乙事物的飞跃，是一个由量变到质变的过程。对于这一转化过程，我们以文件完成运转、办理完毕为界点，分为前、后两个阶段进行阐述。第一阶段我们称为自然转化阶段，第二阶段称为"智能"转化阶段。

自然转化阶段。处在运转办理过程中的文件，实际上从形式到内容都已经取得了档案的预备资格。这是因为，文件，作为人们处理事务、进行管理的工具，直接来源于人们的社会实践活动，同时它又带着特定的使命，直接参与了该活动的过程。有关该活动及其进程的全部本源信息被自然地、相对稳定地沉淀在一定的文件载体之上。因此，它不但具有现行的执行效用，即指导和制约着社会实践的进行，而且还具有回溯反证历史的潜在效用，即能再现被它凝固的历史活动，成为人们查考的真凭实据和历史记录。文件的现行效用，是文件得以形成并成为文件的直接根本动因。发挥现行效用是文件的根本目的和任务，因此，一般文件在办理完毕之前，它的现行效用表现得特别突出。它的历史效用却处在一种潜伏、休眠、相对静止的状态中，不易为人觉察和理解。随着文件办理完毕和现行效用的消失，历史效用才得以显露。文件的历史效用是档案的根本

/5/

效用，是决定文件之所以能够转化为档案的客观依据。由于它潜伏在文件自身，文件从一开始就自然隐藏着档案的身份。也就是说，文件的历史效用从潜伏、休眠到显露的过程，正是文件向档案自然转化的过程。文件向档案自然转化还必须满足一个前提条件，即文件必须办理完毕。所谓办理完毕，指的是文书完成了处理程序或承办已告一段落。从一般文件效用来说，办理完毕就意味着文件现行效用的消亡、历史效用的开始，只有办理完毕的文件，才有可能成为档案。

"智能"转化阶段。主要表现为对办理完毕的文件的鉴别筛选、系统整理（通常说为立卷归档），从而使那些对今后实际工作和科学、历史研究具有查考利用价值的文件，完成向档案的最终转化，成为完全意义上的档案。同时，淘汰那些历史效用很小、不具查考利用价值的文件和没必要保存的重复文件。应该说，人们实践活动中形成的文件，都具有相应的历史效用，但并不是所有具有历史效用的文件都一定能够转化成档案。这主要取决于文件历史效用对于日后工作和科学、历史研究的查考利用价值。凡是查考利用价值较大的文件，不仅有可能、而且必须转化为档案。反过来说，查考利用价值很小，或者根本谈不上查考利用价值的文件，就没有转化的必要，也不能实现转化。

比如，每次会议产生的通知、决议、报告、简报、纪要、录音、照片等，凡有利于了解该会议的基本情况、具有重大利用查考价值的，必然会转化成档案；而关于与会者分组就餐及其有关注意事项等事务性文件，即使具有证实某十个人同为一席就餐的历史效用，但它对日后工作和科学、历史研究没有什么价值，显然没有必要，也根本不能转化成档案。

文件的现行效用是从形成后就有的，而文件的查考利用价值，则是由它的历史效用能满足人们日后某种需要的程度和人们对这种效用的估价与预测决定的。前者是构成文件查考利用价值的客观基础，而后者则是主观前提。可见，要最后完成文件向档案的转化，不可避免地还要渗透进入的意识。实际工作中，这就表现为人们对文件的鉴别，把没有查考利用价值或因重复而不值得保存的文件剔除，将有查考利用价值的文件进行系统整理、归档保存。通过这一程序，使产生时呈现出分散、杂乱等自然状态的文件，变成为系统的、条理化的档案。

文件向档案的转化，从形态来说，在第一阶段呈现出来的是自然转化形态。因为人们的社会实践活动使文件一开始就自然地潜伏着历史效用，文件的形成同时也意味着档案物质形态的形成，因而在不存在人的有意识的作用的情况下，文件就具备了转变成档案的内在条件。自然转化形态充分体现了文件成为档案的可能性。随着第一阶段的结束、第二阶段的开始，自然转化形态也相应地被"智能"转化形态取代。此时，在文件历史效用的严格制约下，人们通过科学预算分析、能动地选择处理，使那些应该成为档案的文件最终完成了转化，成为完全意义上的档案。智能转化形态决定了档案形成的现实性。

总之，医院档案由文件直接转化而来，这种转化的原理，就是档案形成原理。文秘档案工作者及其他有关人员必须掌握它、遵循它，否则，工作就会出现混乱和失误，应归档的文件不去归档，不必归档的文件又当作档案保管起来，甚至犯"有文必档"或"有档不归"的错误。

第三节 医院档案的本质

一、医院档案的本质属性

医院档案的本质属性，一般来说，就是档案所独有的原始记录性。档案不同于一般的信息材料，它不是事后编写或随意收集来的，而是人们在当时特定实践活动中形成和使用的原始文件的直接转化物。因而，它的信息内容具有原始性的特点，即原始记录和客观地反映了形成者特定的历史活动，是历史的原始凭据。在形式上，它的原始性不仅体现在载体、记录方法、文种、文件格式和用语等上，而且相当数量的文件本身就是原稿、原件、正本，或者留有当事人的亲笔签署或批语，或者盖有机关或个人的印信，或者留下的是当时的影像和声音。这些原始标记，足以使人们感到它的真实性、可靠性。档案这一内在的特有的原始记录的本质属性，使它与其他的信息材料，如图书、情报、资料等明显区别开来，并且更加珍贵、可信。正确认识档案的本质属性，对于做好档案工作具有重大的实际指导意义。

首先，档案作为原始记录、历史真迹，不允许有任何增删改动。因此，后人不能用自己的观点去变更档案，也不能在原件上直接"修正"档案存在的错误及失真的内容，更不允许从某种需要出发，对档案进行涂改、剪裁、勾画。总之，作为原始记录，任何人都无权这样去做，否则就是对历史唯物主义的公然践踏、对历史的犯罪，历史的真实面貌就会遭到破坏，甚至还会造成无法挽回的损失。档案工作者及其他有关人员，应该牢记历史教训，加深对档案历史真迹的认识，自觉地维护档案的本来面目，同一切破坏档案的行为做坚决斗争。

其次，档案的原始记录性，决定了档案孤本多，同一档案数量少，原本无法再生。因此，档案工作者一定要尽力收集齐全，科学地进行鉴定，切实维护档案的完整与安全，不能有丢失、损坏、错判等行为发生。不然的话，就会人为地造成档案和历史的"空白"。

认清了档案区别于其他文献材料的本质属性，一方面能使我们更加准确地把握档案与图书、报刊等资料的界线，不至于在档案收集、整理、保管等实际工作中搞错对象；另一方面能促使我们收集保管一些与档案相关的图书资料，作为馆（室）藏档案内容不足的补充，满足社会各方面的需要。

二、医院档案的一般属性

医院档案的一般属性，主要指档案的价值属性、信息属性和知识属性等，这是档案与其他文献材料所共有的属性，受其本质属性规定，又是本质属性的具体表征。

（一）医院档案的信息属性

迄今为止，信息科学虽然还不曾对信息概念有一个统一的解释，但作为一般的、日常的理解，

/7/

可以这样来说，信息不是事物本身，而是指信源发出的消息、情报指令、数据、信号中所包含的内容或知识。档案作为人们社会活动形成和使用的文件的直接转化物，凝聚着人们征服自然、改造社会及自身历史发展的丰富信息，这种信息固定地沉淀在一定载体之上，对它的提取和利用可以超越时间和空间的限制。因而，后人要了解某组织的历史沿革、性质职能等情况，查一查该组织的档案材料，就可获得有关信息。同样，研究大到国家、小到个人的历史，也必须从有关档案资料中提取有价值的信息。可见，档案本身并不能简单地与信息画等号，但它的内在却蕴藏着丰富多彩的信息，它是一种重要的信息发生源。档案信息和其他信息一样，可以浓缩、扩充、存储、加工、转换、传递、共享，但它还具有一个特点，即原始性和回溯性（历史性）的统一。如果把整个信息按来源区分为原生信息（原始信息）和派生信息（再生信息），那么档案信息则属于原始信息，它是信息处理加工的源泉，在社会信息系统中具有特殊的地位。如果把信息按时态分成历史信息、现行信息、未来信息，那么档案信息则属于回溯往事的信息。档案信息这种独有的原始历史性的特点，使它能够同时起到历史凭据和可靠情报参考的作用。不过也必须看到，档案信息的原始性，使人们对它的开发利用较之其他文献信息，难度要大得多，因此，应有充分的准备。充分认识档案信息属性及其特点，有利于增强档案信息意识，迎接迅速发展的信息化社会的挑战；同时，也有利于人们在实际工作中，把档案工作作为信息系统工程来科学地组织，并针对档案信息特点，采取切实有效的措施，积极开发，为社会主义物质文明和精神文明建设服务。

（二）医院档案的知识属性

知识就是人们对自然现象、社会现象及其规律的认识与描述，是人类社会实践经验的总结。档案是人类认识世界、改造世界的原始历史记录，是人类智慧的一种物态结晶，是知识的一种载体。它较之图书、报刊资料等其他知识载体，具有原始性特点，是知识的初始载体。

一方面，档案是记录、积累、存储知识的初始载体。古往今来，人们在不断地劳动、实践斗争过程中，积累了包括政治、经济、外交、军事、科学、技术、文化、教育及体育卫生事业等各方面的丰富知识，这些知识最初都以档案的形式记录、累积、存储起来，离开了档案这一初始载体，知识的积累、文明的演进将是不可想象的。所以，把档案比作人类社会的"百科全书"、比作知识的"宝库"，并非夸大其词。另一方面，档案是知识传播的原始媒介。知识传播的途径和媒介是多种多样的，档案就是其中的一种。档案文献的特点，就在于它通过一定的形式（文字、符号代码、图表、影视、声频等），把知识原始地固定在一定的物质材料（如纸张、金石、竹木、缣帛）上，从而超越时间和空间的限制，使知识得以有效的传播。易于复制、便于查阅保存、后传能力强的档案，其知识的传播率高，能使他人或后人获得更多的知识。比方说，现代的纸质档案较之古代难懂的甲骨档案，其知识传播率就高得多。在知识的传播过程中，档案具有其他文献无法取代的地位和功能。最后一方面，档案是人们获取知识和继承知识的中介。一个人的知识不外乎两个来源，一是来源于直接实践经验，一是通过间接经验，即通过知识载体——"中介"而获得。然而，一个人的实践活动总要受时间和空间的限制，直接从实践中获得知识远远不能满足人们社会活动的需要。因此，人们必须利用知识具有继承性的规律，去查阅包括档案在内的各种文献资料，以获取自己所需的知识。查阅文献、获取有关知识的过程，也正是继承人类已有知识的过程。由此可见，档案不仅具有存储和传播知识的功能，而且是人们获取知识、继承知识的重要载体之一，它的知识属性是毋庸置疑的。

（三）医院档案的价值属性

医院档案作为一种社会事物能够存在，就是以它的有用性为前提的。因此，档案都是具有一定利用价值的资料，根本不存在没有价值的档案。档案的价值有大有小，它发挥作用的时间有长有短，正是这种特性，决定着档案的存毁。

此外，在阶级社会里，机密性也是档案的一种派生属性。相当部分文件具有不同程度的机密性，这种机密性有时并不随着其办理完毕或转化为档案而马上消失，因此总有部分档案在一定的时间和范围内要求保密。这就决定了档案具有机密属性。档案的这种机密属性是客观存在的，既不可忽视，也不能讲得过分，否则会给档案工作带来不良影响，造成混乱。档案的机密性与其知识属性和信息属性等相比有不同之处。从量上来看，机密性并不是所有档案的共同特性，而仅指部分档案而言。从时间上来说，档案的机密性有特定的时间区限。在这个特定的时区里，机密性存在；越过这个时区，机密性就消失。也就是说，档案的机密性并不是固定不变的，它随时间的推移、阶级的消灭，以及条件、地点等的变化呈递减的趋势，最终会彻底消失。一般情况下，"档龄"愈长，机密性愈小，两者是反向关系。档案工作者必须正确认识档案的机密属性及其递减特点，并且根据情况的变化，做好合理的"降密"或"解密"工作，让档案的价值在尽可能大的范围内得到发挥。总之，档案利用是绝对的，保密是相对的、暂时的，即使保密本身，也是一种有条件、有限制的利用，机密性并非绝对排斥它的利用性。

三、医院档案价值的表现

档案的利用价值是多方面的，主要表现在以下方面：

第一，机关工作的查考凭据。机关工作活动的联系性和继承性，几乎使每一个机关在进行工作的过程中，都不可避免地要查考利用它累积起来的文件（即档案）。因为这些文件是它产生和成长的真实写照，是它了解以往活动的主要情报来源。其中凝结着的大量正、反两方面的公务信息，更是它赖以制订计划、决策事项、处理问题、组织工作、完成任务的参考和凭据。及时的查考利用，有利于克服官僚主义的流弊，减少工作的盲目性和失误，提高行政办事效率。如果忽视档案的这种价值，有档不查，机关工作就会遇到很多麻烦，有时甚至难以进行下去，造成不应有的损失。

第二，科学研究的可靠材料。要进行科学研究，必须充分占有大量的、真实可靠的材料，自然科学研究是这样，社会科学、思维科学同样如此。而档案作为第一手材料，在科学研究中所占的地位更为突出，它是科学研究赖以进行的必要条件之一。在历史课题的研究中，如果没有档案资料，研究工作难以进行。对于现实课题的研究，档案同样具有查考利用价值。因为现实是历史的继续，对现实问题甚至未来问题的研究不可避免要利用以往研究中形成的历史记录。马克思当年研究资本主义生产关系、撰写《资本论》时曾查考利用了大量原始材料，包括工厂视察员的报告、皇家铁道委员会的记录、证词，等等。所以，人们往往把档案比作科学研究不可缺少的"食粮"和"能源"。

四、医院档案的特点

根据档案的定义，显示其有以下几方面特点。

（一）来源的广泛性

档案是国家机构、社会组织和个人在各项活动中直接形成的，从某个角度来说，人们整个生命活动就是处于信息的生成、利用的循环过程之中。档案对这些信息进行了承载，它伴随着人们生命的开始而开始，并贯穿于人们的整个生命活动之中。具体地说，档案来源于各种机构和个人，是在他们从事政治、经济、科学、技术、文化、宗教等活动中产生的。前者包括机关、团体、军队、企事业单位等组织，后者涵盖了家庭、家族和个人。可见，档案的形成主体几乎包含了社会活动的所有主体，也正是因为这样，所以档案具有来源广泛的特点，同时也使档案内容具有丰富性，档案事务具有社会性。

（二）形成的原始性

这是档案最显著和最重要的特征。原始性是指档案的历史记录性，是档案的本质属性。档案是根据某一原始材料直接转化形成的，不存在事前编纂、事后编写的情况，更不是杂乱无章随意搜集而来的。众所周知，档案是信息载体的其中一种，信息还有许多载体，如图书、情报、资料等。虽然信息载体众多，但并不是所有的都能被视为档案。这是由档案自身的特点决定的。人们的各种实践活动、社会生活都是档案生成的源泉，它客观、直接地记录了活动主体的活动历史，是"第一手资料"，这就决定了档案具有原始性、真实性，也从而使档案具有了证据作用以及依据作用。而之前提到的情报、图书、资料等，是搜集、交流得来的，不是由社会活动直接生成的，属于"第二手资料"，真实性存疑，因而不具有参考价值，不能转化成档案。

（三）形式的多样性

历史是不断发展的，社会也在随之进步。风云变幻之间，档案的形式也经历了多种变化，这种变化主要是因为记录信息的方式和载体发生了变化。从记录信息的方式来看，经历了刀刻、手写、录音、摄影、录像等的变化；从记录信息的载体来看，经历了甲骨、金石、青铜、竹简、缣帛、纸张、磁带、胶片、光盘等的变化。此外，表达方式的变化也决定了档案形式的多样性，如文字、图像、声音等。

（四）生成的条件性

档案在成为档案之前，首先是文件。但并不是所有的文件都可以成为档案，这之间的转化必须有特定的条件支撑才足以完成。首先，要转化成档案的文件必须是已经处理完的，正在处理的文件材料不能算是档案材料，只有当一份文件已经完成了传达和记录的使命，它才具有参考的作用，也才可以转化成档案。其次，文件要转化成档案必须具有保存利用价值。不是所有处理完毕的文件都可以形成档案，必须对其进行筛选。保留其中对今后工作或者科学研究有参考、利用价值的，才可以转化成档案。可见，档案是文件筛选过后留下的精髓。最后，档案必须是整理过后形成的有序的、完整的文件材料，不是杂乱无章的、没有条理的。换句话说，必须将文件材料按照一定的方法有机地进行整理，才能使其成为有意义的档案。

五、医院档案的一般作用

档案的一般作用是指档案价值的外在和具体表现形式。档案产生于丰富的社会实践中，能够广泛地满足社会需求，因此，它的一般作用是很广泛的。

（一）机关工作的查考凭据

档案是机关工作的参考证据。档案是各种机关、单位过去活动的真实记录，它是任何机关单位连续工作必须查考的凭据。各种机关单位为了有效地实行管理，必须切实地掌握材料。档案可以为机关、企事业等单位的领导工作和业务管理，提供证据和咨询资料，借以熟悉情况、总结经验、制订计划、进行决策、处理各种问题。若只凭借工作人员的记忆处理各项工作，工作中一旦失误而没有任何凭证，那即有可能造成工作的不准确。

（二）生产活动的参考依据

档案脱胎于社会生活实践，在记载史实情况的同时，自然也会有反映自然环境、生产条件、社会发展、劳动经验等方面的内容。以上这些都可以在人们进行生产活动时加以参考、参谋。

（三）科学研究的可靠资料

任何一种研究都必须以广泛地占有资料为基础，以资料的真实可靠性为前提。在科学研究中，档案不但能通过原始的记录提供直接借鉴，而且可以通过分析、概括、总结、实验等手段获得间接参考，由此可见，科学研究必然离不开档案。

（四）政治斗争的必要手段

档案总是在一定的社会制度中产生，由一定的阶级和政治集团形成，它记录和反映了社会各阶级、政治团体等各方面的情况，档案历来是阶级统治和政治斗争的必要手段。

（五）宣传教育的生动素材

和其他宣传材料相比，档案以原始性、直观性、具体性和生动性等特点见长。利用档案著书立说、报告演讲、进行文艺创作、举办各种展览等将具有强烈的说服力和感染力。

（六）文化传承的珍贵资料

一般而言，时间和作用范围成正比。档案在形成之初的相当一段时间内，主要是对形成者本身有用，是为形成单位工作和生产活动提供查考利用，档案发挥作用的主要对象是本单位。随着时间推移、社会的不断发展，档案在本单位的现行效用会逐渐降低，档案进入档案馆管理阶段后，利用服务的范围向社会扩展。与此同时，社会各界对这些档案的利用需要日益增强，人们有时候不仅仅需要利用自身的档案，还可能需要借助其他档案的帮助。在这种情况下，档案就逐渐变成了一种隐性财富。

六、医院档案的价值及其实现规律

（一）档案的价值

档案的价值一般体现在以下几个方面。

1. 档案的凭证价值

档案的凭证价值是指档案作为证据作用的价值。档案的凭证价值与其原始性密切相关。档案之所以具有凭证价值，是由档案形成规律和档案自身的特点所决定的。

从档案形成过程及其结果上看，档案是从社会实践中诞生的，是被直接记录的，而不是在事后或者需要的时候编纂的、捏造的，因而具有客观性、真实性，足以令人信服。

从档案本身的物体形态上看，文件上保留着真切的历史标记：当事人的亲笔签署或者批示，机关或个人印信，原来形象的照片、录像和原声的录音等。这些就成为日后查考、研究、争辩和处理问题的依据。

2. 档案的参考价值

档案的参考价值是指档案作为借鉴作用的价值。档案的参考价值与其记录性息息相关。

档案不仅记录了历史活动的事实和经过，而且记录了人们在各种活动中的思想发展。档案中有成功的经验和失败的教训，有思想观点和实验观察数据，有社会的变革和生产的发展，这些都可以为后来的人们提供借鉴，使人们在工作和学习中少走弯路，更加快速地达到目的。

（二）档案价值实现规律

档案价值的实现，有一定的规律，总体而言，具体如下。

1. 作用范围的递增性

档案对机关的作用一般称为档案的第一价值，对社会的作用则称为档案的第二价值。档案形成以后，在相当长时期内是作为机关、企业、事业单位的工作活动必不可少的查考依据，档案发挥作用的对象和范围主要是档案形成者自身。这一阶段，档案的利用频率往往比较高，是发挥档案现实作用的重要时期。我国为数众多的档案室，是实现档案第一价值，并为实现档案第二价值奠定基础的重要场所。

档案的第一价值实现到一定的程度后，形成机关对这些档案利用的现实需要会逐渐淡化。档案在本单位保管若干年后，其作用便冲破原有的形成单位而扩展到国家和社会，过渡到第二价值。

2. 机密程度的递减性

档案随着人类社会活动而产生，人们的某些活动，涉及国家或个人的利益、安全及隐私，在一定时期或范围内不能公开,档案是有一定的机密性的。档案的机密性要求将档案的阅读和了解控制在一定的时间或范围内。档案的机密程度在确定之后并非一成不变的,从总体上讲,随着时间的推移,档案的机密程度将会越来越小,档案的保管时间与机密程度成反比,机密程度呈现递减趋势。

3. 作用的转移性

档案在行政领域内发挥的作用称为行政作用,在科学文化领域内发挥的作用称为科学文化作用。随着时间的推移,档案的行政作用会不断减弱而科学文化作用会不断增强。

就宏观的档案领域而论,档案行政作用和科学文化作用一直是同时存在的。但从微观的特定部分的档案来看,这两种作用并非始终均衡地存在。档案的前身——文件是以处理现行事务为目的的,文件转化为档案之初,档案主要面向立档单位服务,并主要作为查考凭据和业务活动的参考依据而指导工作、参与管理,发挥其行政作用。随着时间的推移,保存时间较长的档案与现行事务的联系越来越少,档案发挥作用的范围和主要方面都会逐渐发生变化,其作用范围会逐渐扩大到面向社会,由主要工作的查考凭据和业务活动的参考依据逐渐转变到主要作为科学研究的可靠资料和宣传教育的生动素材,从而使档案的科学文化作用跃居首位。

4. 发挥作用的条件性

档案价值的实现,受到一定的环境和条件的制约和影响。综合起来,影响档案价值实现的环境一是社会政治环境,主要包括社会制度、法律法规、国家方针、政策和战争等环境。二是社会经济文化环境,包括国家和地区的经济和文化的发展水平。一般经济文化发达地区社会文明程度较高,档案事业就比较先进,社会档案意识就高,社会对档案的利用要求较多。三是档案工作内部环境,包括档案管理水平、档案学理论研究水平、档案工作者素质等。所有这些都在一定程度上影响着档案价值的发挥。

第四节 医院档案的种类

一、医院档案全宗的组成

我国的档案数量庞大,内容丰富,是中华民族各族人民征服自然、改造自然伟大实践的原始记录,是中华儿女的历史记忆,也是中国人民长期从事生产建设、科学文化活动的经验凝结。面对这些内容丰富而又珍贵的档案宝藏,如何进行科学管理,如何开发档案信息资源,服务于社会主义现代化建设,这是当代档案工作者肩负的历史重任。档案分类在解决档案的科学管理与档案信息资源的开发利用中占有比较突出的地位。

二、医院档案分类的含义

医院档案分类是根据档案内容和形式的异同,分门别类地、系统地组织与揭示档案材料或信息的一种方法。它将彼此属性相同的档案材料或信息分别集中在一起,把彼此相异的档案材料或信息分开，成为有条理的系统，以满足特定的需要。

档案分类可以区分为广义和狭义。广义的档案分类，一是国家全部档案的分类，通常多称为档案种类的划分；二是档案实体分类；三是档案信息分类。狭义的档案分类特指上述某一种分类。

国家全部档案的分类，是指对我国领土范围内从古至今形成的，各种载体形式、制作方法的全部档案材料的分类。它既包括归国家管理的档案材料，也包括归集体和个人管理的档案材料。国家全部档案分类是对我国现有全部档案材料进行最高层次的种类划分，用以从不同角度帮助人们具体地、形象地认识国家全部档案的面貌和特色，其作用主要是有助于国家对档案和档案工作的宏观管理。这对全国各级各类档案馆的设置，对档案馆网的组织以及对档案实体分类和档案信息分类具有一定的指导作用。

档案实体分类就是依据一定的标准，按照档案的来源、时间、内容和形式特征的异同点，对实实在在的档案进行有层次的区分，并构成一定的体系。它按照档案的本来形态，将内容作为一个整体来分类。档案实体分类能体现档案的形成规律与特点，最大限度地保持档案之间的历史联系，把以件（卷）（盒）档案组成的实体单位置于不同类别之中，确定档案的物理位置，然后依此顺序编制文件或案卷目录，使之系统化、固定化，实现档案从分散到集中，从无序到有序，以整齐的排架分类，为档案实体的科学管理奠定基础。

档案信息分类是指以档案所记述的信息为对象进行分门别类，也称为档案目录信息的检索分类或简称档案检索分类。它将档案的载体形式与内容相分离，使后者脱离其前者的外壳而独立，从而失去了原有的物质形态而仅存其信息内容分类。档案信息分类在实际工作中主要表现为对每份文件或案卷进行分类标引，组织分类目录或索引，建立目录中心，完善检索体系，以便深入开发档案信息，实现资源共享。

三、档案种类的划分

人们根据档案的不同属性和科学管理档案的需要，分别采用不同的标准，从各种角度划分档案的种类。

以历史进程的时间次序为划分标准，可划分为古代档案、近代档案、现代档案；或按我国现存的档案，划分为唐朝档案、宋朝档案、元朝档案、明朝档案、清朝档案、民国档案、中华人民共和国档案；也可划分为中华人民共和国成立以前的档案和中华人民共和国档案。

以档案形成者的性质为划分标准，可划分为国家机关档案、党派团体档案、企业档案、事业单位档案、名人（人物）档案等。

按照档案内容为划分标准，可分为党务档案、行政档案、军事档案、外交档案、科学技术档案、会计档案等多种门类；或从宏观上划分为普通档案（党务档案、政务档案……）、专门档案（科学技术档案、人事档案、会计档案、公安档案、诉讼档案……）两大门类。

按照档案的所有权为划分标准，可分为国家所有档案、集体所有档案和个人所有档案。

按照档案的载体形式为划分标准，可分为甲骨档案、金石档案、简牍档案、缣帛档案、纸质档案、胶片档案、磁带档案等。

常用档案种类划分，有的分为文书档案、技术档案（亦称科技档案）；或分为文书档案、科技档案、影片照片录音档案（亦称声像档案）；还有的划分为文书档案、科技档案、专门档案。

上述档案种类的划分方法，各具一定的特点，尚在研讨之中。档案种类的划分是明确概念全部外延的逻辑方法，是将属概念分为所包含的种概念，从而使属概念的外延明确起来。档案种类的划分是在形式逻辑与实用性原则的指导下，由人们依据实践的需要而决定的。当某种划分失去时效时，它是可以改变的。档案划分具有临时性、不稳定性的特点。档案种类的划分可以用档案的任何一种属性或特征作为划分标准，其目的是从不同角度、不同侧面加深对档案概念的认识，随机性比较大，不必强求划一。只要这种划分有利于对档案的科学管理就应承认其合理性。

四、国家档案全宗

国家档案全宗是指归国家管理、监督和控制的一切档案财富的总和。国家档案全宗的实质，是解决档案所有权和国家档案管理的原则问题。建立国家档案全宗的目的，是为了统一、分级管理国家档案，维护国家档案的完整与安全，便于社会各方面的利用。

中华人民共和国国家档案全宗的构成，根据党和国家的有关文件，按历史时期划分为两大部分。

中华人民共和国成立后的档案。包括中华人民共和国成立以来党和国家的各机关、部队、团体、企业和事业单位的档案，以及由国家征集或个人捐赠的某些著名人物形成的档案。这部分档案全面系统地反映了我国政治、经济、军事、科学、文化等各方面的情况，是我国进行社会主义革命和社会主义建设的历史记录。它是国家档案全宗中，数量最多、内容最丰富、保存最完整、实际利用价值最大，还在源源不断地产生着的最重要的组成部分。

在中华人民共和国成立以前这个大的历史时期内形成的档案，通常按其所属政权性质大致划分为革命政权档案和旧政权档案两种类型。

革命政权档案，又习惯称为革命历史档案。它主要是从1919年五四运动到1949年10月1日中华人民共和国成立以前整个新民主主义革命时期，中国共产党及其领导的人民政权、军队、团体、企业、事业单位和革命活动家所形成的档案。这部分档案记录了中国共产党领导全国人民进行革命斗争的历史，是研究党史、革命史、思想史，总结我国革命斗争经验，对人民进行革命教育的珍贵史料。由于长期的革命战争和敌人的破坏，这些档案资料迄今保存下来的数量不多了。

旧政权档案是一个习惯称呼。它包括中华人民共和国成立以前，所有机关、军队、企业、事业单位、反动党、团、会道门的档案，以及社会团体、私营企业、私立学校、官僚资本企业和为国家所接收的外国在华的侵略性机关、团体、企业、事业单位的档案。这部分档案反映了我国奴隶社会、封建社会、半封建半殖民地社会的历史。它是研究中国古代史、近现代史不可缺少的史料。但由于历届反动政府的破坏及帝国主义的入侵，大量档案被毁损，残缺不全了。

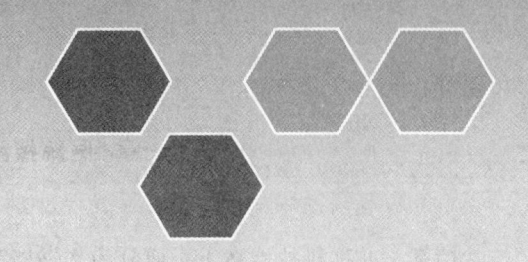

第二章 医院档案管理

第一节 医院档案管理工作概述

医院档案工作是一项很重要的专门事业，是实现社会主义现代化建设，开展历史研究，进行各项工作的必要条件。做好档案工作，不仅是当前工作的需要，而且是维护党和国家历史真实面貌的重大事业。

一、档案工作是一项管理性的、科学性的工作

从档案工作自身来说，它属于一种管理性的、科学性的工作。它又以专门的工作内容及其特点，区别于其他管理工作。

一方面，就总的档案工作看来，它是一项专门业务。档案工作不生产物质财富，也不直接从事国家管理、进行决策及其他专业活动，档案主要也不由档案工作机构和档案工作人员产生和利用；档案工作是专门负责管理各部门形成的历史文件的一种独立的专业，属于国家科学文化事业的组成部分。国务院《关于加强国家档案工作的决定》中规定："档案工作的任务就是要在统一管理国家档案的原则下建立国家档案制度，科学地管理这些档案，以便于国家机关工作和科学研究工作的利用。"

我们可以看到，对档案的管理并不只是简单的保存、归纳，而是必须采取一套行之有效的科学的、规范的管理方法，使其处于有机整体之中，对其甄别、筛选、归纳都有据可依、有迹可循，使其满足社会各方面的利用。总之，档案管理离不开科学的考证、系统的整理，具有极强的科学性。

另一方面，从特定的部门、一定单位的档案工作看来，它又是某种工作管理的组成部分。档案，就其保存和流传归宿的程序，可以分作档案室阶段和档案馆阶段。档案室保存的档案，是本单位进行职能活动的历史记录。在档案室保存的阶段，由于日常工作经常查考，所以档案参与单位管理。因此，档案室工作，也就是相应的工作活动的内容之一。在不同的机关、不同档案的管理，属于不同工作的管理范围，如会计档案工作和干部档案工作，分别为财务管理和干部管理工作的一部分。科技档案工作，则是生产管理、技术管理、科研管理的重要组成部分。

鉴于档案管理是一项科学性的工作，这也就要求档案工作人员必须具有相关的科学知识。首先，一个档案工作人员必须具有档案学相关的知识，尤其是要熟练掌握档案管理的理论、方法与技巧，这是一个专业的档案工作人员必须具有的专业基本功。同时，也要学习和掌握有关的（起码与所藏档案相应的）历史知识和部门专业知识，特别要具备识别、研究和系统地管理档案的能力；其次，也要学习和掌握与档案管理有关的一般科学文化知识，特别要具备运用于档案管理的各种方法和管理手段所需要的基础知识。应该指出，档案工作要积极地、逐步地学习和掌握档案管理现代化的知识和技能，以适应社会主义现代化建设对档案工作新的迫切需要。

二、档案工作是一项服务性的、条件性的工作

从档案工作同其他工作的关系来说，它属于一项服务性的、条件性的工作。尽管我们的生活中有许许多多的服务性工作，但是通过管理和提供档案为各项工作服务的，只有档案工作而已。

很多时候，社会主义事业发展需要档案提供信息，档案部门正是为此服务。其日常对档案的研究、编著，都是为了社会各方面在使用档案的时候能够更加便捷、方便、全面、准确，保证党和国家各项工作有充足的资料得以开展。以上种种足以表明档案工作有着举足轻重的社会地位、深刻主要的影响，它将社会主义各项事业有机地、有序地联系在一起，并对党和社会各项事业提供保障、参谋的服务，是一项完全的后勤性质的服务工作。

档案工作的服务性，是档案工作赖以存在和发展的基本因素。回望历史发展过程，无论在哪个历史阶段，档案都是在为政治、经济、文化服务，这些既是档案的服务对象，也是其得以发展的依赖，否则档案就没有存在的必要和基础。翻看古今中外档案发展的历史，基本都是沿着这样的规律发展进行的。再看一看中国，自中华人民共和国成立以来，档案工作的服务对象一直是社会主义事业，在社会主义事业的推动下，档案工作也得到了极大发展，但是囿于某些历史因素，档案工作有时不但没有发挥其作用，得到发展，反而出现了停滞或者倒退的现象。如今，我国进入全面建设社会主义现代化国家的新发展时期，国家和社会各方面都开始越来越重视档案工作，这是因为各行各业对档案的需求越来越大，其发展有赖于档案的帮助。档案的服务作用得以更充分地发挥。

三、档案工作是一项政治性的工作

在还有阶级斗争的条件下，从档案工作在政治斗争中所起的作用来说，它是一项具有政治性的工作。中国共产党中央委员会《关于建国以来党的若干历史问题的决议》中指出，在剥削阶级作为阶级消灭以后，阶级斗争已经不是主要矛盾。由于国内的因素和国际的影响，阶级斗争还将在一定范围内长期存在，在某种条件下还有可能激化。既要反对把阶级斗争扩大化的观点，又要反对认为阶级斗争已经熄灭的观点。我国的档案工作不是一般的服务性行业，在国内外的政治斗争中，档案工作总是巩固人民民主专政、维护国家机密和历史财富的重要阵地之一。

档案工作的服务方向是档案工作政治性的集中表现。回顾历史可知，档案工作从来就不是独立的，它被控于一定的阶级手里，为当时环境下的政治制度、发展路线服务。今天，我们处于社会主义社会，而档案工作为谁服务这个问题仍旧不可轻视，一旦处理不好，即有可能造成非常严

重的政治后果，因此必须严阵以待。我们能确定的是，在社会主义的今天，档案工作的进行必须坚持四项基本原则，必须把工作着重点切实地转移到为以经济建设为中心的社会主义现代化建设服务中来。

档案工作的机要性也是档案工作政治性的表现之一。所谓机要性，这不仅仅是因为档案自身固有的特点，更是源于国家的利益。查阅古今，环顾中外，保密可谓是档案工作一直以来的要求。就拿我国来说，政治、经济、科学技术、军事等方面的档案大多都是保密的。国际上的反动势力和我国的敌对分子对这些保密的部分都虎视眈眈，觊觎窥探。由于科学技术飞速发展，窃密与反窃密斗争更为尖锐复杂，尤需提高警惕。不仅仅是面对外部情况，在我们国家内部，有些档案也是要保密的，不能对所有人公开，有的档案甚至要一直保密。这是因为有的档案一旦公开会不利于社会稳固、人民团结，会对社会主义事业的建设造成破坏。鉴于此，档案工作者必须时刻不动摇保密观，从各个方面利用各种手段对党和国家的机密进行维护。

人们历来都将档案资料视为历史，而这历史的记录中不乏篡改历史与维护历史真实性的斗争。回顾中国历史，多的是人为了一党之利篡改、歪曲历史，但是也有不少忠良、正直之人不畏强权依史记录。排除历史和阶级的局限性来看，秉笔直书、据实立档才是档案工作的主流。作为历史史实的"第一手资料"，档案工作必须保持绝对的客观性、真实性，只有这样才能维护、再现历史的真实面貌，保证党和国家的形象表里如一。鉴于以上内容表明，做好档案工作是一项基于社会现实的、与历史发展同步的、绵延千万年的重要事业。

维护党和国家历史的真实面貌，是一种严肃的政治斗争。档案工作者必须加强党性，坚持辩证唯物主义和历史唯物主义，实事求是，要有立档不怕杀头的精神，保护档案的真迹不受破坏和歪曲；应当积极地提供档案用以编修史志，用档案印证历史，校正史实，使档案得到正常的利用；要同一切破坏档案、歪曲历史的行为进行坚决的斗争。

第二节 医院档案管理工作的原则

档案有其自身固有的特点，而且划分标准不同，其种类也不同。这些都对档案工作提出了要求，促使其必须按照一定原则进行工作。而在档案自身特性的驱使下，使档案工作具有了其他工作所没有的性质。

"档案工作实行统一领导、分级管理的原则，维护档案完整与安全，便于社会各方面的利用。"《中华人民共和国档案法》（以下简称《档案法》）第一章第五条（1987年9月5日第六届全国人民代表大会常务委员会第二十二次会议通过，根据1996年7月5日第八届全国人民代表大会常务委员会第二十次会议《关于修改〈中华人民共和国档案法〉的决定》修正）。

可以看出，我国用国家法律的形式确定了我国档案工作的基本原则。事实上，这一基本原则，是在长期的档案工作实践过程中逐步形成和确定下来的。我国档案工作原则的内容由三个互相联

第二章 医院档案管理

系的有机组成部分构成。

一、统一领导，分级管理

统一领导，分级集中地管理国家全部档案，这是我国档案工作的组织原则和管理体制，它是多年来行之有效的档案和档案工作"集中统一管理"原则的继续和发展。其基本内容可以概括为如下三个方面。

（一）统一领导，统一管理

档案工作统一领导是指各级人民政府统一领导档案工作，国家档案工作由国务院直接领导，地方档案工作由地方各级人民政府统一领导。《档案法》规定："各级人民政府应当加强对档案工作的领导，把档案事业的建设列入国民经济和社会发展计划。"档案工作统一管理是指中华人民共和国国家档案局（以下简称国家档案局）对全国档案工作进行全面规划，统筹安排，制定统一的档案法规和业务标准、规划等，对全国的档案工作分级、分专业管理。

（二）档案工作由各级档案行政管理机构统一、分级、分专业管理

统一管理是指国家档案行政管理机关主管全国档案工作，对全国档案工作实行全面规划和统筹安排，制定统一的档案法规、方针政策和业务标准，实行统一的监督、指导和检查。

分级管理是指全国档案工作由各级档案行政管理机关分层负责管理。各地方档案行政管理机关，应按照国家有关档案工作的统一要求和规定，结合本地情况，制定本行政区域内的档案工作规划、制度、标准、办法等，对本行政区域内的档案工作进行指导、监督和检查。

分专业管理是指中央各专业主管机关在国家档案行政管理机关的指导下，针对本专业系统的特点，制定本专业系统档案工作的规划、制度和办法，并对本系统的档案工作进行指导、监督和检查，保证国家有关档案工作的方针政策在本专业系统地贯彻执行。

（三）实行党、政档案和党、政档案工作的统一管理

实行党、政档案和党、政档案工作统一管理，是我国档案工作管理体制区别于世界各国的特点之一。

我国党、政档案及档案工作统一管理的具体内容是：一个单位的党、政、工、团档案，由该单位档案室统一管理；各级党、政机关形成的具有长久保存价值的档案由中央档案馆和地方综合性档案馆统一管理；党的系统、政府系统的档案工作，由档案事业管理机关统一进行指导、监督和检查。

二、维护档案的完整与安全

维护档案完整与安全，是档案管理的基本要求。只有维护档案完整与安全，才能维护党和国家的历史面貌，才能保证对档案的有效利用。

（一）维护档案的完整

维护档案的完整包括档案材料收集齐全和整理系统两方面：所谓收集齐全，是指凡有保存价

值的档案，都要求尽量收集齐全，不残缺，能反映出一个单位、一个系统、一个地区和整个国家社会活动的历史面貌。所谓整理系统，是指凡有保存价值的档案，必须按照它们的形成规律，系统地整理，维护档案的有机联系，不能人为地割裂分散，或凌乱堆放，要能全面、系统地反映出一个单位、系统、地区和整个国家从事社会活动的过程和本来面貌。

（二）维护档案的安全

维护档案的安全有两方面的含义：一方面是档案实体的安全，另一方面是档案内容的安全。档案实体安全，就是在档案管理过程中，要求尽力改善档案保管条件，采用科学的防护措施，使档案不受损坏，尽量延长档案的寿命。维护档案内容的安全，就是指档案在政治上、信息上的安全，要求对档案机密和需要控制使用的档案实行严格管理，确保机密档案不丢失、不泄密、不超范围扩散。

维护档案的完整与安全，是对整个档案工作的要求。从一定的意义上说，整个档案管理都是在进行维护档案的完整与安全的工作。维护档案的完整和安全不仅是档案保管工作的主要任务，也是档案收集、统计工作的重要任务之一，而档案整理和鉴定工作也直接有利于档案的完整与安全，档案的利用工作也必须在保证档案的完整与安全的条件下进行。由此可见，维护档案的完整与安全，是在档案工作中贯彻始终的一种要求。档案工作的一切管理原则、规章制度以至具体的技术处理工作，都必须贯彻这个要求。

（三）便于社会各方面的利用

档案能不能成为档案，还要看它是否能被社会各方面利用，只有达到这个标准，才能称之为合格的档案，而档案工作的核心是档案，自然也要以档案该性质为工作核心。可以说，档案工作都是以此为目的展开工作，并始终将这一思想贯穿于整个过程之中。

档案工作者只有牢记档案工作的根本目的，明确衡量档案工作成效的主要标准，才能较为妥善地处理档案工作内外关系中的各种矛盾，把档案工作做得更好。在档案工作基本原则中统一领导、分级管理是核心，没有统一领导、分级管理的组织保证就不会有档案的完整与安全，也就很难实现便于社会各方面利用的目的；维护档案的完整与安全是手段，便于社会各方面利用档案是目的，前者为后者提供保证和物质基础，而后者是前者的目的和方向。

综上所述，我国档案工作的基本原则，是一个辩证统一的有机整体，具有丰富的思想内容。它作为全部档案工作的最基本的原则，影响和决定着档案工作各个环节的一切具体原则和方法。在档案工作中，必须始终遵循这个基本原则，才能使档案工作正常地进行，健康地发展。

第三节 医院档案管理的组织体系

一、档案室

（一）档案室的性质

档案室是各组织（机关、团体、学校、工厂、企业、事业单位等，下同）统一保存和管理本单位档案的内部机构，是整个机关的组成部分，属于单位管理和研究咨询性质的专业机构。党、政、军等机关单位的档案室，又是机关的机要部门之一，具有机要部门性质。从全国档案工作来说，档案室又是国家档案工作组织体系中最普遍、最大量、最基层的业务机构，应向各级国家档案馆移交具有长远保存价值的档案。

（二）档案室的地位和作用

1. 档案室是机关、团体、企业事业单位的一个不可缺少的内部组织机构

档案室是机关、团体、企业、事业单位内具有参谋和咨询作用的部门，是机关工作的助手。档案室为机关的领导工作和机关内各部门的工作提供参考和依据的档案材料，为机关的工作和生产活动服务，它是提高机关工作效率和工作质量的必要条件，是维护机关历史面貌的重要机构。

2. 档案室是整个档案工作的基础

档案室是国家全部档案不断补充的源泉，整个国家档案的完整程度和连续积累，首先决定于档案室。在全国档案、工作组织体系中，档案室是档案形成后首先提供利用，大量发挥现实作用的前哨。档案室中具有长远利用价值的档案最终要过渡到档案馆，因此档案室档案工作的好坏直接关系到档案馆档案质量的高低。

（三）档案室的职责

根据1999年6月7日国家档案局第5号令重新发布的《中华人民共和国档案法实施办法》（以下简称《档案法实施办法》）第九条的规定，档案室的职责包括以下内容。

（1）贯彻执行有关法律、法规和国家有关方针政策，建立、健全本单位的档案工作规章制度。

（2）指导本单位文件、资料的形成、积累和归档工作。

（3）统一管理本单位的档案和相关资料，积极组织提供利用。定期把具有长远保存价值的档案向有关档案馆移交。

（4）监督、指导所属机构的档案工作。

二、档案馆

（一）档案馆的性质

根据《档案法》和有关文件的规定，档案馆属于党和国家的科学文件事业机构，是永久保管档案的基地，是科学研究和各方面工作利用档案史料的中心。

我国多数档案馆是统一保管党组织和政府机关档案的管理部门，所以它既是党的机构，又是国家的机构。根据有关文件的规定，各级档案馆是各级党委和人民政府的科学文化事业机构。

（二）档案馆的主要职责

《档案法实施办法》第十条指出，中央和地方各级国家档案馆，是集中保存、管理档案的文化事业机构，由中央和地方各级档案行政管理部门或者有关部门归口管理，主要职责包括以下内容：

（1）收集和接收本馆保管范围内的对国家和社会有保存价值的档案。

（2）采取各种形式开发档案资源，为社会利用档案资源提供服务。

（三）档案馆的类型

档案馆的类型主要有以下四种。

1. 综合档案馆

综合档案馆是按照行政区划或历史时期设置的管理规定范围内多种门类档案的具有文化事业机构性质的档案馆。这种档案馆中，按照行政区划设置的，如四川省档案馆、北京市档案馆等；按照历史时期设置的，如中国第一历史档案馆、中国第二历史档案馆等。

2. 专业档案馆

专业档案馆是管理特定范围专业档案的档案馆，它可以按照载体形态设置，也可以按照某一专门领域设置。这种档案馆中，按照载体形态设置的，如中国电影资料馆、中国照片档案馆；按照某一专门领域设置的，如吉林省地名档案资料馆。

3. 城市建设档案馆

城市建设档案馆是以城市为单位建立，接收、保存城市范围内在城市规划、建设、维护、管理活动中形成的需要长远保存的档案的科技事业单位。根据国家要求，我国20万以上人口的大、中城市必须建立城市建设档案馆，如成都市城市建设档案馆。

4. 部门档案馆

部门档案馆是专业主管部门设置的管理本部门及其直属机构档案的档案馆。这种档案馆如中华人民共和国外交部档案馆等。

三、档案行政管理部门

（一）档案行政管理部门的性质

档案行政管理部门是具有政府行政管理职能的档案事业管理机构。档案行政管理部门本身并不直接管理档案，它是监督、指导和检查档案工作的行政机关。

（二）档案行政管理部门的地位和作用

档案行政管理部门是我国档案工作组织体系中的行政系统，是国家档案事业的组织和指挥中心。国家授权各级档案行政管理部门管理国家档案事务，它在整个档案事业发展中起着决策、规划、组织、协调、监督、指导和检查的作用。

（三）档案行政管理部门的基本职责

《档案法》规定："国家档案行政管理部门主管全国档案事业，对全国的档案事业实行统筹规划，组织协调，统一制度，监督和指导；县级以上地方各级人民政府的档案行政管理部门主管本行政区域内的档案事业，并对本行政区域内机关、团体、企业、事业单位和其他组织的档案工作实行监督和指导；乡、民族乡、镇人民政府应当指定人员负责保管本机关的档案，并对所属单位的档案工作实行监督和指导。"

（四）档案行政管理部门的类型

1. 国家档案局

国家档案局是国务院直属的掌管全国档案事务的职能机构，1954 年 11 月 8 日，经第一届全国人民代表大会常务委员会第二次会议批准成立。

2. 地方档案局

地方档案局是各省（自治区、直辖市）、市（地区、自治州、盟）、县（区、旗）人民政府直接领导的掌管本行政区划内档案工作事务的职能机构，它在业务上受上级档案局指导。

3. 档案处（科）

中央和地方专业主管机关及军队系统，都设置有档案处、科，负责对本系统各单位档案工作进行监督、指导和检查。它们在业务上受国家档案局统一指导，地方专业主管机关的档案工作，以受地方档案局业务指导为主，同时接收上级专业主管机关的业务指导。

四、新型档案机构

最近几年，在我国出现了一些新型档案机构，其中较为突出的是文件中心、档案寄存中心、现行文件中心和档案事务所（也称档案咨询中心）。这些机构中，除个别文件中心，一般都属于商业化的档案中介机构。

（一）文件中心

文件中心是一种社会化、集约化和专业化的档案管理机构。文件中心不同于档案室，并不是一个单位内部的档案管理机构，而是介于单位和档案馆之间的一种过渡型的档案管理机构。随着我国档案管理体制的改革，这种类型的档案管理机构将会得到进一步的发展。

（二）档案寄存中心

档案寄存中心是由国家综合档案馆设立的，为各类企业、社会组织以及个人提供文件与档案寄存服务的机构。目前设立的档案寄存中心基本上都属于有偿服务性的机构。它主要为不具备充分保管条件的企业单位、破产单位、社会团体、公民个人等，提供文件与档案的寄存服务。档案在寄存中心保存期间，所有权形式不变。档案馆一般只提供安全保管服务。

（三）现行文件中心

现行文件中心是指在档案行政管理机关管理之下，收集、集中行政机构的现行文件，为社会各界查询、了解政府在社会管理事务方面现行政策、规定提供政务信息服务的内部机构。现行文件中心是一种宽泛的称谓，在我国档案界开展现行文件服务的过程中，称呼也各不相同，如现行文件查阅服务中心、文档资料服务中心、文件资料服务中心、现行文件阅览室等。

（四）档案事务所

档案事务所是指提供档案事务服务的一种商业性档案服务机构，是一种独立经营、独立核算、自负盈亏的企业型单位。档案事务所的业务范围，主要是开展档案业务的指导、咨询，以及各种档案的劳务性服务（如技术示范、承揽档案整理、修复、数字化加工，档案文化建设，档案管理软件定制业务等）工作。

五、档案工作的辅助机构

档案工作的辅助性机构主要有以下几种。

（一）档案专业教育机构

档案专业教育机构是为档案工作培养和输送合格的档案专业人才的机构。这些机构主要有综合性大学内设置的档案学院、系、专业，以及档案中等专业学校和档案行政管理部门设置的档案干部培训中心等。

（二）档案科学技术机构

档案科学技术机构是研究档案学基础理论和档案工作应用科学技术的机构。这些机构主要有档案行政管理部门设置的档案科学研究所、综合性大学设置的档案学研究室，以及中国档案学会及其各省、市的分会等。

（三）档案宣传、出版机构

档案宣传、出版机构是通过各种宣传工具和出版物，宣传档案工作，传播档案知识的机构。这些机构主要有国家档案局的档案出版社，以及各级档案部门创办的档案刊物所属的杂志社等。

第四节 医院档案管理的制度建设

一、制度种类

（一）工作规章

1. 明确文件形成、归档责任

机关、企业事业单位在制定有关规章、标准和制度中应提出相应的文件收集、整理和归档的责任要求。

2. 制定档案工作规定

档案工作规定是本单位档案工作的基本要求，其主要内容应包括档案工作原则及管理体制、文件的形成、积累与归档职责要求，档案收集、整理、保管、鉴定、统计、利用要求等。

3. 建立档案工作责任追究制度

对相关岗位人员违反文件收集、归档及档案管理制度，发生档案泄密、造成档案损毁等行为，单位应提出责任追究和处罚措施，并将有关要求纳入相关管理制度。

4. 制定档案管理应急预案

对可能发生的突发事件和自然灾害，应制定档案抢救应急措施，包括组织结构、抢救方法、抢救程序、保障措施和转移地点等。对档案信息化管理软件、操作系统、数据的维护、防灾和恢复，应制定应急预案。

（二）管理制度

管理制度用来明确档案工作业务环节及重要专项工作管理的基本要求，主要包括以下制度。

1. 文件归档制度

应明确文件归档范围及保管期限、归档时间、归档程序、归档质量要求。

2. 档案保管制度

应明确各门类档案保管条件、特殊载体档案保管方式、档案清点检查办法、对受损档案的处置办法、档案进（出）库要求、库房管理要求和库房管理员职责。

3. 档案鉴定销毁制度

应明确鉴定、销毁工作的组织、职责、原则、方法和时间等要求。

4. 档案统计制度

应明确统计内容、统计要求和统计数据分析要求。

5. 档案利用制度

应明确档案提供利用的方式、方法，规定查（借）阅档案的权限和审批手续，提出接待查（借）

阅档案的要求。

6. 档案保密制度

应明确档案形成者、档案管理者、档案利用者应承担的保密责任。

7. 电子档案管理制度

应对本单位各信息系统中形成的电子文件提出归档、管理和利用要求。

8. 档案管理系统操作制度

应明确档案管理系统操作人员的职责，档案管理系统软件、硬件的操作要求。

（三）业务规范

业务规范主要用来明确不同门类和载体形式档案管理的基本要求，主要包括以下几种。

1. 文件档案整理规范

应明确文件整理与档案整理原则、整理方法、档号编制要求和档案装具要求等。

2. 档案分类方案

应明确分类原则、依据、类别标识、类目范围等。

3. 文件归档范围和保管期限表

应明确各类文件归档的范围及其相对应的保管期限。

4. 特殊载体档案管理规范

应明确不同载体档案收集、整理的要求和保管条件。

二、制度建设要求

（一）依法依规

档案工作规章制度制定的依据主要包括《档案法》《档案法实施办法》《上海市档案条例》，国家档案局颁布的档案行政规章，国务院各部委和国家档案局联合颁布的档案行政规章，国家、本市印发的各类业务规范标准，档案行政规范性文件以及其他与档案工作有关的法律法规，如《中华人民共和国保守国家秘密法》（以下简称《保守秘密法》）《中华人民共和国著作权法》（以下简称《著作权法》）等，任何单位和组织制定的档案工作规章制度都不得与之相抵触。

（二）切合实际

制定档案工作规章制度应以管得住、易操作为原则，不必一味求大求全。就规章制度类别来看，工作规章是一个单位依法开展档案工作的根本依据，其基本要求应当纳入单位的规章制度及考核内容中。而管理制度和业务规范既是工作依据，又指导实际操作，着重解决"做什么"和"怎么做"的问题，应当根据一个单位档案工作的具体情况制定。如收集、整理、归档、保管、利用、安全保密等工作是档案业务的重要环节和要求，关系到档案的完整、系统和安全，有必要通过制变来明确责任和工作流程，作为各部门、处室共同遵守的行为准则，因此，这些是开展档案工作必须建立的工作制度。又如档案检索、统计、编研等业务工作主要由档案机构专职人员承担，对一个单位其他部门和人员来讲不具有普遍约束力。因此,可根据单位性质、规模等具体情况选择制定或纳入档案工作规定中一并制定。再如特殊载体档案、专门档案等有其管理的特殊要求,应当结合本单位档案分类方案及业务活动实际,分门别类,逐步建立健全,确保不留管理空白。

(三)保持相对稳定

档案工作规章制度具有稳定性特点,尤其是涉及文件和档案整理等方面要求的,如档案分类方案、归档文件材料整理规范等,一旦作为工作制度确立下来,短时间内不要轻易改变,否则容易造成档案分类和文件整理标准前后不一致,给今后档案调阅和查考带来不便。

(四)适时修订完善

随着国家新标准、新规范的出台以及档案行政规范性文件有效期届满修订等工作的开展,尤其是信息技术的发展和无纸化办公的推进,对电子文件归档管理、电子档案管理、传统载体档案数字化、档案信息安全保密等工作提出了新要求。因此,档案工作制度也必须适应新形势要求,适时调整和补充完善。例如,制定档案管理应急处置预案、档案数字化外包规范、档案托管外包规范等就是近年来档案安全和保密工作的要求;《机关文件材料归档范围和文书档案保管期限规定》《企业文件材料归档范围和档案保管期限规定》也同时规定,机关内设机构或工作职能以及企业的资本结构或主营业务发生较大变化时,文件材料的归档范围和档案保管期限表应当做相应调整和修订。再如,原本属于系统内部管理规范的某项业务档案管理办法,随着国家管理规范的正式出台,应当及时做相应修订和调整,确保与上述规范保持一致。

第五节 医院档案管理的发展趋势

随着社会的发展以及科学技术的进步,档案的来源渠道日益增加,内容也愈加繁杂,因此档案的种类越来越多。不仅如此,档案的载体也发生了更迭,不再仅仅局限于纸质;各行各业对信息的愈发重视,对档案的要求也逐渐增加。以上种种推动了档案管理工作的发展,使其呈现新的发展趋势。

一、档案管理模式趋向一体化

(一)文档管理的一体化

所谓文档管理的一体化,是以建立在文书和档案工作基础上的全局观,对文件从制发到归档的整个过程进行管理,以求文件和档案管理合二为一。也就是说,将现行文件的产生、归档及档案管理纳入一个管理系统,用统一的工作方法、制度、程序对其进行管理,而不再将文件和档案置于两套不一样的管理系统,这样可以避免不必要的劳动,大大提高管理工作的效率。

上述内容的实现得益于办公自动化的普及、计算机技术的发展以及档案管理网络化的发展,这些为文档管理一体化的实现提供了技术支持。因为办公自动化的普及,人们起草文件可以不在纸张上了，计算机就能快速、简洁地完成传输和办理这些活动，在这些都进行完以后，再考虑对文件进行何种处置，无论是销毁还是保存，可见，这时的文件与档案之间已经不是那么泾渭分明了。在文档管理一体化的条件之下，人们可以利用系统随时对处理完毕的文档进行归档，而不是像传统的管理模式，需要耗费较长的时间、较多的人力来进行归档整理，这时的文件管理和档案管理处于一个管理系统之下，对不必要的、重复的劳动进行了删减，工作效率自然而然随之提高。

文档一体化系统是实现电子文件全过程管理和前端控制的重要平台，在文档一体化系统中，电子文件的产生、运转、归档管理等都被纳入了控制和管理的范围之内。不仅如此，在整个系统刚刚开始设计的时候，档案人员就已经参与其中，因而整个系统更能够体现文件的档案化管理思想，也更能保证电子文件的真实性和完整性。

（二）图书、情报、档案的一体化管理

一般情况下，我们将图书、情报以及档案视为三个不同的个体，它们各自有各自的特点：图书具有比较系统的知识体系，情报是用来消除不确定性的特定信息，档案是记录人们社会活动的原始信息，虽然特点不同，但是三者可以在功能上互相弥补。尤其是在信息技术飞速发展的今天，三者之间的联系更加紧密，正在逐渐走向一体化管理。图书、情报、档案一体化的管理模式具有突出的优势，首先，可以提高信息的综合度，充分组织和开发利用各类信息资源，满足生产、生活、领导决策和文化传播综合、集成的信息需要。其次，可以优化单位的资源配置，实现资源共享。近年来，许多大型企业在以前图书室、资料室和档案室的基础上进行资源重组，建立了企业信息中心，对图书、情报和档案实施一体化管理，将它们纳入统一的信息管理系统，能够充分利用各类信息资源，实现资源共享。再次，图书、情报、档案的一体化管理适应了社会信息化和数字网络环境对于各类信息综合集成的管理需要和利用需要。在信息网络环境下，图书、情报、档案等各类信息资源将不再是界限分明的孤岛，而是相互渗透、相互连接的信息集成。

如今，科学技术飞速发展，网络技术、计算机技术、通信技术都呈现猛烈的发展势头，因此两个"一体化"管理的趋势也越来越明显，这就对档案工作者提出了新的要求，即实现纵向和横向的立体发展。所谓纵向，具体而言是指加深对文件管理理论、方法等的熟悉。所谓横向，是指档案工作者要加强对图书、情报工作相关知识的了解，因为档案与图书、情报之间有着非常紧密的联系，对图书、情报有一定的了解，才能使三者处于一体化的有序管理之中。

二、医院档案管理手段趋向数字化和网络化

进入21世纪以来，科学技术飞速发展，计算机技术的发展也是突飞猛进，开始渗透于社会的方方面面，档案管理的手段也因此发生了变化，逐渐摆脱了过去的手工管理，开始趋向数字化和网络化。所谓档案管理的数字化，是指借助计算机技术等现代信息技术，直接生成数字档案信息，或通过数字化技术，将存储在传统介质上的模拟档案信息转换成数字信息，便于档案信息的网络传输和共享。数字化档案的产生主要有两个渠道，一是在数字网络环境下（尤其是在办公自动化环境下）直接产生大量的电子文件。通过在线或离线方式归档以后转化成电子档案。二是通

过馆藏数字化，将原来存储在纸张、缩微胶片、唱片、录音带、录像带等载体上的档案信息通过数字化处理后转换成数字信息，形成电子档案。数字化档案是实施档案网络化的必要前提。近年来，互联网覆盖的范围越来越广，档案管理网络化已经成了不可逆的趋势。所谓档案管理网络化，是指借助网络这一平台完成对档案信息的接收、传递、整理等工作。可以看到，随着档案管理的数字化和网络化趋势，档案管理工作减少了很多重复的劳动，大大提高了工作效率，也使得人们对档案信息的利用更加方便、高效。

三、纸质档案与电子文件将长期并存

在过去的很长一段时间里，档案管理工作主要针对的都是纸质的档案，整理、总结出的档案的管理方法、管理经验、理论依据等也都是针对纸质档案形成的，毫无疑问，过去一直是将纸质档案视为档案工作的管理对象。但是，随着社会的进步与科学技术的发展，承载信息的载体发生了变化，电子文件开始在档案载体这一格局占据越来越大的空间，并且大有将纸质档案取而代之之势。电子文件虽然便捷且利于传输，但因为它是近年来才发展起来的，所以对于过去的很多信息它并不能完整收录，而且电子文件容易被篡改、毁坏，在真实性方面也逊于纸质档案。长期以来，人们已经习惯了阅读和使用纸张，这一习惯很难改变。上述种种都显示，纸质档案和电子文件会在今后的生活里长期共存。对于纸质档案，长期经验之下已经有了较为完备的理论、管理方法等，而关于电子文件的管理还需要档案人员进一步摸索、整理、归纳，同时还要协调好纸质档案和电子文件的关系，使二者协调统一。

四、档案馆的公共性和社会化服务将越来越突出

档案馆是我国档案工作机构的重要组成部分，是法定的保管国家档案资源的机构。作为一个科学文化事业机关，档案馆肩负着社会化服务的功能，可是在过去的很长一段时间内，档案馆的这一功能都没有得到充分的发挥，更多的还是充当着党和政府机要部门的角色。随着我国社会主义事业的建设和发展，政府职能逐渐转型，公共管理这一职能越来越受到重视。在这一举措的推动下，档案馆的社会化服务功能也得到了拓展，更多的公共档案馆开始走入人们的生活中，人们对于档案馆不再陌生，不但对其认识加深，而且也普遍认可。公共档案馆由国家设立，其宗旨是面向社会和所有公民提供全方位的服务，其馆藏主要是国家机构和相关组织在公务活动中形成的公共档案以及其他反映社会各阶层活动的档案材料。档案馆的服务对象是全体公民，并为利用者提供良好的阅档环境。

长期以来，我国各级国家综合性档案馆在馆藏结构和服务对象等方面的定位是以党和政府的机关部门为主，馆藏档案以各级党和政府部门的文书档案居多，而科技档案以及记载当地社会团体和公民的档案较少，加上档案馆封闭的服务方式，使档案馆与社会公众之间有一定程度的疏离。因此，只有在改善馆藏机构、丰富馆藏内容、加强档案馆社会化服务功能的基础上，才有可能使我国的各级国家综合性档案馆真正发挥公共档案馆的职能。

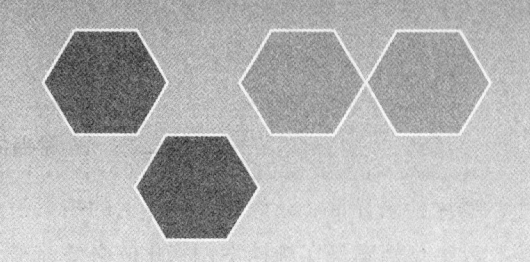

第三章 医院档案收集管理

第一节 医院档案收集工作概述

一、档案的收集工作

（一）档案收集工作的内容

档案收集是一种按照党和国家的规定，通过例行的方式和制度接收、征集有关档案和文献的活动，这种活动可以将散落在各机关、组织、个人手中的相关档案统一收集到有关的档案室或档案馆，以便实现对相关档案的科学管理。具体来看，档案收集工作涉及以下几方面的内容。

机关单位、事业单位和企业单位的档案室对本单位所要归档的档案的接收。

档案馆对辖区内现行的机关单位、事业单位、企业单位和撤销单位的具有长期保存价值的档案的接收。

对中华人民共和国成立以前各个历史时期所形成的档案的接收与征集。

在这里需要注意的是，档案收集工作并非一项简单的事务性工作，而是一项会受国家政策影响，并且具有很强业务性特征的工作。这主要体现在两方面：一方面，档案室和档案馆在收集档案时需要根据国家政策规定，以及档案的特性进行选择；另一方面，档案收集工作受档案形成者的档案意识水平、价值观以及档案馆（室）保管条件等多种因素的制约，需要综合研究、统筹规划，提高档案收集工作的质量。

（二）档案收集工作的地位

在整个档案管理工作中，档案收集处于一个十分特殊的地位，这一地位主要体现在以下几方面。首先，档案收集工作是档案馆（室）积累档案的一种重要手段，也是档案馆（室）开展档案工作的业务对象和业务起点。其次，档案收集工作是档案馆（室）对档案进行有组织、有目的、有纪律、有规划的管理的一项具体措施。再次，档案收集工作质量的高低情况，会直接影响档案馆（室）其他工作的开展和实施。最后，档案收集工作是档案馆（室）和外界发生联系的重要环节之一，是以国家相关政策为依据，与社会进行广泛接触，且需要工作人员具有较强的业务能力的工作。

（三）档案收集工作的特点

1. 预见性与计划性

作为人类各种社会活动的伴生物，档案的形成具有很强的分散性特点，即档案是散布于社会各个方面的，档案室和档案馆要进行档案收集，只有对其进行认真调查，科学地分析和预测档案形成、使用、管理的规律和特点，这样才有助于从分散的档案中做好收集工作。

同时，档案馆和档案室在进行档案收集时，还必须充分、全面地了解和把握本馆（室）主要档案用户的利用动向、特点和规律，以便结合档案用户的长远需要收集能为他们所用的档案，真正发挥档案收集的作用，这意味着档案馆和档案室需要提前做好档案收集工作的计划，以便有计划、主动地开展档案收集工作。

2. 完整性与系统性

档案收集的一个重要要求就是收集到的档案必须在种类、内容方面符合齐全、完整的特点，同类档案之间也应能构成一个有机整体，这就使档案收集工作也表现出完整性和系统性的特点。档案收集的完整性和系统性特点要求档案收集工作人员在收集档案时，必须考虑档案当前以及未来在生产、生活中能起到的积极作用，以便真正发挥档案收集信息参考的价值。

3. 针对性与及时性

档案收集工作，必须根据各级各类档案馆（室）的收集档案的范围来进行，不能违反国家规定，擅自收集不属于本馆（室）收集工作范围的档案，以保证收集工作能够有目的、有重点地进行。档案收集工作还具有及时性的特点。它要求档案人员必须具有明确的时间意识，将应当接收或征集的档案及时收集进馆（室）档案部门应当尽最大的努力，避免拖延迟误，在掌握有关信息线索的前提下，采取相应的方式，尽快将档案收集起来。

二、医院档案的管理工作

（一）档案管理工作的内容

一般情况下，档案管理工作的内容主要包括区分全宗、在全宗内建立档案分类、立卷并进行案卷编号、编制案卷目录。而考虑到实际工作中存在状况的差异，具体的档案整理工作内容也会有所差异，从实际情况来看，目前我国的档案管理工作，按其内容范围大致可以分为以下三种情况。

在正规的工作条件下，档案室所接收的文件大多数是由文书部门和业务部门按照本室档案归档工作的要求立好的案卷，而档案馆接收的档案则是根据本馆档案要求整理好移交的案卷。也因为这样，档案室和档案馆的档案管理工作主要是对接收的档案进行更大范围的系统和整理，如全宗和案卷的排列、案卷目录的加工等。

一些已经入馆、入室保管的档案文件，档案室在整理时可能发现其中存在一些不符合本馆、本室档案工作要求的情况，这就需要档案馆和档案室根据本馆、本室档案工作要求对其进行重新加工整理，以提高档案整理的质量。同时，还有一些保存时间较长，档案自身和整理体系已经发生变化的档案，档案室和档案馆也需要对其进行调整。

/31/

一些情况下，档案室和档案馆也会接收一些零散的档案文件，这就需要工作人员对其进行全过程的整理和加工，其工作内容与一般档案整理工作内容相同，即区分全宗、在全宗内建立档案分类、立卷并进行案卷编号、编制案卷目录。

在实践中，我国档案室和档案馆对档案的管理主要属于第一种情况，但后两种情况也经常出现。因此，档案工作人员需要熟悉整个档案管理工作的程序，掌握相应的业务能力。

（二）医院档案管理工作的程序

1. 系统排列和编目

在正常情况下，档案室接收的是文书部门和业务部门按照归档要求组合好的文件材料，而档案馆接收的是各个单位档案室按照进馆规范系统整理的档案。因此，对于档案室和档案馆来讲，档案管理工作只是在更大范围内对接收进来的档案做进一步调整。

2. 局部调整

档案馆（室）在日常管理工作中，要定期对所藏档案进行检查，发现明显不符合要求、确实影响保管和利用的档案，档案馆（室）有责任对不合理的整理状况进行局部的调整。

3. 全过程整理

档案馆（室）在收集档案过程中，由于种种原因，其中有些档案没有经过系统的整理，处于凌乱状态，这就必须进行全宗划分、组合、排列和编目的全过程整理工作。

（三）医院档案管理工作的原则

1. 注意保持档案之间的有机联系

可以说，档案整理的任务就是要"自然地"按照档案文件"固有的次序"去排列组合档案文件实体并固定它们相互间的位置，使之保持其内在的、客观的有机联系，形成具有合理有序结构的整体。

档案之所以会对各种类型的、有着不同需求的用户有用，就是因为它记录了一定的人类活动过程。这种活动过程是与各种事物相联系的，因此日后的利用者才会从这一活动过程与自己查考的事物的关系的角度，需要利用这种档案。也就是说，从各种角度、方面对档案的利用要求，实际上是档案所反映的活动过程本身所诱发的，是由这种活动本身的存在而派生出来的。因此，档案分类只能依据形成档案的活动过程本身所具有的运动规律和科学程序来进行，即应以保持文件中与这种过程、规律或程序相吻合的本质有机联系为原则。

在这里需要注意的是，档案之间的有机联系并不是绝对的，而是相对的。在同样类型的活动过程中，事物之间的各种矛盾和联系也是多种多样的。哪种主要，哪种次要，这是随客观条件的变化而变化的，对待文件间的有机联系必须具体问题具体分析，绝不能强求一律，机械地认为保持某种联系最重要，坚持采用某种分类方法。相反从实际出发变换我们的方法，力求保持文件间最紧密的联系，才是唯一正确的做法。

2. 充分利用原有的整理基础

档案是历史的产物，在入藏以前，有的可能存有文件作者或经办人员保管、利用它们的痕迹，有的则可能经过历代档案工作人员的整理。因而在档案整理过程中注意发现上述遗迹并加以利用，即充分利用原基础，也是科学组织档案分类工作的一条原则。

档案中存在的经初步保管、整理的状况或成果，在某些情况下，可能会具有一定的合理成分。如文书处理人员为便于承办和利用，常把同一事件的请示与批复放在一起，造成了档案文件间一种自然的排列次序；而过去的档案人员整理文件时，更是出于当时的某种需要或某种考虑，把具有某种共同特征（问题、作者、时间或形式等）的文件组合在一起。正因如此，应该从实际出发，充分认识并利用原有的基础，以确定档案整理的任务与方式，不轻易打乱重整。就是说，在整理档案之前，应对档案的现状做调查研究。

首先，如果发现档案已初步经过整理，原基础较好，一般就不必打乱重整。这种原有的基础，按现时的标准衡量，可能在保持有机联系的问题上有这样那样的缺陷。但是整序档案作为实体控制的手段，其目标无非是要使档案按一定的规则或规律排列起来，确定其存放的位置，以便于检索。只要这些档案有规可循，有目可查，一般就应尽量保持其原有的整理体系。

其次，即使原基础很不理想，根本未经整理或必须重整，也应仔细研究存在于档案中的每一丝线索，不轻易打乱破坏文件产生处理过程中形成的自然顺序，或前人的整理成果。也就是说，要注意汲取原基础中的合理成分，即使对某些极简单的保存与清理工作的痕迹，也应注意分析是否有参考价值。只有在全面掌握原基础情况以后，才能拟订确实可行的计划，动手整理或仅仅做局部调整。

3. 便于保管和利用

整理档案时，应充分利用档案原有的基础，积极保持档案之间的有机联系，但在具体的整理实践中，有些文件的联系的保持又容易与档案保管的便利性产生冲突。例如，某次会议产生的文件，有纸质的，也有视频的、音频的，还有可公开的、必须保密的，如果单纯只强调文件之间的有机联系，将它们混合起来进行整理，很显然会对保管的便利性产生不利影响。因此，在整理档案时，如果档案之间的有机联系与档案保管的便利性产生冲突时，不能只重视文件联系，还要充分考虑档案保管与利用的便利性。对于不同种类、不同载体、不同机密程度、不同保管价值的档案应根据具体情况具体处理，恰当组合，以便在一定范围内保持档案的最优化联系。

在这里需要注意的是，档案整理必须便于保管和利用，并非通过它就能完全满足从多角度检索档案文件的一切需求。便于保管和利用既是档案整理的出发点，更是整个档案管理工作的出发点。不能要求在实体控制阶段就"毕其功于一役"，解决应由整个档案管理各阶段共同一起解决的问题。应该看到，档案整理工作的任务只能是按一种规则排列档案实体使之形成有序结构，从而为档案的更好保管和进一步利用提供必要的基础。至于使档案信息能从多角度检索，满足一切查询要求，那是智能控制的任务，不能强求由档案的实体整理去完成。否则就只能今天按这一种方法整理，明天又按哪一种方法排序，反而使档案实体易于损毁，不便利用。

第二节 医院档案收集的形式

一、归档制度分析

在我国归档工作已成为一项制度。《档案法》规定："对国家规定的应当立卷归档的材料，必须按照规定，定期向本单位档案机构或者档案工作人员移交，集中管理，任何个人不得据为己有。"收集工作主要是依靠建立健全归档制度来完成的，主要包括明确归档范围、确定归档时间、制定归档份数、履行归档手续和满足归档文件要求。

二、归档文件范围

（一）上级来文

上级来文包括：需要贯彻执行的上级重要会议文件；上级业务主管部门的法规性文件；上级视察工作形成的文件资料；代上级草拟并被采用的文件；上级单位转发本单位的文件等。

（二）本单位形成的各种文件

本单位形成的各种文件包括：本单位代表性会议、工作会议和专业会议的文件资料；本单位颁发的各种正式文件的签发稿、修改稿、印刷本等；本单位的请示与上级的批复；反映本单位业务活动和科学技术的专业文件材料；本单位或本单位汇总的统计报表和统计分析资料及财务资料；本单位领导人公务活动中形成的重要信件、电报、电话记录；本单位成立、合并、撤销、更改名称、启用印信及其组织简则、人员编制等文件材料；本单位（本行业）的历史沿革、大事记、年鉴、反映本单位（本行业）重要活动事件的简报、荣誉奖励证书、有纪念意义和凭证性的实物和展览照片、录音、录像等文件材料；本单位（包括上报和下批）干部任免（包括备案）、调配、培训、专业技术职务评定、聘任等文件材料；本单位财产、物资、档案等的交接凭证、清册；本单位与有关单位签订的各种合同、协议书等文件材料；本单位外事活动中形成的材料等。

（三）下级报送的文件

下级报送的文件：下级单位报送的重要的工作计划、报告、总结、典型材料、统计报表、财务预算、决算等文件；直属单位报送的重要的科技文件材料；下级单位报送的法规性备案文件等。

（四）相关文件

各种普查工作中形成的文件材料；按有关规定应该归档的死亡干部的文件材料；同级单位和非隶属单位颁发的非本单位主管业务但需要执行的法规性文件；有关业务单位对本单位工作检查形成的重要文件；同级机关和非隶属单位与本单位联系、协商工作的文件材料等。

三、医院归档时间确定

归档时间是指文书处理部门或有关业务部门将需要归档的文件向档案部门移交的时间。应该根据各种文件的形成特点和规律，具体规定其归档时间。

（一）管理文件

一般在形成的第二年上半年内向档案部门移交归档。

（二）科技文件

根据文件形成的具体情况有不同的要求。一般有以下五种情况：

一是按项目结束时间归档。

二是按工作阶段归档。

三是按子项结束时间归档。大型项目或研究课题，往往由若干子项组成，这些子项相对独立，工作进程也不尽相同。当一个子项工程结束后，所形成的文件可先行归档。

四是按年度归档。对活动和形成周期长的科技文件或作为科技档案保存的科技管理性文件，一般按年度归档。

五是随时归档。对于科技文件复制部门和科技档案部门合一的设计单位的施工图、机密性强的科技文件、外购设备的随机材料以及委托外单位设计的科技文件等，应随时归档。

（三）会计文件

在会计年度终了后，暂由企业财务会计部门保管一年，期满后移交给档案部门保管。

（四）人事文件

一般应在办理完毕后的10天或半个月内向档案部门归档。对于一些专业性强、特殊载体形式的或机密性强的文件，驻地分散的下属单位的文件，形成规律较为特殊的文件及新时期涌现出来的企业文件，为了便于实际的利用和管理，经过一段时间的实践和总结，可适当地调整归档时间，既要便于企业工作人员在文件形成后一定时间内就近利用，也要便于有保存价值的文件及时归档。

四、医院归档份数管理

归档份数是指企业文件归档数量。总的来说，凡是需要归档的文件一般归档一份，重要的、使用频繁的则需要归档若干份。关于归档份数的管理规定不宜过于笼统，也不能过于简单划一。

五、医院归档手续管理

编制移交清单一式两份，交接双方按移交清单清点案卷。

移交清单清点无误后，双方在移交清单时填写有关项目并签字，各留一份，以备查考。

科技档案还需编写归档文件简要说明，由归档人员编写。一般包括以下内容：项目的名称和代号、项目的任务来源、工作依据和实施过程，项目的科技水平、质量评价和技术经济效益，科技档案质量情况，项目主持人及参与者姓名和分工，文件整理者和说明书撰写人姓名、日期等。

六、医院归档要求明确

归档要求是单位文书部门向档案部门移交案卷时应达到的质量要求，也是档案部门接收案卷时的验收标准。根据《企事业单位归档文件整理规则》的规定，应该从下列几个方面检查归档文件的质量：

归档的文件应齐全、完整；

遵循文件的形成规律，保持文件之间的有机联系，区分不同价值，便于保管和利用；

卷内文件经过系统整理和编目；

案卷封面填写清楚，案卷标题准确，案卷排列合理，编号无误；

编制了完整的案卷目录和相关的文件；

对已破损的文件应予修整，对字迹模糊或文件载体存在质量隐患的文件应予复制；

归档文件所使用的书写材料、纸张、装订材料等应符合档案保护要求。

七、电子文件的归档管理

电子文件归档，是将经过初步整理登记的具有保存价值的电子文件，从计算机或网络的存储器上复制或刻录到可移动的磁、光介质上并移交至档案室（馆）以便长期保存的工作过程。

（一）电子档案的特点

在单位的计算机信息处理系统中，电子档案是作为管理或经营信息而被保存起来的。它的作用主要表现为两个方面：其一，对于管理或经营活动来说，它是重要的原始凭证，是单位工作目标实现情况的记录，是单位历史面貌的一个组成部分；其二，对于单位的信息系统来说，电子档案是这个系统信息资源的组成部分，它可以直接转化为数据库、资料库中的信息，它是各种信息补充、更新或再生产的重要来源，是系统正常运行的信息保障。

电子档案是电子文件的转化物，具有电子文件的所有技术特性。因此，在管理上它与传统档案有很大差别。电子档案的特点如下所述。

1. 保管位置较分散

传统档案实行实体集中统一管理形式，单位的档案集中于本单位档案室，国家档案集中于各级各类档案馆。而电子档案则不可能按照上述方式集中管理，它的相当一部分是通过档案部门掌握其逻辑地址而进行控制；有些部分是通过下载将信息转移到保存介质上而集中于档案部门；还有一些电子档案是采用在线集中，即将信息转移到档案部门指定的地址中进行管理。电子档案管理相对分散且形式多样的特点，加大了管理的复杂程度。

2. 保管技术程度高

电子档案的生命是由载体、信息和系统三个部分所构成的。这三个部分的存在和影响因素不一致，也不同步。它们之所以能够构成完整的电子文件或电子档案，是人们通过一定的技术手段将其联结在一起的。电子档案的载体——磁盘是化工制品，老化、污损等都会影响它的质量，从

第三章 医院档案收集管理

而破坏信息记录；电子档案信息易受误操作、恶意更改或病毒的侵害；计算机软、硬件系统的升级换代会造成原有环境下生成的文件无法识读和利用。对上述三个方面因素进行管理和控制的难度远远超过了对传统档案的管理，是信息化环境下原始记录保管的重大课题。

3. 信息再利用即时性强

电子档案信息在计算机网络系统中再循环的即时性强。传统档案信息在现行活动中的转化方式有两种：一种是在单位使用档案的过程中将有关信息提取出来，融入现行文件当中；另一种是档案部门编辑一些档案参考资料，提供给单位使用。前一种方式的信息使用过程具有一次性；后一种方式的信息虽专题性、系统性强，但转化过程慢，时效性较低。在计算机网络系统中，电子档案信息可以同时以不同的形态分流，即电子档案归档的同时，那些具有数据价值的信息被数据库采集，有资料价值的进入资料库，又成为新的电子文件的来源。

4. 可以在线利用

电子档案的利用可以采用非在线方式，但是更多情况下是采用在线方式。电子档案在线利用的方式对于用户来说基本上摆脱地域和时间限制，调阅文件主动性强、批量大和表现方式多，使文件查找速度快，可以实现信息或数据的共享，因此这种方式能够充分发挥信息系统的优越性。由于在线利用是一种信息管理者与用户非接触式利用方式，所以，利用过程中的信息真实性证实方式、信息复制和公布的权限、信息拥有者及内容涉及者权益的保护等问题，都需要在管理中加以解决。

（二）电子档案的归档方式

1. 物理归档方式

物理归档包括介质归档和网络归档两种方式。介质归档是指文书部门将电子文件下载到存储介质上移交给档案部门；网络归档是指将电子文件通过网络直接传输给档案部门进行存储。物理归档可以实现档案的集中管理。

2. 逻辑归档方式

逻辑归档是指文件形成部门将归档文件电子档案的逻辑地址通知档案部门，从而使档案部门实施在网络上控制与管理电子档案的归档方式。经逻辑归档后，电子档案的物理存储位置不会改变，也杜绝了文件形成部门对电子档案进行修改和删除等情况的发生。

3. "双套制"归档

"双套制"归档是指采取物理归档或逻辑归档的电子档案，同时制成纸质档案予以归档的方式。目前，采取"双套制"归档主要是为了在计算机或网络系统出现意外事故时能够确保电子档案信息的完整性和真实性。

实行"双套制"归档并非要求单位将所有的电子档案都输出成为纸质档案；主要是对那些具有法律凭证作用的，需要确保其安全、秘密和真实性的电子档案采取"双套制"的归档办法。

（三）确定电子文件的归档范围

电子文件的归档范围参照国家关于纸质文件材料归档的有关规定执行，并应包括相应的背景信息和原始数据。电子档案的特性和表现的功能不同于纸质档案，因此造成其收集范围也有所不同：

对起辅助作用或正式作用的电子文件；

对不同信息类型的电子文件；

电子文件在读取、还原时生成的技术设备条件、相关软件和元数据。

（四）电子档案的归档时间与手续

电子档案的归档时间分为实时归档和定期归档两种情况。实时归档是指电子文件形成后即时归档；定期归档是指按规定的归档周期归档。一般情况下，通过计算机网络归档的电子档案应采取实时归档；介质档案可以采取定期归档。电子归档的手续分为进行技术鉴定和履行归档手续两个步骤。

1. 进行技术鉴定

电子档案在归档时要进行技术鉴定，鉴定的内容包括：档案的技术状况是否完好、支持的软件以及配套的纸质文件和登记表格是否完整等。检验的结果应填写《电子档案接收检验登记表》。

2. 履行归档手续

采用介质归档方式的电子档案，在对归档文件检验合格、清点无误后，移交的双方应在《归档电子文件登记表》《归档电子文件移交检验表》和《电子档案接收检验登记表》上签字盖章。移交文件均一式两份，交接双方留存备查。采用逻辑归档或网络归档方式的电子档案，首先由文件形成部门为文件赋予归档标识，然后提交给档案部门；档案部门再赋予已经归档的文件档案管理标识。实行逻辑归档或网络归档时，计算机系统可自动生成《归档电子文件登记表》，打印输出后，移交双方签字签章、留存备查。

采用"双套制"归档的纸质文件履行与纸质公文相同的归档手续。明确归档时间。电子文件的归档一般在年度或任务完成后，或一个阶段之后的一段时间内进行归档，可视其具体情况而定。一般网络归档可实时进行，磁盘归档应按照纸质文件的规定定期完成。

（五）确定归档份数

一般复制两套，保存一套，借阅一套。如在网上进行，也要保存一套。必要时应保存两套，其中一套异地保存，以提高安全性和可靠性。

（六）选用归档方法

一是磁盘归档，是将经过整理最终版本的应归档的电子文件存入磁、光载体介质上；二是网络归档，一般在局域网或其他网络环境下采用。

（七）电子档案的归档要求

1. 齐全完整

电子档案归档的齐全完整是指除了文件内容之外的软、硬件环境信息的收集需齐全完整，如电子档案的设备、支持软件、版本、说明资料等均记录清晰。

2. 真实有效

真实有效是指归档的电子档案应该是经签发生效的定稿，图形文件如果经过更改，则应将最新的版本连同更改记录一并归档。

3. 整理编目

在电子档案归档前，文件形成部门应对文件载体进行整理，并在其包装和表面粘贴说明性标签；对文件的形式和内容进行著录、登记等。归档时，应将有关的目录和登记表同时移交给档案部门。

4. 双套备份

物理归档的电子档案要求复制双套备份脱机文件，其中一套保存、另一套提供利用。重要部门或有条件的单位，最好对电子档案实行双套异地保存，以便在突发灾难性事故发生时确保单位核心文件的完整与安全。

（八）电子档案的收集要求

电子档案收集是一项经常性的按有关规定和标准进行的工作。为保证归档的电子文件的真实性，电子档案的收集积累工作必须从电子文件形成阶段就开始，贯穿于公文处理和科技工作的整个过程，而且还必须了解和掌握电子文件的形成规律和形成过程。

在计算机网络系统上运转的电子文件，可用记录系统来记载电子文件的形成、修改、删除、责任者、入数据库时间等。

用载体传递的电子文件，要按规定进行登记、签署，对于更改处，要填写更改单，按更改审批手续进行，并存有备份件，防止出现差错。

电子文件的收集积累应由形成部门集中管理，不得由个人分散保管。

对于网络系统，应建立文件数据库，并将对应的电子文件注明标识。

八、医院档案收集的相关注意事项

（一）档案收集工作的含义及意义

档案收集工作是档案工作的起点及第一个环节，即将分散在单位各内部工作机构的有价值的文件材料向单位档案室或负责管理档案人员移交、集中的工作。因此，它是档案集中统一管理的重要内容和一项首要的具体措施。作为档案部门积累档案的手段，为档案工作提供了物质对象。档案收集工作质量的高低直接影响到档案的整理、鉴定和利用等工作。

（二）档案收集工作内容和要求

1. 收集工作的内容一般包括：

档案室对本单位需要归档的档案的接收；

档案室对本单位未能及时归档的档案的补充收集。

2. 档案收集工作要求为：

全面、及时掌握入室档案的形成、流动、管理和使用等方面的情况；

保证归档标准及时和入室档案的齐全完整；

建立、健全机关文件的归档制度，严格按归档制度要求完成；

配合各部门做好档案的平时收集工作。

（三）医院档案室收集工作的职责

在归档工作中，从程序上看，档案室或档案管理人员只是负责验收案卷，但实际上，为了达到齐全完整地将档案集中到档案部门的目的，档案室或档案管理人员不仅需要关注文件归档的结果，更重要的是需要关注和参与文件的形成、运行、立卷归档的全过程。为此，档案室或档案管理人员在收集工作中还要承担如下职责。

1. 监督文件的形成过程

文件的形成是归档的源头。在实际工作中，一些单位因忽视文件的形成而导致档案不完整，因此，不仅要力求将已经形成的具有保存价值的文件收集齐全，而且还应该注意文件在形成和处理过程中的情况。例如，要注意了解本单位是否建立了电话记录制度、会议或活动的记录（录制）制度，本单位的文书工作制度是否完善，等等。

当发现本单位在文件形成和管理过程中存在问题时，应及时向有关部门或领导反映，提出改进的建议。同时，在发现了文件形成的漏洞之后，应该尽量采取补记、补录、补拍等措施补救，以保证重要文件的完整。

2. 督促归档制度的落实

虽然，从根本上说，一个单位归档制度的建立和推行是领导者的责任，然而，由于文件归档的成果最终要由档案部门接收，所以单位的档案部门和档案管理人员有责任从如下三个方面协助领导督促归档制度的落实：其一，参与本单位归档制度的制定工作。其二，开展归档制度的宣传工作，使本单位的工作人员深入了解归档制度的内容和要求。比如，在宣传橱窗中张贴归档制度和档案利用规定，表扬归档工作做得好的部门和人员等。其三，对单位归档制度的执行情况进行监督，对发现的问题及时提出改进建议。

3. 指导文书部门的立卷归档工作

档案室或档案管理人员对文书立卷归档的业务指导工作包括如下内容：

（1）协助单位确定立卷地点和分工立卷的范围

立卷地点是指一个单位应该由哪些部门或人员具体完成文书立卷工作，这是在组织上落实直接责任部门或人员。分工立卷范围是指各种内容的文件应该由哪些部门或人员负责立卷，这是为了避免文件重复立卷或遗漏立卷的情况发生。

在确定立卷地点和分工立卷范围时，我们可以有两种选择：

其一，单位内部各部门处理完毕的公文，均集中到办公厅（室），由办公厅（室）的文书人员负责立卷工作。一些内部机构少的小型单位，其立卷工作则由专职或兼职的文书人员承担。

其二，根据规定的分工范围，由办公厅（室）与各职能部门及其专职或兼职文书人员分别承担相关文件的立卷工作。例如，办公厅（室）负责方针政策性的、全面性的、重大问题的文件及以单位名义发出的文件的立卷；单位的科研、生产、营销等部门负责相关业务性公文的立卷。

除了上述两种立卷形式外，对一些业务部门形成的专门文书，还可以采取单独立卷的方式。如会计、统计、人事、科研、保卫等部门形成的业务文书，由这些部门指定专人负责立卷。

（2）参与编制文件立卷方案

立卷方案包括文件分类表和立卷类目两个部分；有时这两个部分可以各自单独构成文件，有时则可以作为一份文件。立卷方案是对文件实体进行分类和组卷的蓝图。档案室或档案管理人员参与编制立卷方案的工作，有利于及时将国家的有关规定和档案管理的要求体现在文件中，从而保证文件分类、立卷的合理性和系统性。

（3）对立卷操作进行业务指导

立卷的操作就是对归档文件进行系统整理，使其形成有序的保管体系。在这个过程中，档案室或档案管理人员有责任深入立卷工作现场，对立卷操作进行业务指导，帮助立卷人员正确掌握标准，及时解决立卷中出现的疑难问题。

（4）进行归档案卷质量检查

在立卷过程中，档案室或档案管理人员应该进行阶段性的案卷质量检查，发现问题及时整改。在立卷工作结束后，档案室或档案管理人员还应进行终结性检查，以从总体上把握案卷质量。

4. 开展零散文件的收集工作

零散文件是指单位在收集工作中未及时归档的文件。出现零散文件的原因主要有：一些会议文件、内部文件由于未经收发文登记而在归档时容易遗漏；一些承办部门或工作人员未及时交回文件；等等。由于多方面的原因，单位即使建立了归档制度、开展了正常的归档工作，也难免有零散文件存在。对此，档案室和档案管理人员应开展对零散文件的收集工作。

收集零散文件可以采取下列方法：其一，根据单位内部机构调整、领导干部职务调动、工作人员岗位变动等情况，收集散存在承办部门或人员手中的文件；其二，结合单位的管理评估、安全监察等活动，清理和收集文件；其三，通过编写大事记、组织沿革等参考资料，有针对性地收集一些散存的文件。对零散文件的收集，并不是一项可有可无的工作，相反极为重要，不仅应该纳入工作日程，而且需要有制度保证。我们可以通过协助单位的领导制定会议文件归档制度、干部离任档案移交制度等，将档案文件的收集工作制度化，变被动为主动，保证档案的齐全完整。

（四）档案人员岗位责任制

热爱档案事业，认真学习档案专业知识，不断提高专业化水平。

严格执行《档案法》以及党和国家有关档案工作的方针、政策及法规，认真履行自己的职责。

熟悉业务，了解本单位历史和现状；认真编制检索工具，编写参考资料，积极做好提供利用工作。

做好档案库房管理工作，定期对档案库房、设施进行检查，发现问题及时报告，妥善处理。

忠于职守；认真履行档案业务中的监督、检查和指导职责，推进本单位档案管理水平的提高。

认真做好档案管理日常工作；严格各项管理制度，切实做好档案保密，工作防止泄密事件发生，确保档案资料的完整、安全。

（五）注意事项

1. 立卷时无须归档文件范围

上级单位任免、奖惩非本单位工作人员的文件，普发供参阅、不办理的文件材料；

上级单位发来的供工作参考的抄件，上级单位征求意见的未定稿的文件；

本单位的重份文件；

无参考利用价值的事务性、临时性文件；

未经会议讨论，未经领导审阅、签发的未生效文件、电报草稿，一般性文件历次修改稿（重要的法规文件、定稿除外），铅印文件的各次校对稿（主要领导人亲笔修改发稿和负责人签字的最后定稿除外）；

从正式文件、电报上摘录的供工作参阅的非证明材料；

无特殊保存价值的信封，一般性表态、询问一般性问题、提出一般性建议意见人民来信；

单位内部互相抄送的文件材料，不应履行公文的行文、介绍信；

本单位负责人兼任外单位职务形成的与本单位无关的文件材料；

以参考为目的从各方面收集的文件材料；

参加非主管单位召开的会议且不需要贯彻执行和无参考价值的文件材料；

非隶属单位抄送的不需要办理的文件材料；

下级单位送来参阅的简报、情况反映、不应抄报或不必备存的文件材料；

越级抄送的一般的、不需要办理的文件材料；

下级单位抄送备案的一般文件材料。

2. 档案平时收集注意事项

平时收集主要针对日常工作中的零散文件、账外文件和专门文件。

档案人员明确档案收集意义意识，提高档案收集工作责任感；

主动加强本单位各部门的相互联系，了解档案产生情况，确保档案全部、及时收集；

掌握单位工作活动规律，抓住机会进行收集。

第三节 医院档案收集工作的要求

一、及时、全面地把档案收集进馆，丰富和优化馆藏

档案馆作为永久保存档案的基地和研究利用档案的中心，必须拥有丰富的馆藏。一个档案机构的收藏是否丰富，档案是否完整，是衡量这个档案机构地位和影响力的重要标志。档案馆馆藏越丰富、越珍贵，就越能受到社会的重视，有利于扩大其社会影响力和提高社会地位。丰富的馆藏也是开放历史档案、开展档案编纂以及出版档案史料的一个前提条件。因此，及时、全面地把档案收集进馆，保证馆藏资源的丰富，是档案收集工作的最基本要求。

馆藏丰富和优化的标志和特征体现为：数量充足、门类齐全，结构合理、富有特色，完整精炼、质量优化。档案馆收集的档案应能够在时间和空间上反映出一个地区、一个系统或一个专业、一个部门完整的历史面貌。在档案的门类和载体上，既要收集文书档案，也要收集科技档案和其他的专门档案，既要收集纸质档案，也要注意收集声像档案、缩微档案和电子档案等其他特殊载体的档案；在档案的时间分布上，在接收现行机关档案的同时，也要向社会征集珍贵的历史档案；在档案的性质上，既要收集公共档案，也要有选择的收集私人档案；不同层次和类别的档案馆，在收藏档案时，应有所侧重，分工明确，注意形成和保持本地区、本系统或本专业的特色。根据档案的数量和成分，以及服务对象的需要，将馆藏各种门类的档案按照一定的比例关系组成一个整体，形成一个合理的馆藏结构。

二、加强馆（室）外调查和指导

档案馆与各立档单位之间、机关档案工作人员与机关各部门工作人员之间应保持密切联系。机关档案工作人员应加强对业务工作进程的了解并指导其对已经办理完毕的文件进行整理和归档。档案馆则根据有关档案管理标准指导、监督各单位档案人员对归档文件的清点、检查和整理工作。

三、推行入馆档案的标准化

严格进馆档案的质量标准，对进馆档案进行优选，选择真正有价值的档案进馆，保证馆藏档案的质量。

四、保持全宗的完整性

档案馆（室）在收集过程中应保持全宗的完整性，同一全宗的档案不能分散，不同全宗的档案不能混淆。

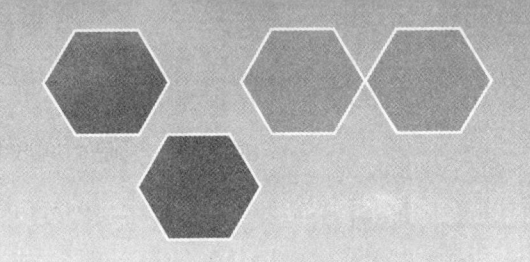

第四章 医院档案整理

第一节 医院档案整理工作概述

一、整理工作内容

档案整理工作,就是按照一定的原则和方法,把处于相对凌乱状态的档案系统起来,以便于保管和利用。

对档案的整理有广义和狭义之分。广义的档案整理,包括对文献的鉴定、考证、编纂出版。狭义的整理指档案管理学中的档案整理,其主要内容有:区分全宗、全宗内档案分类、立卷、案卷排列和编制案卷目录。

由于原来档案状况有所不同,所以整理工作内容也会出现差异。在档案馆和档案室,档案的整理按整理工作内容的范围,可以分成三种类型。

（一）系统排列和编目

当档案室接收的是文书部门和业务部门按照归档要求立好的案卷,或者是档案室根据入馆要求整理移交的案卷时,档案整理工作主要是在更大范围内,根据档案存放和管理的需要,对全宗和案卷进行排列,对案卷目录进行加工。

（二）局部调整

对于整理入档案馆（室）保存的档案,对其中不符合整理要求、不便于保管利用的部分,应进行加工,以提高质量。另外,档案自身或整理体系,会随着时间的推移而发生变化,需要进行必要的调整。

（三）全过程整理

当档案馆（室）接收和征集一些零散文件时,或者馆藏体系遭到严重破坏时,就必须进行全过程的整理工作。

二、档案整理工作的意义

随着我国各项事业的不断发展,档案的数量和成分还将继续增加。把这些数量浩大的档案及时地、完整地收集起来，进行科学的整理，提供利用给各项工作，档案整理工作在全部档案管理活动中具有重要的意义。

（一）档案的整理是揭示文件之间的有机联系，为发挥档案作用创造了有利条件

保存档案的主要目的，是为了及时地、系统地提供档案为社会主义事业服务。为了达到这样一个目的，所提供利用的档案必须经过科学的整理。档案数量庞大、成分复杂，如不进行科学整理，查找使用就像"大海捞针"一样困难。没有经过整理和系统化的档案，就不能充分体现档案的历史记录的特点，不能完整地反映出各项活动的历史联系和本来面貌，就会影响甚至失去档案的利用价值，不便于进一步查考研究问题。档案整理工作的基本任务，是把档案组成一个体系，通过编目使其固定下来，为利用档案提供方便条件。不能超出档案整理工作所要解决的主要问题，而且要求整理的档案直接满足各种角度利用档案的需要。

（二）档案的整理是档案管理所有业务活动的关键环节

档案的整理，不仅为档案的利用创造了方便条件，而且也为整个档案管理工作奠定了良好的基础。在档案管理的各个环节中，收集工作是起点，提供利用是档案工作的目的，而档案的整理则是承上启下的关键所在。收集或征集来的档案，经过档案整理这个环节，可以进一步了解和检查档案收集工作的质量，对档案收集工作有一定的促进作用。档案在整理过程中，往往是与档案价值的鉴定工作结合进行，而鉴定档案的价值和划分档案的保管期限，必须对档案进行全面的考察和仔细认真的分析。只有经过系统整理的档案，才能提供这种可能性。经过整理以后的案卷，是档案的保管、统计、检查的具体工作对象和基本单位，也使编制档案检索工具与编写参考资料有了主要依据。因此，档案整理工作对于充分发挥档案的作用、实现档案工作的目的、奠定档案管理工作的基础，具有重要的意义。

（三）档案整理是实现档案管理现代化的要求

采用现代化手段管理档案，要求对档案实体加以整理，使之达到一定的系统化程度。例如，计算机库房管理系统、编目系统都需要以档案实体的一定体系为基础，档案缩微化更要求档案原件系统有序，具有有机联系的档案达到相对集中。档案管理的现代化，也需要以档案的系统整理为基础。

三、医院档案整理工作的原则

档案整理工作的原则是：充分利用原有的整理基础，保持文件之间的历史联系，便于保管和利用。

（一）充分利用原有的整理基础

档案不仅记录了当时的社会活动，而且也反映了整理和保存档案的状况。整理档案时，要尊重历史和前人的劳动成果，充分利用原有的整理基础，这样有利于保持文件之间的历史联系，能够加快整理工作步伐，提高整理工作的质量。

充分利用原有的整理基础，应该做到以下几点。

1. 提高对原来整理工作的认识，对原有基础予以充分的重视

对于过去的整理方法，应该采取实事求是的态度，认真分析研究其利弊，合理部分，应该继承保持下来。

2. 不要轻易打乱档案

一般情况下，只要不是零散文件，已经有了一定的整理基础，应该力求保持原有的整理体系，通过必要的加工整理或者其他补救措施，提高整理体系的水平。如果轻易把档案打乱，返工重整，不仅费时费力，而且也很难满足利用档案的需求。

总之，原整理基础是一定时期档案整理工作水平的反映，不要轻易全盘否定，除原来基础太差的以外，其他不要随意改变。

（二）保持文件之间的历史联系

文件之间的历史联系，就是文件在产生和处理过程中所形成的内部相互关系。历史联系也被称为"内在联系"或"有机联系"。档案文件虽以单件的个体形式陆续产生的，却是以组合的群体形式存在和运动的。因此整理档案时，只有保持文件的固有联系，才能把文件组成科学的有机体系，反映历史活动的原貌和文件的系统内容。

文件之间的历史联系，主要表现在来源、时间、内容和形式等几个方面。

1. 来源方面的联系

主要指文件是以机关及其内部组织机构或一定的个人为单位有机形成的，产生文件的单位构成与文件来源方面有不可分割的联系。整理档案必须保持文件之间这种固有的联系，不容许随意脱离形成单位。文件之间的历史联系是多方面的，来源方面的联系是首要的，只有在保持文件之间来源方面联系的前提下，时间、内容、形式等方面的联系，才能更深刻地反映文件形成单位的活动面貌，体现档案作为历史记录的属性。

2. 时间方面的联系

主要是指形成文件的机关、组织或个人进行工作活动时，都有一定的过程和阶段，从而使文件之间具有一定的时间联系。整理档案时，应该在保持文件来源联系的同时，注意保持文件之间的这种时间联系。

3. 内容方面的联系

主要指文件是机关、社会组织行使职权过程中形成的，是在解决一定问题过程中产生的，一件工作、一起案件、一项运动、一次会议形成的文件，内容上有密切联系、整理档案时必须考虑到这种密不可分的联系。在整理档案的某些程序中，文件内容方面的联系往往是最紧密的联系。整理过程中如果完全没有表现出文件内容方面的联系，那么来源、时间、形式等方面的联系都可能显得不密切。当然，只有在保持文件来源联系的情况下，文件内容方面的联系才更深刻。

4. 文件在形式方面的联系

是指文件的形式标志着文件的特定作用，在一定程度上反映了文件的来源、时间和内容的性质，因此，文件的形式也构成文件之间一定的联系。文件的形式，包括内部形式（如：种类、名称）和外部形式（如：载体和记录方式）两方面。

保持文件之间的历史联系，应从以下两个方面去辩证地看待和处理：

一方面，要善于找出和保持文件之间最紧密的联系，并尽量从多方面全面保持联系。文件之间具有错综复杂和多种多样的联系，其中一些联系反映了文件最密切的联系，因而应该根据文件情况，找出并保持文件之间最紧密的联系，不能只看到文件之间的某种联系就随意整理。同时，在整理档案的全过程中，应该力求从档案的来源、内容、时间和形式等各方面，全面地保持文件的联系，为档案的鉴定、检索和利用工作创造良好的条件。

另一方面，不能离开实际整理的文件材料，简单地确定某种整理方法和评说优劣。应该根据一定的条件，如不同档案的特点，形成的不同情况等，采取保持文件联系的不同方法。另外，要从整理工作的各个环节和各个方面，全面考虑是否保持了文件的联系，不能只从某一个方面，孤立地看待是否保持了文件的历史联系，不要把某种联系理想化或者把某种整理方法绝对化。

（三）便于保管和利用

整理档案时，注意利用原有的基础，保持文件之间的历史联系，一般都能便于保管和利用。但是有时保持文件的联系和便于保管利用又不一致。例如：一次会议的文件，从载体形态来看，有纸质的，也有胶片、磁带的；有机密性的，也有可以公开的；有永久保存的，也有长期、短期保管的等。如果单纯强调保持文件之间的历史联系，全部集中起来进行整理，显然不便于保管和利用。在这种情况下，不能机械地运用保持文件联系的原则，而要充分考虑档案保管和利用的方便。对于不同种类的档案，记录方式、载体材料、机密程度和保管价值等明显不同的文件，应该根据情况分别整理，恰当组合，而在相应的范围内保持文件最优化的联系。

为了便于理解整理工作的原则，我们把它分成三个层次加以阐述。实际上三个层次是互为一体的，绝不可片面理解整理工作原则。

第二节 医院档案整理的内容

档案的编目工作，内容很多，这里仅就卷内目录、案卷目录、档号几个问题简述如下。

一、卷内目录

它是案卷内登录文件题名及其他特征并固定文件排列次序的表格，通常排列在卷内文件之前。

在填写卷内目录以前要有一些准备工作。首先是进行卷内文件排列，使文件在卷内有固定的位置，整齐有序，便于人们查找利用，如遗失也能随时发现。这项工作一定要在案卷的组合正式确定下来以后再进行，以避免返工和无效的劳动。卷内文件排列的方法很多，一般采用以下几种方法：按时间排列（根据成文日期排列）；按卷内文件的重要程度排列；按作者排列；按问题排列；按地区排列；按文件名称排列。

其次是编卷内文件的页号，卷内文件排列好固定位置以后，就要把文件编上号（有字的页，有一页编一页）。编号的作用是：固定文件排列顺序，便于查阅卷内文件和统计数量，一旦有遗失和损毁，能够及时发现，同时也为电子检索做好准备工作。为了保护文件且便于改动，在初次编页号时最好用铅笔，过一段时间无大的变化时，即可用钢笔或打号机打号固定。

现在有的单位把编写卷内文件的页号，改为编写卷内文件的件号（一份文件一个号），这样做比较简单，一个案卷有几份文件就编几个号，可以节省不少时间。但是它和编页号的作用不同（注意：每份文件都有各自的编号，否则文件遗失几页也无从查起）。因此，编件号应当根据具体情况，慎重采用。对于不装订的案卷，要逐件编件号，并按份装订。编号位置在每件首页的右上角。

上述准备工作就绪后即可填写卷内文件目录。凡是需要长期或永久保存的案卷都应该填写卷内文件目录。它的作用是向使用者介绍卷内文件的情况，以便于查找卷内文件，同时起到保护卷内文件的作用。

短期保存的案卷和卷内文件份数很少或者案卷标题能清楚反映卷内文件情况的案卷，可以不填写卷内文件目录。

卷内文件目录，包括顺序号、文件标题、日期、份数、页数、备注。

填写方法：一般情况下，多数案卷就是按照文件的排列顺序逐件登入卷内目录。如果某些案卷内文件的问题和名称相同，可以不按卷内目录的项目逐一填写，可以采取较为易行的省略方法。

还有某些涉及具体人的案卷，除了人名不同以外，其他内容相同。这样，在案卷标题已经标明卷内文件内容的情况下，卷内目录可以只登人名及页号，不必一一登录内容

应注意，卷内目录要用毛笔或钢笔准确清楚地填写，不能用复写纸和圆珠笔、铅笔；对文件标题不要随意更改或简化；没有作者或日期的文件，应尽量考证清楚；会议记录应写明某次会议和时间；卷内目录填好以后，放在卷内文件的前面，连同卷皮与卷内文件一起装订。

在卷内还要填写备考表。它是案卷内文件状况的记录，通常排在卷内文件之后。立卷人员应将需要说明的情况写在备考表上。填写卷内文件的页数（大写）以及是否有损坏情况，后面由填写人签字并注明日期。如以后页数有变化，或者卷内文件有新的损坏情况，都要加以记载（比如，什么原因卷内文件减少或增加了若干页）。备考表排在卷内最后一张，也可印在卷皮底封的里面。

短期保存的案卷，也可以不填卷内目录和卷内备考表。

二、案卷目录

登录案卷题名和其他特征并固定案卷排列次序的表册有比较重要的作用。通过案卷目录的形式，固定全宗内档案的分类体系和案卷的排列顺序，标志着档案整理工作的基本完成。

其注明了全宗内档案的内容，便于找出所需案卷，是查找利用档案最基本的和必备的检索工

具，更是编制其他检索工具的重要依据。另外它也是登记与统计档案的工具之一，是检查档案安全保管状况的重要手段。

编好案卷目录必须做好两项工作：

首先，对分类立卷后的案卷进行系统排列。根据分类方案，确定案卷在每类内的存放位置与前后顺序。类、属类之间案卷的排列，应该根据分类方案进行。如果是按年度分类，就应该将每一年的案卷按时间顺序排列；如果是按组织机构排列，可以按照习惯顺序（或按组织机构编制表）排列；如果是按问题分类，就应该按照问题的重要程度排列。

其次，案卷在系统排列以后，每个案卷的前后次序和排放位置已经固定，为了管理和提供利用上的方便，要把这种已经固定位置的案卷编上顺序号，即为案卷号。

在上述工作完成以后，就可以进行登记案卷目录。编制案卷目录，通常是在立档单位内完成。有条件的现行机关、企业事业单位，一般由文书处理部门负责编制，然后连同案卷向档案室移交。在较小的基层单位，应由办公室文书、档案人员负责编制。

案卷目录主要包括封面、说明、目次、简称与全称对照表、案卷目录表和备考表。其中案卷目录封面、说明、目录表是主体部分。

（一）封面

案卷目录的封面主要包括全宗号、案卷目录号、目录名称（就是类别或年度的名称），编制单位（相当于立档单位）和形成案卷目录的时间。如果档案已分印成若干套，还应注明"第 x 套"，如果分开保管期限编制的案卷目录，还应在封面上注明"保管期限"一项。

（二）说明（又称案卷目录序言）

在案卷目录的开始，应该对案卷数量、分类和立卷的原则、档案整理的情况、存在问题做简要说明。有的案卷目录说明，还扼要地介绍了档案产生的历史背景、机构变迁以及档案管理方法的改进情况等。这对于档案管理人员尽快熟悉档案，了解历史背景，进一步提高案卷质量是十分重要的。由于"说明"中介绍了档案的特点、案卷内容和档案的存放情况，因而它为档案利用提供了方便条件。

（三）目次

根据全宗内容的分类排列情况，分别写明各个类、项、目的名称及其所在页码。它是案卷目录的目录（索引），对案卷数量多的大全宗是十分必要的。

（四）简称与全称对照表

对于案卷数量较多的大全宗，还应列出简称与全称对照表。主要是针对案卷标题或内容，由于作者、机关、地区等全称过长，需要简化，按照统一的规定，列出对照表供利用者查用、核对。

（五）案卷目录表

这是案卷目录的主体部分，应该认真逐项填好。

三、档号

档号是档案馆（室）在整理和管理档案过程中，以字符形式赋予档案的代码。档号通常包括全宗号、分类号、案卷目录号、案卷号、件号、页号或其他号。档号主要是表示类别及其相互关系的一组符号。在档案的整理、统计、检索、提供利用以及库房日常管理等业务活动中都要运用档号。这几种编号，不仅对档案的管理和提供利用有现实、制约作用，而且对提高档案工作的规范化及现代化不容忽视。

在编制档号过程中应遵循以下基本原则。

（一）唯一性原则

档号应指代单一，一个编号对象应只赋予一个代码，一个代码只表示一个编号对象。具体地说，在一个档案馆内不应有重复的全宗号，在一个案卷目录内不应有重复的案卷号，在一个案卷内不应有重复的件号或页（张）号。如违反了上述唯一性原则，在规定的范围内出现了重号现象，那么档号的指代功能便会出现误差，导致整个档案管理活动的混乱。

（二）合理性原则

档号结构必须与馆藏档案的整理分类体系相适应，比如，科技档案可用分类号代替案卷目录号；按流水顺序编号时不应有空号。

（三）稳定性原则

档号一经确定，一般不应随意改变。对需要改变的档号，应在卷皮、卷盒和有关目录、索引、指南及计算机数据库中做出相应更改，要严格保持档号在实体存放处与检索工具上的一致性。

全宗号。著录馆藏每一全宗的编号。不同全宗的档案不能混淆，同一全宗档案不能分散。档案馆保存数量较多的全宗，为了管理上的方便，必须对档案馆内全宗进行编号，这种以数字代表某一全宗的符号就是全宗号。全宗号一经编定，就不要轻易变动。档案馆内的全宗号应该是固定不变的，即使某一个全宗全部移交出去了，该全宗号在档案馆内仍然保留着。为什么全宗号在档案馆内应该是固定不变的？首先，便于档案馆工作人员更科学地管理档案，做到心中有数。档案馆藏有数量不等的若干全宗，为了便于管理和提供利用上的方便，按全宗号管理和查询利用档案是不可缺少的。作为一个熟练的档案工作人员，当使用者提出借阅档案要求时，马上就能了解到他索取的档案是属于几号全宗，存放在什么位置，无疑这是全宗号固定的结果。如果全宗号经常更动，使工作人员无所遵循，工作就会很被动。其次，全宗号固定，便于档案馆和档案管理机关对档案的统计。档案管理部门的各项统计中，均有"全宗号"一项，如果"全宗号"不固定，改来改去，就会使"全宗号"一项前后不一样，造成档案管理上的混乱。

全宗号有三种编法：一是按系统编号，如党群、政法、工交、农林、财贸、文教、科技等；二是按立档单位的重要程度编号；三是按进馆档案的先后顺序编号。实践证明，前两种方法对于同时进馆的全宗是适用的，但是，一旦有新的全宗进馆，编号就会被打乱。第三种方法最简便易行，比较实用。

全宗号一般用四个符号标志，其中第一位符号用汉语拼音字母标志全宗档案门类，另三位代码用阿拉伯数字标志某一门类全宗顺序号。

案卷目录号。一个全宗内档案数量很多，一本案卷目录登记已不够用就会形成若干本案卷目录，此时需要把案卷目录按序编号。著录全宗内每一案卷目录的编号，就是案卷目录号D案卷目录号的编制方法也是多种多样的，一年编一本案卷目录的，就按年度顺序排号。按保管期限编成若干本案卷目录的，就按永久、长期、短期顺序编号：应根据全宗内档案整理状况设置案卷目录号，可按不同时间断代，不同专题或组织机构、不同保管期限、不同种类、不同载体形态设置案卷目录号。

案卷目录号一般采用流水顺序编号法，必要时可在顺序号前加上表示档案保管期限、载体形态等特征的代字。如，"永13"表示确定为永久保管的第13号目录。

每一案卷目录所含案卷数量不超过100卷时，不另立案卷目录。案卷目录内案卷数量超过9999卷时应另立案卷目录，另编案卷目录号。案卷目录号一经确定不能轻易改动，必须保持不变。

案卷号。案卷在系统排列之后，要确定卷内每个案卷的前后次序和排列位置。著录案卷目录内每一案卷的流水编号，就是案卷号。它是管理档案中最常用的基本代号。

件号或页号，即著录案卷内每一文件的顺序号或其首页的编号。文件立卷以后，进行卷内文件的排列，给每份文件以固定的位置，用数字固定文件前后次序的代号，就是文件的件号或页号。案卷不装订成册时应编制件号，其间不能有空号。

编号工作，虽然简单具体，切不可忽视，档号遗漏或编错一个，往往使整理工作重新返工，造成人力、物力的很大浪费。

总之，在档案馆内，不能有相同的全宗号；在一个全宗内，不能有相同的案卷目录号；在一个案卷目录内，不能有相同的案卷号；在一个案卷内，不能有相同的页号。上述号虽然作用不同但是紧密相连的。档案馆中的卷号、页号与全宗号、案卷目录号一样，编定之后也不能随意改动。因为档案著录检索都有"档号"一项，通过档号检索档案，如档号变动，检索工具将会失去检索作用。

第三节 医院档案整理的类型

一、全宗

（一）全宗及其作用

全宗是一个国家机构、社会组织、个人形成的具有有机联系的文件整体，是档案馆档案的第一层分类、管理单位。

我国档案全宗的类型，主要包括以下几种：按形成全宗的单位和全宗内容的性质，分为机关组织全宗和人物全宗两种；按全宗的范围和构成方式，分为独立全宗、联合全宗、汇集全宗和档案汇集四种。

全宗的基本含义包括以下三个方面。

1. 全宗是有机联系的文件整体

它说明全宗具有不可分割性，某一国家机构、社会组织、个人或同一个生产建设科研活动形成的档案，反映了它们所进行的各种活动及其相互之间密切联系的整个过程。全宗是组成国家档案全宗和进行档案分类、管理的基本单位，同一全宗的档案不能分散，不同全宗的档案不能混淆。在我国，全宗的整体性还受到党和国家法规的约束与保障。中共中央办公厅与国务院办公厅1983年发布的《机关档案工作条例》和《档案馆工作通则》分别规定："一个机关的全部档案是不可分割的整体，应统一向一个档案馆移交""进馆档案应保持全宗的完整性"。

2. 全宗是在一定的历史活动中形成的

全宗是在社会生活中形成的，它体现了档案及其形成的特点。

3. 全宗是以一定的社会单位为基础而构成的，它说明了特定的档案整体的来源和界限

全宗是以产生它的机关、组织和个人为单位而构成的，这就为档案全宗确定了一个区分标志。国家档案局1987年发布的《机关档案工作业务建设规范》规定："一个机关在其工作活动中形成的各种门类和载体的档案为一个全宗，全宗定义中的来源要素，对档案管理具有实用价值。

全宗理论是在档案集中管理过程中逐步形成的，是随着档案工作的开展而不断完善的。中华人民共和国成立以后，在吸收旧中国档案学理论遗产的基础上，参考外国档案工作经验，在辩证唯物主义和历史唯物主义理论指导下，加强对全宗理论的研究，并在以后陆续发布的关于档案工作一系列的《通则》《条例》中，对全宗问题做了明确规定。中华人民共和国成立以后，档案已成为国家所有的财富，实行集中统一管理。全宗理论的发展与完善，既促进了档案科学管理水平的提高，又逐步丰富档案学研究的内容。

档案为什么必须以全宗为单位整理呢？

第一，按全宗整理档案，能够揭示档案内容的实质，从而正确评价档案的价值，为档案的提供利用奠定了科学基础。按照全宗来整理档案，能比较完善地反映机关或个人活动的面貌，从而便于对档案的利用，使人们有可能通过档案全宗全面地、系统地去研究历史上各个机关或著名人物在工作活动中所积累下来的丰富的历史经验与教训。

第二，全宗是档案管理的基本单位，对档案管理有重要的组织作用。在档案管理的全过程中，要以全宗为基本单位进行分类、编目、鉴定、统计等管理工作，避免造成某种不必要的混乱发生，区分全宗是档案整理中的第一步。

第三，按全宗整理档案，不仅仅是一个方法问题，也是一个理论问题。按全宗管理档案，是档案管理区别于图书管理及其他文献管理的重要特点之一。同一全宗的档案不能分散，不同全宗的档案不能混淆，应该按照档案的来源把全宗内已被分散的各部分档案集中起来，从而维护全宗

的完整性以及挖掘全宗内档案作用的潜力。

总之，不应该把全宗理论绝对化，从而忽视全宗理论不断发展的规律，同时也要防止把全宗问题看得过于简单，甚至取消"全宗"的理论。"全宗问题"不解决或解决得不好，都将直接影响档案整理工作的进行。所以，整理档案必须以全宗为单位进行。

（二）立档单位及其构成条件

立档单位是构成档案全宗的国家机构、社会组织、个人或生产建设、科研项目的组织者。通常称为"全宗构成者"。例如，中央××部或××市××局就是一个立档单位，它产生的全部档案是一个全宗。

立档单位与通常所说的各机关、单位，多数情况是一致的，但也有不一致的情况。那么，什么样的机关单位是立档单位，什么样的机关单位不能够成立立档单位，应该有一个划分的条件和标准确定一个机关、组织、单位是不是立档单位，主要分析它是否能够独立行使职权，并能以自己的名义对外行文。通常情况下，在工作上、组织上、财务上有一定独立性的单位均为立档单位。构成立档单位的具体条件如下。

可以独立行使职权，并能以自己的名义对外行文。

是一个会计单位或独立的核算单位，自己可以制作预算或财务计划。

设有管理人事的机构或人员，并有一定的人事任免权。

上述构成立档单位的条件互有联系，在一般情况下，三者往往是一致的、统一的。但也有不统一的情况。比如，在工作上、业务上是独立的，而组织上、财务上有的是不独立的；也有的是工作上、组织上是独立的，财务上是不独立的。实际情况是错综复杂的，所以在分析时主要是看该机关、单位能否独立行使职权并对外行文。比如，有些市、县的工会、团委、妇联等群众团体部门，它们没有专门的人事机构，也不是个会计单位。但是，它们能独立行使职权，能够以自己的名义对外行文，所以它们可以分别是一个立档单位。

在档案整理时，怎样去确定一个单位是否具备立档单位的条件？

通常是从两个方面去考虑：一方面，应该依据法规性文件区分。比如，关于机关建立的决议、命令、组织章程条例以及会议记录等，这些文件上面一般都有职权范围、执行任务方面的记载。另一方面，应该从机关单位的实际情况去分析研究。在实际工作当中，有比较健全的文书工作单位，通常就是一个立档单位。此外，单位名称、机关印信等也可作为分析构成立档单位条件的参考。比如，××市卫生局是一个立档单位，而卫生局的各个处，就不是一个立档单位。

还有一种情况值得注意：确定一个单位是不是立档单位，不能以这个单位人员的多少、权限的大小和形成档案数量的多少来确定。有的单位人员并不多，权限也不大，形成档案的数量比较少，但是，它却具备了上述三个条件，是一个独立的机关。这样的单位，就是一个立档单位，它所形成的档案，应该构成一个单独的全宗。相反，有的单位内部组织机构权限很大，形成档案的数量也不少，但是它不具备上述条件，不是一个独立的机关，这样的单位就不是一个立档单位，它所形成的档案，也就不能构成全宗。

各机关、企业、事业单位党组织的档案，工会、共青团等组织的档案是立档单位档案的有机组成部分，应作为一个全宗看待。单位里的党委（党组）、总支、支部以及共青团、工会组织，它们不是独立的机关，但它又不是机关内部的一个行政机构。按照我国档案工作实行党政档案统一管理的原则，要求将一个机关、企业、事业单位内的党、政、工、团的档案构成一个全宗。

（三）区分全宗

立档单位不是固定不变的，这种变化直接影响到全宗的划分，由于社会的发展，事业的进步，常常引起一些机关的增设、撤销或合并，这些发展变化常常给全宗的划分带来一些新的问题，需要在实践中认真对待。这就要求在具体划分时应该研究立档单位的各种变化情况，辨别哪些变化是根本性的，应当产生新的立档单位和全宗；哪些变化是非根本性的，不成立新的立档单位和全宗。

研究某一立档单位是否有根本性变化，主要应该从立档单位的政治性质和基本职能等有关方面去考察。对于政府机关、团体和事业单位，主要应从政治性质分析它们的变化。在立档单位的政治性质无根本变化的情况下，主要是分析基本职能是否有根本变化。

1. 新建

新成立的机关、企事业单位所形成的档案均可以构成一个全宗。比如，城乡环保部是新成立的机关，其档案就构成一个新的全宗。

2. 分开

新成立两个或两个以上的机关、单位，是代替了一个已被撤销的旧的机关、单位的职能。

换句话说，一个机关、单位分为两个或两个以上的单位。这样新旧机关、单位所形成的档案，应该怎样划分全宗呢？旧的机关已被撤销，它所形成的档案应该单独构成全宗；新成立的机关、单位各自形成的档案，应分别构成不同的全宗。比如，××市电子仪表工业局，在机构调整时撤销，分别成立电子工业、仪表工业、光学工业总公司，这些新成立的单位所形成的档案，应分别构成新的全宗。

3. 合并

与上述情况相反，由两个或两个以上的撤销单位，合并成一个新单位。尽管这些单位与原有的单位前后有一定的联系，但在基本职能上是不同的，它们所形成的档案应分别构成全宗。比如，××年机构调整时，中央粮食部和全国供销合作总社合并到中央商业部。原粮食部、供销总社与商业部的档案应分别构成全宗。

4. 独立

从某一立档单位分离出去作为一个新的单位，它代替了原立档单位的一部分职能。从它改变为独立机关时起，它所形成的档案应构成新的全宗。比如，某市税务局从市财政局独立出去，它所形成的档案，从独立之日起，应该是一个新的立档单位。

5. 从属

与前一种情况相反，原来是一个立档单位，后来因为工作需要，改变为某一机关内部的一个组织机构。改变前的档案为一个全宗，改变后是另一全宗的一部分，不能单独划分全宗。比如，中央高等教育部原为一个立档单位，后来变为中央教育部的内部机构——高教司。改变前为高教部全宗，改变后为教育部全宗的一部分。

6. 合署

两个单位合署办公，而文件又是分别处理的，它们所形成的档案，应该分别构成全宗。

比如，某市民主建国会与市工商联合署办公，但它们的文件是分别处理的，它们形成的档案分别构成两个全宗。

7. 临时

各种临时性机构形成的档案，一般不设立新全宗。

因为临时性机构的业务往往属于某机关或若干机关业务范围之内，存在的时间不长，形成档案的数量不多。对于个别的临时性机构，独立性较强，存在时间较长，其档案也可以考虑成立新的全宗。比如，防汛指挥部，其活动主要集中夏、秋两季，其业务主要属于水利厅（局），所形成的档案应作为水利厅（局）的一类即可，不必单独划分全宗。而"四清社教总团"的情况不同，独立性较强，存在时间较长，其档案也可以考虑成立新的全宗。

上述情况说明，只有在一个单位的职能发生了根本性的变化，其档案才可能构成新的全宗。这一般是指中华人民共和国成立后的各机关、企业事业单位，至于在政权性质、生产关系等方面发生的变化就更是根本性的变化，变化前后的机关、单位所形成的档案，应分别构成新的全宗。

属于下列情形者，不是根本性的变化，不能成立新的全宗。①立档单位名称的改变；②立档单位领导关系的变更；③立档单位内部组织机构的调整；④立档单位工作地点的变；⑤立档单位短期停止活动以后又恢复。

立档单位变化中确定与划分全宗问题，情况错综复杂，应该遵循全宗理论，做具体分析研究，实事求是地加以解决。

在档案整理过程中，尤其在整理历史档案或撤销机关档案时，会遇到几个全宗混在一起的情况，有些零散文件分辨不清是哪个单位形成的。在这种情况下，就要判定档案的所属全宗，把零散文件加以"归队"。只有这样，才能确保档案全宗的完整，避免档案的混乱，便于档案的查找和利用。

判定档案所属全宗，关键在于确定档案的形成者—立档单位。判定档案所属全宗的一般方法主要应从收文、发文和内部文件三个方面着手。

发文和内部文件。它们的作者就是档案的形成者，只要查明了作者，也就确定了它所属的全宗。通常情况下，发文有固定的文件格式，而且还有发文机关的印信，所以判定文件作件的其他方面（比如，发文的起草人、文签批人、文件外形特点等）去考察文件的作者。内部文件由于固定的文件格式以及制成材料的多样性，更应从文件的标题、负责人签名、印章和文件内容去分析文件的作者。

收文。只要查明了文件的实际收受者（收文单位），也就确定了它所属的全宗。在通常情况下，收文上面都指明主送单位或个人，而且收文机关收到文件后要加盖收文的印章并附有阅办单，写明领导批办意见。根据以上特征，判明文件的收受者。在实际判定时，会发现文件虽写明主送单位，但是该机关收到后又转给另一机关办理的情况。这种情况下，应该判定实际办理文件的机关才是收受者。

对于全宗混淆状况严重的特殊问题，不能运用通常的方法去判定档案所属全宗，往往要借助文件上的各种标记去判定。比如，承办单位负责人或承办人的签字、批注的记号、收文和归档的印章或其他戳记以及文件上的各种日期等。还可以通过研究文件的内容，根据文件内容所涉及的领导机关和领导人，以及时间、地点、内容、工作范围等方面进行分析研究；也可以利用档案形成机关的收发文簿、文件移交清册及其他簿册、目录来查对文件；或者从文件的外形、标记、笔迹、墨水、载体和书写方面去同标明作者和收受者的文件进行比较和判定，都是切实可行的。但是，不论用什么方法去考证，只有把这些方法联系起来加以综合分析判断，才能比较准确地判定档案的所属全宗。

二、全宗内档案的分类

（一）分类的意义和要求

全宗内档案的分类方法，是根据立档单位内档案的来源、时间、内容或形式的异同，按照一定的体系，分门别类，有系统地区分档案和整理档案的方法。

全宗内的档案为什么还要进行分类呢？

首先，档案的分类是实行档案科学管理的重要方法之一。一个全宗的档案是一个有机的整体，它们之间有着不可分割的密切联系。然而，仅仅以全宗为单位来整理档案还不够。一个立档单位的活动有着许多侧面，它们之间既有联系又有区别，为了进一步体现这种区别，便于保管和利用，就需要把一个全宗内的档案分成若干类别，为了体现它们之间的联系，又要有次序地按照类别进行排列。随着档案馆藏量的逐渐增多，必须对档案进行科学的整理，才能满足提供利用的需要，而分类则可以揭示出文件之间的内在联系。揭示档案内容，保持文件之间联系的方式方法是多种多样的，但是区分全宗、全宗内档案进行分类，则是必须首先要采取的步骤。其次，分类也是档案整理工作中的重要环节之一，它为一系列整理工作创造条件。全宗内的档案只有经过分类，才能进行立卷、排列和编目。全宗内档案不分类可能给其他方面的工作带来很大困难。在分类理论指导下所选择的科学分类法，不仅类项设置合理，而且归类容易准确。对于现行机关平时的立卷归档和档案馆（室）的案卷整理排列、编目和上架，都有着现实的意义。再次，档案分类的重要意义在于它为档案的管理和利用，提供了有利条件。因此，分类时要以辩证唯物主义与历史唯物主义作为指导思想，根据档案的来源、内容、时间的特点进行分类。

第四章 医院档案整理

档案的分类方法，从古至今是档案管理工作中令人关注的问题。我国宋代曾规定，有关政策法令性的重要档案文件，要"置册分门编录"，当时的档案管理，已形成简单的分类方法。清代嘉庆年间，内阁典籍厅曾经整理所藏九万件档案，并编制《清理东大库分类目录》，把全部档案分为25大类，主要是采取按档案文件名称分类的方法。近代，民国时期，分类已成为档案管理诸程序的中心，档案的管理改革首先是档案分类方法的公开和完善。由于当时历史条件的限制，我国档案工作者在寻求科学分类法时，始终受到欧美图书分类法的影响，当时以搬用杜威十进分类法为多。

根据不同立档单位的活动和全宗内档案成分的特点，进行全宗内档案的分类，是一项比较复杂细致的工作，因而对档案的分类有比较严格的要求。

第一，要求分类具有客观性。由于档案是机关、组织活动中系统地积累而形成的历史产物，应遵循档案形成规律，从全宗的实际情况出发进行分类。竭力维护它们在立档单位活动中原有的某些主要方面的历史联系，科学地选择分类方法，合理地设置类目，准确地归类，使全宗内档案的分类能够较为系统地反映出立档单位活动的面貌。

第二，档案分类体系应该具有逻辑性。全宗内的档案是机关在处理各种事务中形成的，全宗的成分及其纵横联系往往比较复杂，全宗内档案的分类又常常采用几种方法，所以分类体系的构成应力求严密。因此，必须遵守每次分类按照同一标准进行，不应有交叉或互相包容的矛盾现象。如，在按问题分类时，设"经济类"，平行的同位类中不能再设"工业类""农业类"。

第三，全宗内档案的分类应该注重实用性。档案的分类必须便于保管，便于检索和利用。比如，对于现行机关和撤销机关的全宗，大全宗与小全宗，对于全宗内形式与载体特殊的档案材料，往往采取不尽相同的分类方法。在档案分类过程中，防止无视全宗的特点而生搬硬套的分类方法，更要禁用空设的虚类。

对于某些历史档案以及政策性较强的档案进行分类时，必须以马列主义和毛泽东思想为指导，根据档案的实际内容和相关因素，合理地组织类别体系和设置类目，如实反映立档单位的性质及其活动状况，揭示档案的内容实质和相互联系。

（二）档案分类的一般方法

全宗内档案分类方法很多，归纳起来有下面几种。

按文件的产生时间分类，其具体形式主要有两种：

年度分类法；

时期分类法（阶段分类法）。

按文件来源，其具体形式有三种：

组织机构分类法；

作者分类法；

通信者分类法。就是按与立档单位有来往通信关系的机关或个人分类（收文按作者、发文存

/57/

本和原稿按收文者)。

1. 按文件内容分类

具体形式有三种:

问题分类法;

实物分类法。按文件内容所涉及的实物分类。比如,粮、棉、钢、铁、石油;

地理分类法。就是按文件内容所涉及的地区分类。

如华北、东北。

2. 按文件的形式分类

具体形式有三种:

按文件种类(名称)分类;

按文件制成材料分类;

按文件形状分类。

在上述分类法中,最常用的只有三种,即年度分类法、组织机构分类法与问题分类法。

3. 组织机构分类牌

这种分类方法也是一种主要的并经常采用的分类方法。它有如下优点。

采用组织机构分类法进行分类,符合档案形成的特点。在一个立档单位里,档案是由其内部组织机构在履行职能过程中形成的,而各内部机构所承担的任务是不尽相同的。按组织机构分类就能客观地反映立档单位各个组织机构工作活动的面貌和状况,能较好地保持档案在来源上的联系。

采取组织机构分类法分类,便于查找利用档案。立档单位内设的各个组织机构,除了综合性的工作部门(办公室、政策研究室)外,其余的都是按照各自的业务分工,在其职权范围内形成文件。某一个内部组织机构所形成的档案,一般就是某一方面问题的档案。但是,组织机构与问题两者不能等同。比如,某单位内的档案按组织机构分类,可以分为办公室类、人事处类、财务处类、生产处类、基建处类……其中生产处类,可能大部分文件是记述和反映生产问题的,也有少部分是经生产处办理的其他方面的问题。按组织机构分类可以保持档案在来源上的一致性,但不一定能保证档案的一致性。

按组织机构分类,有比较明显的客观标准,简便易行,立档单位内部有多少组织机构,就可以设立多少类。这些机构拥有各自的职权范围,它们在承办文件时往往会留下一定的标记。这样就可以避免或减少因人员业务水平不同而产生分类不一致的缺点。尤其是正在行使职权的机关,如果文件采用分散立卷(由各组织机构立卷)形式,每个组织机构所归档的案卷就很自然地构成一类。

既然按组织机构分类有这些优点,是不是所有全宗档案的分类都采取这种分类方法呢?答案是否定的,只有具备下列条件才能采用。

首先，要考察档案的实际情况，各内部组织机构之间的档案有没有混淆，是否残缺不全。如果内部机构之间的档案已经混乱、缺损不全，有的已按其他方法分类，在这种情况下，已经很难再按组织机构分类，应该采取其他方法分类。

其次，还要了解立档单位的组织机构情况，内部组织机构是否健全，是否经常变动。如果内部组织机构少、工作简单，或者虽有内部机构，但经常变化，内部很不稳定，在上述情况下也不一定按组织机构分类。

按组织机构分类应该分到哪一层机构合适？这主要由立档单位的大小和形成档案数量的多少来决定。比如，中央机关内部机构层次较多，档案的数量也多，而且是分散处理文件的，每层组织机构都有人专管或兼管文书工作，那么档案的分类就可以分到第二层甚至第三层组织机构。对于大多数立档单位来说，按组织机构分类分到第一层就可以了，有一个机构设置一个类，组织机构的名称就是类名。

按组织机构分类时，对于机关内部设立的临时性组织机构所形成的档案，应该怎样设类？一般情况下，对临时性机构所形成的档案，在分类时应该和其他内部机构形成的档案一样对待，单独设类，并排在最末一类。但是，有些临时机构情况特殊，它虽然是在全省、市、县范围内设立的临时性机构，但它往往与某单位的内部机构合署办公，甚至还可能是一套人马，而对外是两个名义（有时用立档单位名义，有时用临时机构名义）。比如，××县防汛指挥部，它是全县的临时组织机构，但它附设在县水利局内办公，它所形成的档案一般不作为单独全宗，而是作为水利局全宗的一部分。防汛工作年年进行，在县水利局档案中单设"防汛指挥部"（或防汛办公室）类即可。

按组织机构分类，还会遇到立档单位内党、政、工、团档案的分类问题。对于立档单位内共产党、工会、共青团等组织形成的档案，应视立档单位的情况，采用切合实际的分类方法。一种办法是针对立档单位较大、内部组织机构层次多，可将党、政、工、团的档案一分为二，分开归类。立档单位的一级机构党、工、团（如，大企业中的公司、厂部、高等学校的校部）和二级机构（如：工厂中的处、室、车间；高等学校中的处、系）党、工、团所形成的档案分别列类整理。

另一种办法：无论哪一级机构形成的关于党、工、团形成的档案，一概集中为党（党组、党委、党总支、党支部），工会、共青团三类，如果立档单位小，档案数量少，还可以将三者（党、工、团）合设为一类—党群类。

在按组织机构实行归类时，有两个难以处理的问题，应该引起重视。

一个是立档单位的办公厅（办公室）与领导机构设类问题。一般情况下，立档单位有多少内部机构就设立多少类。但是办公厅（室）还有一些不同于其他机构的地方。表现在办公厅（室）类还包括立档单位的领导机构以及某些领导人的档案在内。在党委机关就是党的委员会、常务委员会和书记处等；在政府机关，就是部长、省长、市长、县（区）长、厅长、局长等以及在他们主持下的一些例会。这部分档案无疑是立档单位档案中最重要的部分，它应由立档单位的办公厅

/59/

（室）负责收集保管，因此，在按组织机构分类的时候，立档单位领导机构形成的档案和办公厅（室）形成的档案，统一作为一个类进行整理。这个类的名称就称为"办公厅（室）类"。

另一个是办公厅（室）与各业务部门的档案的归类问题，由于办公厅（室）是立档单位内的综合部门，它承上启下，左右联系，与各业务部门的关系十分密切，它们所形成档案的牵连也比较多。在按组织机构分类时，有些档案是归入办公厅（室）类还是归入有关的业务部门类，都需要经过认真研究才能确定。有一种情况是：文件由机关的办公厅（室）收到以后，按照机关业务的分工（或者根据领导人的批示）转送有关的业务部门办理，经业务部门办理的这种文件，应归入业务工作部门类，而不应归入办公厅（室）类；如果是有关的业务部门阅过办公厅（室）转来的收文后，要向机关领导提出处理意见，或者代替机关领导拟写复文的草稿，再连同那份收文送回办公厅（室）办公厅（室）根据业务部门提出的处理意见，拟写复文稿，送交机关领导人签发，以立档单位名义复文。这样办理的收文在档案分类时，比较多的单位是归入办公厅（室）类，也有的归入有关的业务部门类。因为按前者归类好掌握，只要以立档单位名义回复，留在机关办公厅（室）归档，这是符合档案形成特点的。所以，对同一类情况的收文，在一个全宗之内，归类的方法必须一致，有的能够归入办公厅（室）类，有的又归入业务部门类。如果标准不统一，不仅分类工作难以进行，就是查找利用也是很不方便的。立档单位内各部门有牵连的文件如何归类？如果是两个以上部门合办的文件，应该归入主办部门，如果分不清主次归入最后承办部门；如果是联名发出的文件，这类文件一般归入主要起草的部门类内。

3. 问题分类法（又称内容分类法）

它是按照档案内容所说明的问题来分类，也是经常采用的一种分类方法。它和组织机构分类法有许多共同点，也能较好地保持文件之间的联系，能使相同性质的档案得到集中，可以减少同类问题档案分散的现象，便于档案的查找和利用。但是，问题分类法在类目如何设置，尤其是档案归类等具体问题上，常常难以掌握，比起前两种分类方法要复杂一些，困难一些。由于档案工作人员知识与业务水平的不同以及各种因素的影响，采用问题分类法往往不易准确分类。所以，对问题分类法的采用，要根据立档单位和档案工作人员的实际情况来决定。

（三）分类方案的编制

全宗内档案分类的表现形式是分类方案，它是用文字或图表形式表示一个全宗内档案分类体系的一种文件。当选用了某种联合分类法以后，就应该编制一份"分类方案"（又称为"分类大纲"）。分类方案的编制，应该注意以下几点要求。

1. 统一性

在编制分类方案时，首先要确定采用何种分类方法。第一级采用哪种方法，第二级采用标准。比如，第一级分类是采用年度分类，就不能同时并列组织机构或问题名称。如果是采取两种分类法的联合，那么不仅分类的第一级是统一的，而第二级也应该是统一的。比如，采用年度——组织机构分类法，第一级分类是年度，第二级分类是组织机构。

2. 排斥性

分类方案中同级的各类，对于地位相等、内容互相排斥的（不能你中有我，我中有你），类的范围必须明确。比如，按问题分类，所设问题各类地位相等，不能相互包括。第一类中设"教育类"，同位类就不能再设"高等教育""中等教育"类，因为教育类包括高等教育、中等教育……只能把它们设为属类。同级中设有"人事类"，就不能再设"干部任免"类，同样道理，既然设"财务类"，也就不能再设"经费类"。

3. 伸缩性

档案是社会实践活动的产物，而社会实践活动是丰富多彩的。工作内容时而增加，时而减少；组织机构时而撤销，时而合并。因此，分类方案中的各类，均应留有伸缩的余地，可以增加或减少类别，以适应客观变化的需要。

为了使分类方案编制科学实用，在编制分类方案前还应该做好调查研究工作。首先，对于立档单位的组织章程、办事细则、工作计划与总结都要认真分析研究，从中了解和掌握立档单位的工作性质、职权范围、业务职掌，以便决定采取合适的分类方法。其次，参考本单位原有档案，如果本机关已有旧卷，应该对原有档案分类基础做周密研究并吸取其合理部分，以补充与修正现有档案的分类方案。最后是多方征求意见，经机关负责人批准施行。科学而实用分类方案的形成，必须及时征求文书与业务承办人员的意见，因为他们对文件的内容与成分比较熟悉，尤其是经办人员对事件、问题的处理过程，有更彻底的了解。要随时征求他们的意见，集思广益，防止闭门造车。分类方案实施以后，往往发生文件与分类方案不尽相符的情况，造成分类困难，对此应该随时交换意见，商讨分类项目或增或减，清除障碍，并交领导人审核批准。

（四）综合档案室档案的分类

综合档案室档案的分类是近几年遇到的新问题。归纳起来主要有三种做法：一是门类分类法。即基本上保持原来档案门类的划分，仍将全部档案分为文书档案、科技档案、人事档案、会计档案等若干门类，在各门类档案中亦沿用原来的分类编号方法。也可以从综合管理的要求出发，赋予每种门类档案以一定的门类代字或代号。二是组织机构分类法。即打破原来对档案门类的划分，将机关全部档案按其形成机构划分。三是问题分类法。即打破原来档案门类的划分，将机关全部档案按其内容所涉及的问题分成若干类目。如《××市机关档案综合管理分类、编号方案》中规定，分为党、政、工、团档案，产品档案，基建档案，设备仪器档案，科研档案，会计档案，审计档案，已故人员档案，音像档案九大类，每个大类视机关文件形成状况再分若干属类，同时允许各机关根据具体情况增设或减少类目。这几种方法均可与年度分类法结合运用。

三、立卷

案卷是由互有联系的若干文件组合成并放入卷夹、卷皮的档案保管单位。

立卷是文件转化为档案的一个重要组织措施。研究立卷的原则和方法，不断提高案卷质量，对于实现档案的科学管理，十分重要。

（一）立卷的意义

各机关单位在工作活动中形成和使用的文件，在处理完毕以后，需要进行系统整理，组成案卷就叫立卷。案卷是文件的组合体，是文书档案的基本保管单位。文书立卷是文书处理工作的最后环节，也是档案工作的基础，具有重要意义。

首先，文件组成案卷，便于查找利用。文件是机关活动的一种办事工具。它的现实作用消失以后，备作查证、参考和具有史料的功能又显现出来。然而，文件是在机关实践活动中逐份形成的，文件这种形成的分散性与利用的系统性，往往在实际工作中出现矛盾。实践证明，单份文件不仅零散杂乱，不便利用，而且也容易磨损和遗失，不便于管理。所以，单份文件应该立卷，使文件最终转化为档案，便于充分发挥其作用。

其次，文件组成案卷，便于保护文件。如果单份文件适量地组合一起，采用比较结实的卷皮妥善保管好，可以避免文件的破损和散失，便于管理和长久保存。所以，机关单位的档案室和各级各类档案馆，一般是以案卷作为基本保管单位来进行编目、保管、鉴定、统计和提供利用等项工作的。

再次，文件组成案卷，为档案工作奠定基础。把办理完毕的文件立成案卷，案卷移交给机关档案室后，文件结束了在文书部门的运转过程，进入档案管理阶段。案卷是档案部门工作的主要对象，文书立卷的质量如何，直接影响和决定档案的质量，所以，文书立卷工作是档案工作的基础。

（二）立卷和分类的关系

立卷和分类这两个环节既有一定区别，又有密切联系。分类是把全宗内的文件，按照一定的特点分成若干部分；立卷则是把各个局部，甚至零散的文件，按照一定的特点组成各个保管单位。从分类与立卷的结果看，两者也有不同：前者为一个类，文件属于相同一类者，集合在一起；后者则是在这个类的范围内，把零散的文件集合成为一个案卷。所谓相似，两者都是按一定的特点集合文件，只不过是范围不同、结果不完全一样。

一个全宗内文件的系统整理，一般是先分类后立卷。分类通常是立卷的前提和先行步骤，分类的方式和质量，对立卷有一定影响，甚至有决定作用。全宗内文件，如果未经分类就直接进行立卷，就不容易着手进行，以致影响立卷质量或者造成一些重复劳动。文件怎样分类单位，不是一个类的文件不能组成一个案卷。正在行使职权的机关、单位中，有些较大的机关，由于文件是经文书部门立成案卷后归档的，档案室将收到的案卷分类保管。从工作程序上看，好像是先立卷后分类，其实不然。因为文书处理部门已各自按年度分别立卷归档，已经为档案室事先做了分类工作（按年度——组织机构，或者按年度——问题）。实际上立卷仍然是在分类之后进行的。

立卷对分类也有制约关系。尤其是有些案卷是历史上形成的密不可分的一组文件整体，而分类又不能随便破坏这些案卷，有时立卷不能完全在分类之后进行。这种情况对于公安、司法、监察、人事部门的档案尤为明显。关于处理某个案件的全部文件相互之间是不可分割的，必须组成一个案卷（或若干分册），分类只能在这些案卷的基础上来进行。这只是一种特殊情况。

（三）立卷的原则和要求

立卷的原则主要是按照文件的历史联系进行立卷。这是因为，首先，在立卷中只有保持它们之间的历史联系，才可能解决文件的凌乱状态和系统化的矛盾。一方面文件从产生经过办理，到立卷归档为止，是一个客观的发展过程；另一方面这个过程不是杂乱无章的，它的内在的、必然的联系和共同的本质属性，不断重复出现在这一发展过程中，一直到它们转化为档案为止，才又开始新的过程。

其次，文件的历史联系是多方面的。比如，文件的内容、形成的时间、文件作者和名称等都有一定的联系。因此在文书立卷过程中，要仔细研究文件要解决什么问题，在什么时间由哪个部门，根据什么情况，什么指示形成的，然后决定采用什么方法去立卷。尽管文件种类繁多，具体内容千差万别，只要认识了文件之间的内在联系，立卷时就有章可循，能够保持文件的历史联系。

再次，按照机关工作活动的规律，正确反映本机关的主要业务工作情况，就能正确地体现保持文件之间历史联系这一基本原则。各机关在处理一个问题，召开一次会议所形成的一组文件，自始至终是有密切联系的。它反映了机关的客观实践活动，不应该任意拆散，而应当尽力保持这种历史联系，如实地反映机关工作活动的本来面貌。

在立卷原则指导下，立卷还应有如下要求。

1. 立卷要便于保管、查找和利用

文件如果不进行立卷，使本来存在内在联系的各种文件，处于非常零散的状态，即使是很有价值的文件，也会因其孤立存在而降低它的使用价值，或者因其难于查找而很难发挥作用。因此，在整个立卷过程中，要紧紧抓住便于保管和利用这一根本目的，全面而细致地做好文书立卷工作。

2. 立卷时必须考虑文件的不同价值

按三种保管期限分别立卷、分别编目、分别保管已成为立卷工作中的一种普遍做法。区分文件的不同价值，决定了文件的组合，影响案卷的质量，关系到档案的管理。它与保持文件之间的历史联系一样，在整个立卷过程中是普遍起作用的因素。

既要保持文件之间的历史联系，又要区分价值，二者在立卷时发生矛盾怎样解决？有人认为保持文件之间历史联系已经能够解决后者的问题，这种看法不够全面。因为两者是两个范畴：前者指的是文件内容和形成过程，后者指的是文件的重要程度和不同作用。有时二者是统一的，例如请示与批复、会议记录等，但这种情况较少。也有人认为立卷时先区分价值，后考虑联系，这也是片面的。因为立卷时只有把握住文件之间的联系，然后才有可能准确地区分价值。保持文件之间的历史联系是起主导作用的因素。一项方针政策的贯彻执行，一次会议的召开，一个案件的处理都要形成一系列文件材料，在立卷时把它们集中到一起，就是文件之间的联系在起作用。但是，立卷要受多方面因素的影响，其中文件的价值是很重要的一个因素。一次大型会议形成的文件很多，可按三种保管期限分别立卷。其中的重要文件，如会议报告、总结、会议纪要可以组成永久卷；典型发言，讨论文稿可组成长期卷；会议简报、会议参考材料可组成短期卷。从具体案卷看似乎割裂了文件之间的联系，但从整体上看却反映了这个会议的整体情况，保持了文件之间的历史联系。可见，处理好两者之间的关系，矛盾是可以解决的。

（四）立卷的方法

了解文件的内容及其形成过程，找出文件之间的共同点，把具有共同点的一组文件立成案卷。通常情况下，文件的共同点有六个方面，即立卷的六个特征。从文件的实际情况出发，运用六个特征立卷，就是立卷的基本方法。目前采用的立卷方法主要有：按问题特征立卷；按作者特征立卷；按时间特征立卷；按文件名称特征立卷；按地区特征立卷；按通信者特征立卷。

上述六个方面的特征，具体反映了文件之间错综复杂的异同点，反映文件之间的联系是多方面的。六个特征在一卷之中不能同时运用。在立卷过程中必须具体分析文件之间主要的、最密切的联系，从文件的实际情况出发，选择和运用其中最突出的特征进行立卷。六个特征的运用是不平衡的，其中作者、问题、名称特征运用比较广泛，尤其是问题特征应用最多。但是，六个特征的使用也不是分别孤立的，必须结合运用。在具体运用六个特征立卷时，应该掌握立卷的基本要求和方法，要善于抓住主要特征和共同点。同一个问题、同一项工作、同一项工程、同一个作者的文件材料，都要考虑到文件保管期限的长短，数量的多少，关系是否密切等情况，结合其他特征细分。

在实际立卷过程中，情况往往错综复杂，但有两种倾向必须防止。

"一竿子插到底"这种做法主要是过分强调文件之间的联系，忽视了文件保管期限的不同和立档单位之间保存文件的不必要重复。

"绝对分级"这种做法也是不可取的。虽然在立卷过程中适当分级是可行的，但是完全不考虑各级文件之间相互联系的密切程度，则是不妥的。凡是有密切联系的文件，无论上级的还是下级的，都要与本机关的文件一并立卷。

在立卷过程中片面强调某一个方面是不合适的，必须从文件的具体情况出发，全面考虑立卷的基本要求。既要保持文件之间的主要联系，又要便于保管和利用；既要遵循有关的规定条例，又不能不分情况机械地强求一致。

第四节 医院档案整理的组织管理

组织管理，主要是指运用计划、组织、协调等基本活动，有效地利用人力、物力、财力，发挥最高的效率，达到管理好档案便于提供利用的目的。

一、整理工作方案

档案馆或者档案室在对某一个全宗档案进行整理的时候，尤其对积存零散文件，首先要了解两方面的情况，一是立档单位的情况，如立档单位成立、变动和撤销的时间和原因；立档单位的职能、任务、隶属关系，以及内部组织机构的设置和文书处理工作情况。

二是全宗内档案的情况，如档案的数量、内容、成分和所属年度；档案的保管情况、整理情况、完整程度；对原整理状况的基本估计。

在了解情况的基础上，酝酿、讨论和形成整理工作方案。这个分类方案包括整理工作的要求和方法，分类方案表、工作程序、劳动组织、人员分工以及大体完成的时间等。整理工作方案一般以全宗为单位编制。当整理互有联系的或同类型的若干全宗时，也可以将其合编为一个整理工作方案。整理工作方案是整理档案，尤其是整理积存档案时，不可缺少的计划性的指导文件．通常要经过周密的调查研究和有关领导的批准。

二、立档单位和全宗历史考证

在整理零散档案时，一般是从调查研究和了解立档单位的沿革和档案状况开始的，并将其写成书面材料，这个材料就是"立档单位和全宗历史考证"，或者称为"立档单位和全宗历史情况说明"。它可以作为档案整理工作方案的一部分，也可以作为一份单行材料。立档单位和全宗历史考证，对档案的管理和提供利用有多方面的作用。

（一）它是正确地制订整理工作方案和科学地组织档案整理工作的依据

对该全宗内各个部分档案整理的具体要求和方法（比如，制订档案分类方案），都只有在深刻而全面地研究立档单位和全宗历史的基础上才能确定。

（二）它是档案整理中必要的参考材料

在判定档案所属全宗，考证文件日期和所属组织机构、档案的归类等方面，它都能提供一些可以参考的材料。尤其能减少立卷中的困难，因为了解了立档单位的工作任务、领导关系、机构、人员变动情况以及文书处理情况，就能提高立卷效率；同时在了解过去的文书、档案工作情况以后，就能更好地利用原有基础，提高档案整理工作的速度和质量。

（三）它对鉴定档案价值有辅助作用

了解和明确立档单位的主要职能和任务以及领导关系和档案被保存的程度以后，便于正确地鉴别文件的价值和准确地划分档案的保管期限。

（四）它可以作为编制各种检索工具时的基础材料

档案馆（室）在编制各种检索工具时，也需要了解各个全宗以及立档单位的历史，才能编得精确、全面，尤其是编制全宗指南、档案馆指南等较大型检索工具时，更需要参考历史考证。

立档单位和全宗历史考证一般包括如下一些内容。立档单位的历史沿革：

第一，立档单位成立、停办、撤销的时间和原因；

第二，立档单位的性质、任务和职权范围及其变动情况；

第三，立档单位在社会中的作用及领导关系与隶属关系的变化情况；

第四，立档单位内部组织机构的设置、职能及其变更情况，立档单位及其内部组织机构负责人姓名；

第五，立档单位文书工作制度及其变化情况，文书处理中的印章及其作用。

全宗档案情况：

一是全宗档案内容与成分的概况；

二是档案入馆前的保管处所和保管情况。档案何时入馆，是否受过损失，是否经过鉴定，销毁数量等都在考证中注明；

三是档案被利用的状况。

立档单位与全宗历史考证的编写方法如下所示。

首先，应当研究规定立档单位任务、职能和组织机构的决议、章程、条例、办法、命令、指示等法规性文件，并参阅机关历年大事记和工作总结等。这些文件往往可以从档案中找到，或可在报刊上发现，还可以从资料室、图书馆中收集。研究立档单位的历史，除了研究立法性文件外，同时还可以利用参考书、百科全书及有关的出版物、会议记录汇集、总结报告汇集、纪念册、人物传记，也可参考档案馆（室）的工作总结、移交文据、移交目录、销毁清册等。

其次，通过访问有关人员编写历史考证也是十分必要的。有关立档单位和档案的历史情况，有时并不那么具体详细，通过访问原来立档单位的负责人或工作人员，或进一步查阅文件获得线索，或通过调查印证档案和复核文件，使历史考证的质量能得到保证且更具有实用价值。

再次，历史考证应该由档案工作人员或文书处理工作人员中，比较熟悉立档单位历史情况的同志来编写。考证的内容必须简要明确并有依据，不允许单凭印象来编写，而应该严肃认真，下一番工夫，对立档单位和全宗档案的历史与现状，做出恰如其分的考证。

三、零散文件整理程序

在整理积存零散文件时，除了要做上述的一些准备工作以外，还必须科学地组织整理工作程序，以保证档案整理工作的顺利进行。整理工作程序可以简要归纳为以下七个步骤。

第一，区分全宗。

第二，全宗内档案的分类。

第三，立卷。

第四，检查案卷质量和确定案卷保管期限。

第五，案卷的加工整理。

第六，案卷的排列与编号。

第七，案卷目录的编制。

以上是全面系统整理的一般程序。在实际工作中，应该考虑到原来档案的状况和整理工作的具体要求和方法，不同情况采用不同的程序。如果所整理的档案是属于一个全宗的，则第一个程序就不必要；如果所整理的档案是已经组成案卷的，只是有某些不足，那么第三个程序就不是立卷而是纠正和调整案卷。如果所整理的档案是过去进行过整理的，其整理程序就可以从简，可以在原基础上适当做些局部的补充和调整。

四、整理档案的劳动组织

整理积存和零散档案时,需要参加的人员较多,因此,必须合理地解决人力分工问题,应该根据档案的系统整理和技术整理的特点进行科学的劳动分工。

档案的系统整理工作,一般是以全宗为单位进行、人员分工有两种方法可供选择:方法是由少数人包干整理一个全宗,包全宗到人,各全宗整理工作同时进行;另一种方法是组织所有参加整理者,对全宗逐个地加以整理,即大家一起先整理一个全宗,然后再整理另一个全宗。在人员分工上采用"两头小,中间大"的办法比较合适。即开始由少数人甚至一两个人研究情况,制定整理工作方案,按方案分工要求大家一起动手整理,最后由少数人做扫尾工作。

档案的技术整理工作,一般是采用流水作业法来进行的,即按照档案整理工作程序和技术整理工作的内容,把人员分成若干组,每组只负责其中的一两项工作,各司专责。有的专门负责拆除文件上的各种金属物;有的专门负责编写卷内文件的页号;有的负责填写案卷目录和卷内目录;有的书写案卷封皮;有的专门负责装订。每个案卷的技术整理必须按照工作程序由各个小组依次逐步地完成。

档案的系统整理包括区分全宗、分类、立卷、卷内文件排列、填写卷内目录、案卷封面的编目、案卷的排列和编制案卷目录。档案的技术整理包括卷内文件编号、修复、填写案卷备考表、案卷目录的抄写和案卷的装订。档案的系统整理与技术整理,在人员分工上是不同的。系统整理中各个环节前后联系非常紧密,因此进行系统整理要求配备业务水平较高的人员参加,并且要求以分类方案为分工的基础,采取纵的分工方法,不宜采取流水作业法。而技术整理是以工作的内容(即工种)为分工的基础,其各项工作的作业方法具有相对的稳定性和某些技巧性,因此,技术整理应该配备操作技巧比较熟练、书写能力较强的人员,采取专人负责或流水作业法去完成。

在档案整理时,充分了解和掌握两种不同的劳动组织,对于挖掘潜力,调动一切积极因素,提高档案整理工作的水平,具有重要的现实意义。

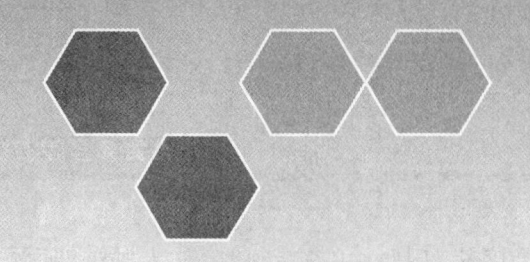

第五章 医院档案鉴定

档案价值的鉴定工作是指档案室（馆）按照一定的原则、标准和方法，分析和评价档案的价值．确定其保管期限，剔除丧失保存价值的档案予以销毁的活动。鉴定工作的目的是优化档案质量，以便于安全保管和有效利用。

第一节 医院档案鉴定工作概述

一、档案鉴定的内涵

档案鉴定应包括档案保管期限鉴定、档案准确性鉴定、档案完整性鉴定、档案珍贵程度鉴定等方面。鉴于鉴定工作是在档案管理不同阶段依次分别展开的，因而可将档案鉴定划分为前期鉴定和后期鉴定。

所谓前期鉴定是指对文件材料保存价值的鉴定和对归档文件材料的准确性、完整性鉴定。因其是在文件材料立卷归档阶段完成的，处于档案文件运行前期，所以可将它们统称为前期鉴定，亦可称为归档鉴定。前期鉴定，一般无须成立专门的鉴定组织，是在工作中顺序完成的，只需严格管理制度、明确管理责任，由责任人如立卷人、案卷审核人、归档接收入等分工负责，共同把关，协作完成。它主要包括：

（一）保存价值鉴定

是指文件材料有没有保存价值、保存价值大小的鉴别，并依此确定文件材料归不归档、保管期限的长短。这已经是多年常规性工作，不再赘述。

（二）准确性鉴定

是指对归档文件材料的各种标识的准确性及其所承载的信息的准确性进行甄别评定。前期鉴定中的准确性鉴定，主要是针对工作中因工作疏忽将归档文件材料的某些标识如责任者、时间、签章、竣工章等遗漏丢失或者错误，正文与底稿不相符，正本与副本不相符，基建图物不符，设备图物不符等诸多情况的检查。在文件材料归档时，由责任人进一步核实鉴别，并在案卷备考表中案卷检查人栏签字或以其他形式确认归档文件的准确性。

（三）完整性鉴定

归档时，责任人对围绕某个事件、某项工程、某个设备、某项任务所产生和使用的文件材料的完整性，每一份文件材料页数、图幅及底稿的完整性进行鉴别并签字确认，以确保归档文件材料的完整性。

所谓后期鉴定是指专门的鉴定委员会对档案进行鉴定。后期鉴定，是档案馆？室的重要业务环节，需要建立专门的、具有权威性的鉴定委员会，按特定的程序进行。其工作内容应包括档案评价、珍贵程度鉴定和保管期限鉴定等。

1. 档案评价

《关于建国以来党的若干历史问题的决议》，为我们正确评价档案提供了政策和思想依据。档案馆应当在不改变原件的前提下，对不同历史时期的文件材料进行整体和个别评价，并将之纳入档案馆指南和各全宗卷，以正视听，引导利用者恰当地使用档案，真实地书写历史。此项工作，可以组织专门人员集中进行，也可作为一项正常工作列入管理或编研部门职责范围，延续不断地开展。

2. 档案珍贵程度鉴定

参考文物鉴定，制定国家珍贵档案鉴定标准和方法。可将国家档案根据其历史、科学、艺术等方面的价值，结合珍稀程度、成套性、完整性分为珍贵档案和一般档案。再将珍贵档案区别为国家一级、国家二级、国家三级。建立国家珍贵档案数据库，提请国家财政列支专项保护经费，实施特别保护；并同司法机关、海关联网，与文化行政部门联手，与文物、博物、图书等文化单位交流协作，加强监管，集中有限的人力财力，抢救和保管好国家珍贵档案，切实管理好党和国家珍贵的历史财富。

3. 到期档案的鉴定

由各档案保管部门根据自己的馆藏特色和馆藏情况，成立鉴定委员会，制订鉴定原则标准和运行程序，有计划地对到期档案进行鉴定，确定存毁。这项工作应坚持不断地开展，真正将有价值的档案保存好，将失去保存价值的档案销毁掉，避免因档案馆室藏良莠不分而形成的管理浪费，提高管理效率。

档案鉴定工程巨大，只有在对档案鉴定有充分认识的基础上，统筹规划，科学安排，才能取得事半功倍的效果。山东省中华人民共和国成立后曾两次开展全省统一部署的鉴定工作，但由于当时思想指导和认识的局限，存在不少遗留问题，不少馆应销毁的档案至今仍在保存。这两次不很成功的鉴定活动也给以后的鉴定工作带来了一定影响，致使此后多年没有开展正常的鉴定工作。山东省档案局和潍坊市档案局曾在安丘市档案馆进行全方位多角度档案鉴定工作试点，效果很好，但因工作量较大，尚未进行大范围推广。我们计划在新的鉴定思想指导下，结合试点经验，逐步把鉴定工作正常开展起来。

二、档案价值鉴定的标准

档案鉴定标准可分为两大类,即理论性标准和技术性标准。

(一)理论性标准

理论性标准是档案价值鉴定的基本标准和理论依据,综观中外档案学界长期以来形成的理论研究成果,档案鉴定的理论性标准主要包括:

1. 德国档案学家迈斯奈尔提出的年龄鉴定标准和来源鉴定标准

(1)年龄鉴定标准

即"高龄案卷应当受到尊重"。迈斯奈尔主张:每一个国家应设置一个禁销档案的"界限年份",应对在此年份前形成的档案加以高度重视、妥善保管,而不应擅自毁弃。

(2)来源鉴定标准

强调不能把案卷当作零碎的材料孤立地、分别地单独评判,而应当以它们固有的行政关系为具体背景进行鉴定,即在鉴定时,应该考虑各行政单位在政府结构中所处的地位,其活动性质,以及这种活动与上下级行政单位活动的关系。

2. 波兰档案学家卡林斯基提出的"职能鉴定论"

这是在研究继承迈斯奈尔来源鉴定标准的基础上提出的,主张按照形成档案的机关在政府体系中的地位和职能的重要性来确定文件的价值及保管期限。

3. 美国档案学家谢伦伯格提出的文件双重价值鉴定标准

指出文件价值中存在着第一价值和第二价值的区别,这是按利用文件的主体为参照进行划分的。指出公共文件的价值首先体现为对原机关的原始价值,即第一价值,具体体现为行政管理、财务、法律和科研价值;而后再体现为对其他机关及非政府方面使用者的从属价值,即第二价值,分为证据性价值和情报性价值两种形式。对这两种不同价值,在鉴定时应予以充分考虑。

4. 宏观职能鉴定标准

这是 20 世纪 80 年代以来电子文件大量涌现后的产物。"此时鉴定的注意力首先不是形成者来源,而是能够反映社会需要的各种社会职能活动过程或其主题""宏观鉴定法所面对的不再是单份文件,而是某种职能的文件"。

5. 效益标准

这是欧美国家近些年来在鉴定中奉行的一条原则,主张在鉴定档案保存价值时应考虑到档案的保管费用。从其发展历程看,效益标准已从出现伊始的饱受批判转变为被各种鉴定体系广泛采用,显示出了其实用科学的一面。

6. 相对价值标准

这是我国档案学界提出的一种档案价值鉴定标准,即在承认文件的价值取决于档案客体属性及其满足利用者需要的程度之前提下,适当分析全宗和全宗群内档案的完整程度,从全宗和全宗群范围内来观察档案被保存的状况。通常情况下,全宗和全宗群档案的完整程度越高、绝对数量越多，每一份文件的价值就相对越低，反之则越高。即：在一定情况下某些文件的保存价值和保管期限可以相对地提升或降低。相对价值标准的提出，旨在使档案鉴定工作做到具体问题具体分析，避免机械主义和教条主义。

（二）技术性标准

技术性标准是档案鉴定实践中用以参照的具体标准，主要有文件材料的归档和不归档范围、档案保管期限表、档案鉴定工作制度等。

我国目前的档案保管期限表可分通用档案保管期限表、专门档案保管期限表、同系统机关档案保管期限表、同类型档案保管期限表和机关档案保管期限表五种类型。它们是各机关、档案馆鉴定档案价值、确定档案保管期限的依据和标准，以此作为参考，文书立卷人员能较容易地区分文件的不同保存价值，初步确定其保管期限，为以后档案馆鉴定档案的价值打下基础。至于档案鉴定工作制度，则包括制发鉴定档案的标准文件、档案鉴定工作的组织领导和销毁档案的标准与监销制度等几方面内容。一种健全的档案鉴定工作制度，可以有效保证档案鉴定工作的质量和防止有意破坏档案，使档案的鉴定和销毁工作有组织、有监督地进行。事实证明，这些技术性标准在文书档案人员的具体鉴定工作中起到了有利作用。

三、影响档案价值鉴定的主观方面因素

从特征上考察，档案价值鉴定就是一项深受主观因素影响的、以价值评价为核心的鉴别工作。因而，分析我国影响档案价值鉴定工作本身有效开展的因素，首先应该从主观因素分析着手，就显得非常自然了。主观因素的影响是无形的，然而它的影响结果却是实在的、可以显示的。在主观方面对于档案价值鉴定起障碍性影响的因素也是多方面的。

（一）对于鉴定地位的认可不足

欧美国家档案管理的核心，以20世纪50年代为界，有一个变迁的过程。在此前，来源原则指导下的档案整理是档案管理的重点与核心。而此后，档案价值鉴定逐渐代替了档案整理，占据了核心地位，与此同时，档案学研究也逐渐把重心放在档案价值鉴定，以及有关的档案优化问题研究上了。如原美国史密森研究院档案馆馆长威廉·莫斯1992年来华，在中国人民大学档案学院讲演时就曾指出，鉴定是档案工作整个系统中第一个关键性决定，是随后所有决定得以产生的基础，因而是档案工作的首要职能，鉴定的重要性居第一。这种工作重点转移，是档案理论与实践的战略转移，也是档案工作本身发展的客观需要。

相对于欧美国家这种观念的变化，以及对档案管理核心地位的重新认定，我国档案界在这一方面的反映，有着相当的滞后性。在我国，以往的档案管理学教材中，鉴定环节跟其他环节一样，被割裂了流程性、连续性，而跟其他相对独立的工作环节一起，被视为档案工作的八个环节之一。总体相比于欧美国家我们的认识与研究显然是比较滞后的。

/71/

（二）馆藏丰富与馆藏优化的两难选择

在20世纪80年代中期以前，我国档案部门关于馆藏建设的声音，几乎只有一个声音、一个口号，那就是丰富馆藏。我国以丰富馆藏为原则指导档案馆藏建设是有其深刻的客观原因的。其一是我国的馆藏总量少，与我国作为一个历史悠久的文明古国的地位十分不相称。其二是档案馆新建库房有一定的空余度。我国的档案馆库房建设有两个阶段：60年代各级档案馆建立之初，档案数量少，库房相对空闲。90年代，档案馆兴起第二个扩建高潮，许多档案馆纷纷建立起新馆，如上海市档案馆、北京市档案馆、江苏省档案馆、浙江省档案馆等，都另建新馆，大量地（市）、县（区）级档案馆也旧貌换新颜，大大扩展了库房。旧馆加新馆，档案库房也相对空余。因而，库房的相对空闲，给档案部门一些同志带来一定的影响，对于鉴定的认识不足，主张慎行存毁鉴定，这种情绪近年来还有表现。因而，丰富馆藏的影响，在我国说不上根深蒂固，但甚至是一个短时期难以挥去的档案情结。

（三）我国缺乏相应的文件管理机制

文件管理机制，如果用一句话来概括，那就是文件的精简机制，文件管理的效率机制。而这种精简、这种效率，就是通过及时、有效的鉴定措施实现的。跟欧美国家相比，我们在文件管理问题上，显然存在着以下不足：一是文件管理观念不强。长期以来，我国档案界只论文书工作，档案学研究与教育中，也只有文书学。显然，文书工作与文书学，与文件管理理论，两者之间有着目的性上的差异。我国文书工作和文书学，关注的是文件拟写、运转、办理、积累、立卷与归档。研究重点是如何正确运用文种、拟写文件、遵循行文规则，而文件的立卷、归档视作为介于文书工作与档案管理之间的共同环节。因而，文书工作和文书学并不特别注重研究如何通过鉴定、处置，达到精简文件目的的问题。二是文件生命周期理论尚不能深入人心。文件生命周期理论在国外档案学家眼中，具有标志现代档案学成熟的里程碑意义。从20世纪80年代开始，陈兆开始把这一理论介绍到我国档案界，其后有不少学者对其加以进一步研究。然而，从文件生命周期理论在我国研究的情况看，虽然有许多研究者表示赞同，但它远不是一种被档案界普遍接收的理论，认为无意义的有之，认为我国已有相同理论的有之。总之，文件生命周期理论，在我国成了一种颇有争议的理论，自然就谈不上对实际的指导作用了。

四、档案价值规律

什么是档案价值？由于档案价值内涵丰富、外延广泛，人们对其认识和阐述角度又不同，所以长期以来众说纷纭。目前，我国研究者提出了多种档案价值观，归纳一下主要有：（1）劳动价值说，认为档案价值是凝结在档案中的人类一系列劳动，包括文件制作与处理、档案管理与利用等；根据马克思劳动创造价值理论，提出档案具有价值和使用价值，在市场经济条件下，档案工作也应遵循商品价值规律。（2）效用价值说，从档案学角度认为档案价值就是档案的有用性，记载知识、信息的档案资料，可以满足人们察往知来的需要，提出档案价值的实质，是档案对人们认识世界和改造世界的意义，是档案对社会实践活动的作用，并将档案的基本价值区分为凭证价值与情报价值。（3）关系价值说，是从哲学角度，根据马克思所说价值这个普遍的概念是从人们对待满足他们需要的外界物的关系中产生的，认为档案价值就是档案的属性与人们社会需要的统一，其实质是一种关系范畴，/档案价值的最终形成，既不能脱离档案的属性，也不能脱离人们的需要。

纵观以上档案价值说，虽然各有各的理由与不足，但对档案价值的认识日趋深入和全面：劳动价值说依据正确但分析欠妥，因为档案是产品而非商品，一般不用于交换，所以商品价值规律不适合档案工作，劳动价值说对档案鉴定也没有实际意义。

在效用价值说和关系价值说的基础上，根据档案形成规律和现代化管理要求，一种新的档案价值理论社会价值说脱颖而出，正被越来越多的人认识和接收，并在欧美一些国家已应用于档案鉴定工作。其主要理论观点和实践意义是：

（一）档案价值形成于社会实践

档案价值从何而来？来源原则和历史唯物主义告诉我们，是社会实践。社会实践既是档案价值产生的本源，通过复杂多样的社会活动赋予档案以各种属性；又通过社会需求使档案保存价值变为利用价值，为社会发展和时代进步服务。对于社会实践产生档案和档案价值，许多学者和专家都曾做过精辟论述。吴宝康主编的《档案学概论》指出：档案来源于一定的形成单位，产生于形成单位自身的活动。于是，在社会实践活动中形成档案，便成为一种必然性和普遍性的社会现象。陈兆和宝荣在《档案管理学基础》一书中，对档案这一社会现象做了进一步论述：档案是由文件转化而来的历史记录，一定的历史条件和社会实践产生相应来源、内容和形式的档案，并使档案具有优于其他材料不可取代的重要作用和价值。社会实践和历史发展进一步证明，档案作为档案价值的物质载体，只有进入社会活动领域，才能与人的需要构成价值关系；而且社会越发展越需要档案，社会条件越好档案的作用就越大。随着社会发展水平的提高，档案不仅冲破了少数统治阶层的利用禁锢，而且日益走向社会和向公众开放。因此，社会实践既是档案价值产生的本源，又是档案价值实现的必然途径；档案价值只有通过档案利用，才能与社会需求有机结合，形成统一的价值关系。档案价值来自并形成于社会实践的观点，在国际上也有反响和认同。

（二）档案价值的实质是形成者职能意义的客观反映

吴宝康等前辈曾强调指出：必须明确的是，档案的价值有其客观内容和客观来源，这就是说档案价值是客观的，有其特定的来源和内容。前面已对档案价值来源的客观性进行了阐述，一定的社会单位和个人的职能活动，是档案价值的特定来源；那么，档案价值的客观内容又是什么呢？进一步分析档案价值的产生和实现过程，不难发现：档案价值的内容，实际上是形成者职能活动意义的客观反映。这是因为：档案的本质属性，决定了档案价值的依附性。

档案是社会活动的历史记录，原始记录性是其本质属性，从而决定了档案价值的社会附属性质：档案之所以有用，是因为它客观地记载了社会活动的历史过程，真实地反映了社会实践的物质文明和精神文明成果。由此可见，档案本身的价值主要是原始记录作用。所谓档案价值，其实就是社会活动意义的再现。而社会活动又是由不同的社会组织，按其职能有序进行的；因此更准确地说，档案价值的实质，是其形成者职能活动意义的客观反映。实践证明，档案形成者的社会地位和职能作用，决定档案保存价值的大小。档案利用价值的实现，也以形成者的职能性质和意义为基础。

　　档案利用实践表明：档案价值的实现，不仅以社会需求为主导，而且以档案形成者的职能性质和意义为基础。首先社会对档案的利用，既要按照自己的需要，又要依据档案的内容和形式特征；二者只有密切结合，才能产生最佳效果；否则，档案中没有的东西，社会再需要也无法利用。其次就档案价值的取向和实现范围而言，一般是由内而外，由近至远，档案形成后相当长时间主要是本单位利用，移交进馆后才会转变为社会利用为主；而社会对档案的利用，也是按照专业、行业和职业特点进行的，也就是说在档案形成者的职能性质和意义的基础上加以研究和利用。所以，档案利用既不是"无米之炊"，也不是"无的放矢"，档案价值的实现是在形成者职能意义的基础上，按照社会需求有规律地进行。

　　（三）依据档案形成分析

　　宏观系统地判断档案保存价值从以上分析可以看出，档案价值应分为形成与发展两个阶段。在形成阶段，档案形成者起主导作用，形成者的社会地位和职能作用决定档案的保存价值。在发展阶段，社会需求起主导作用，社会对档案的需求和利用决定档案的利用价值，或者说决定档案价值的实现和发展程度。这样划分，既符合档案价值形成与发展规律，又为档案鉴定提供了客观标准、科学方法和有效途径。为了适应文档数量剧增和电子文档鉴定的需要，宏观鉴定在新的理论与实践的基础上诞生。依据来源原则和社会价值说，宏观鉴定以文档形成者为对象，以文件之间的有机联系为基础，通过对文档形成过程的全面分析，从宏观上系统地分析档案产生前后各种相关因素（产生年代和社会背景，形成者的社会地位和职能作用，文件的种类、性质和特征等）对档案价值的不同作用和影响，从而对保管期限做出比较全面可靠的决定。宏观鉴定与直接鉴定相比，鉴定对象和方式都发生了重大改变：由鉴定文件档案改为鉴定文档形成者和形成过程，既导致了鉴定方式由具体到宏观的改变，也使鉴定标准、方法更为客观可靠和简便易行，从而有利于实行档案鉴定规范化、专业化和法治化；由逐份审阅文件和预测用途，改为在文件有机组合的基础上，运用形成者的社会地位、职能性质、活动规模和文件类型、特征等客观标准，灵活系统地判断文档的保存价值，不仅使鉴定方式实现了由个别到系统、由滞后到超前的转变，而且能提高档案鉴定质量和效率并适合电子文档鉴定。

　　（四）依据档案利用调研，预测档案利用价值和修正保存价值

　　由于档案价值具有潜在性、多元性和增殖性，不经利用很难确定其实际价值；加之信息资源还有无限开发利用的特点，所以长期以来如何对档案价值进行科学评价，已成为档案界的老大难题。档案鉴定就实质而言，是一项前瞻性工作；可以运用科学方法和客观标准，首先对档案保存价值作大体正确的评估（定性分析），以便为收集、整理和保管工作提供依据；然后再通过利用

实践和科学预测，对档案价值做出明确判断或修正。实践将进一步证明，分步鉴定既切实可行和比较合理，又便于发挥馆室各自优势，共同提高档案鉴定质量和效率。

综上所述，有档案就有档案价值，档案价值既形成于社会实践，又与社会需求相结合得以实现和发展。档案价值的实质，是对形成者职能意义的客观反映；根据档案形成分析，可以对档案保存价值做出科学判断。

五、医院档案价值的表现形态和特性

档案价值来源的广泛性和内容的丰富性，决定了档案价值形态的多样性。依据档案价值的形成发展过程，可分为保存价值与利用价值；保存价值是档案来源和客观属性的集中体现，利用价值则是档案属性与社会需求的统一，即档案价值的实现。根据档案价值的作用性质，人们通常将其概括为凭证价值与情报价值；凭证价值是档案原始记录性的体现，情报价值则源于档案的信息属性。再从空间划分，档案价值又分为对形成单位的原始价值，与对其他单位和公众的社会价值。从时间划分，档案价值又可分为现实利用价值与历史研究价值。从作用范围和领域划分，档案价值还可分为行政价值、经济价值、科学价值、文化价值、军事价值和法律价值等等。总之，档案价值形态有多种表现形式，可以从不同角度和层次进行描述与利用，以满足社会活动对档案的各种需求。档案价值形态的多样性，正是其丰富内涵的外在表现，从而使档案价值具有多种特性。

（一）本源性

指档案价值具有特定的来源。档案工作实践表明：什么样的社会组织，产生什么内容的档案；什么性质的社会活动，形成什么类型和作用的档案。社会组织和社会活动的客观性和有序性，不仅赋予了档案价值特定的来源和多种形态，而且使档案价值评估有据可依和有规可循。

（二）潜在性

档案价值形成后，基本处于隐含静止状态，需要通过档案人员的编目、编研和提供利用，才能为人所识、所用。因此，利用是档案价值由潜在变实在的必要手段和途径，档案工作的根本目的在于为社会利用创造有利条件，以促进档案价值由静态转为动态，在经济和社会发展中充分实现其价值。

（三）多元性

同一档案对于不同的利用对象和需求，具有不同的价值形态。例如一份法律文件，对于制定者具有制定和修改法律文本的参考作用；对于执法者和当事人则具有凭证和依据作用；而对于学者和研究者，却是信息资料价值。由此可见，档案价值的多元性，决定了档案具有多种用途，可以满足各种利用者的不同需要，从而使档案工作获得人们的广泛重视和支持。

（四）增殖性

档案通过利用，其价值不减反增，利用的次数越多、范围越大，档案的效用和价值就越大；而且在利用过程中档案价值还能再生，在原有价值基础上派生出新的价值。正因为档案价值具有信息知识的无限扩充性，所以我们说档案是取之不尽、用之不竭的信息资源和知识宝库。

（五）时效性

档案价值与时间的关系极为密切，随着时间的推移而不断变化。其基本变化趋势，一是因文件时效的丧失和档案载体老化而不断衰减；二是随着时间延长，档案的实用价值逐步向历史价值转变，同时原始价值也向社会价值过渡。在档案价值双重性转变过程中，由于不同档案的性质、作用差异和社会需求的变化，又会随时间发展出现有的档案价值（如行政价值）递减，有的档案价值（科学文化价值）递增的现象，从而为档案保管期限的划分提供了客观依据和标准。

（六）相对性

档案价值的大小和实现程度，常因档案存在、发展环境与条件的不同而各异。如对于全宗而言，全宗完整其中单份档案的价值较小，全宗不完整单份档案价值相对增大；对于馆室而言，档案整理的质量越高越有利于利用，档案价值也就相应增大；对于利用者而言，利用者的档案意识和需求不同，会直接决定档案利用价值的大小；对于社会发展而言，不同的政治、经济和科学技术条件，将整体促进或制约档案价值的实现范围和程度，尤其是科学档案，其利用价值往往随着科技水平的提高而不断降低。因此，档案价值是相对的，其实现是有条件的，既宏观地受社会发展水平的制约，微观上也因档案管理与利用条件的不同而不同。总之，社会活动是多领域多层次进行的，所形成档案价值的特性还可以从其他角度进行揭示和描述。如档案价值的回溯性、可塑性、变异性和不确定性等，与上述特性近似或包容，不一一列举。

六、档案价值实现规律

档案价值形成后，如何重回社会发展作用，具有一定的规律性。研究掌握档案价值实现规律，不仅会促进档案利用工作全面深入开展，而且有利于提高档案工作科学组织和管理水平，为人类文明进步做出更大贡献。

（一）档案价值主导律

以上对档案价值的来龙去脉分析表明：社会活动既是档案价值产生的母体，又是档案价值发展扩大的广阔天地；社会发展不仅需要档案作为社会记忆真实记载其历史，而且需要档案作为知识宝库成为文明进步的阶梯。在人类认识世界和改造世界的伟大实践中，档案是怎样发挥作用和实现其应有价值？丰富而广泛的档案利用实践证明，社会需求是档案价值实现的核心和先决条件，档案价值实现的方向、范围和程度，无不取决于社会对档案利用需求的变化：首先社会需求的时间性，规定了档案价值实现的方向，是历史研究、现产利用、还是长远利用；其次社会需求的不同对象和需求面，决定档案价值实现的范围；最后社会需求性质和解决问题的重要程度与效果，决定该项档案利用价值的大小。正确认识和掌握档案价值主导律，可以促进档案工作明确方向和目的，把工作重点始终放在提供档案利用上，在服务于党和国家工作大局与社会各项事业中，获得持续快速发展的动力。

第五章 医院档案鉴定

（二）档案价值扩散律

档案的实质是信息，信息具有多元性、扩散性和共享性，因而在档案价值实现与发展过程中，也表现出一定的扩散规律：随着时间的推移，档案价值不断向时空扩散，由实用价值逐步转变为历史价值，由原始价值过渡到社会价值，并适应不同利用需求表现出多种用途，从而冲破时空限制和人为限制，广泛地为人类服务和为社会所共享。正确认识和掌握档案价值扩散律，为科学地组织档案管理机构、合理进行馆室藏建设和充分发挥档案作用，提供了理论依据和行动指南。

（三）档案价值扩充律

档案价值基于信息的潜在性、浓缩性和无限扩充性，在档案利用中形成一定的价值扩充规律。具体表现是：首先档案价值形成后并非一成不变，通过利用其潜在价值转变为实用价值，并且随利用次数增多和范围扩大而不断增加。其次档案价值的内容可以综合与提炼，不仅不改变原有信息的真实性，而且比原有信息更系统、更深刻，从而创造出更大的价值。更重要的还有档案经反复、多方面利用，其价值不断复制和再生，并随着社会需求的变化和社会发展水平的提高，呈现出价值无限扩充的趋势。正确认识和掌握档案价值扩充规律，有助于提高人们的档案意识，充分开发利用档案信息资源为社会发展和两个文明建设服务，使古老的档案事业在知识经济和信息时代大放异彩。

（四）档案价值衰减律

随着社会发展和时间推移，档案价值不仅会因档案损毁和载体老化而自然衰减，还随科技进步出现信息老化和更新现象，从而减少或消失其原有价值。档案价值的衰减和老化并非个别现象，而是档案价值发展变化的必然趋势之一，也应引起我们的重视。正确认识和掌握档案价值衰减律，有利于加强档案保管、保护和促进馆藏优化更新，以确保社会记忆和人类文化遗产的安全和质量。

综上所述，档案生命力的根基在于其特有的价值，而档案价值的形成和实现始终离不开社会实践。深刻认识社会实践对档案价值的作用，不仅能揭示档案价值的形成发展规律，使档案鉴定建立在客观分析与分段进行的可靠基础上，而且会促进档案工作拓宽领域和增强功能，面向社会理顺与其他工作的关系，面向大众提供更为广泛有效的服务，面向未来在信息时代赢得新的发展机遇。

第二节 医院档案鉴定的价值

一、医院档案价值鉴定工作的程序

档案价值鉴定工作包括三个方面的内容：第一，制定鉴定档案价值的标准，包括单行规定和档案保管期限表等。第二，判定档案的价值，确定其保管期限。第三，剔出无保存价值和保管期满的档案，按规定的手续进行销毁或作其他方式的处理。

档案价值鉴定工作通常分三个阶段进行，涉及单位内部的文书工作部门、档案部门以及各级各类档案馆。

（一）文件归档鉴定

这是各单位对于处理完毕的文件所进行的划定归档范围的工作。归档鉴定所依据的原则是国家档案局发布的《机关文件材料归档范围和文书档案保管期限规定》的规定。各个单位也可以根据国家的规定确定本单位的归档范围。这项工作通常由单位的文书人员或秘书人员承担。

（二）划定文件的保管期限

由于各种因素的影响，同属于一个归档范围的文件常具有不同的保管期限，为此，在确定归档范围之后还需要对文件划定具体的保管期限，这项工作也应由单位的文书人员或秘书人员承担。

（三）档案价值复审

除了永久保存的档案外，其他定期保存的文件在保管期满之后，需要对其价值进行复审，以确定是继续保存还是予以淘汰。档案价值复审主要采取以下两种形式。

1. 到期复审

到期复审是指对于短期或长期保管的档案，在保管期满后重新审查其是否确实丧失了保存价值。对保管期满档案的复审周期可以逐年进行，也可以若干年度进行一次。这项工作由档案室（馆）承担。

2. 移交复审

移交复审是指档案室向档案馆移交档案时，档案室人员和档案馆接收人员共同对所移交的档案的保管期限进行的审查工作。

（四）销毁无价值档案

对于经归档鉴定和价值复审确认为没有保存价值的档案，应按照规定的手续和方法予以销毁。这项工作通常由档案部门承担。

二、医院档案价值鉴定工作制度

对档案的价值进行鉴定是一项决定档案"存亡"的工作。为了防止误判，我国建立了档案鉴定工作制度，其基本内容包括如下三个方面。

（一）制定鉴定档案的标准

档案鉴定标准是由国家档案行政管理机关制定、发布，并在全国统一推行的档案鉴定规范和依据。

（二）规定档案鉴定工作的组织领导

1. 各类单位档案鉴定工作的组织领导

各单位的档案价值鉴定工作应该在本单位分管负责人的领导下，由档案部门和有关业务部门的人员共同组成鉴定小组进行。例如：××广告公司档案鉴定工作应由主管办公室工作的副总经理直接领导，组成由公司办公室主任任组长、档案室主任为副组长、公司主要业务部门相关人员参加的鉴定小组来进行。

2. 档案馆档案鉴定工作的组织领导

档案馆的档案鉴定工作应组织专门的鉴定小组或鉴定委员会来进行。鉴定委员会一般由该档案馆馆长、馆内有关业务人员、同级档案行政管理部门的代表组成；此外，还可以临时邀请与被鉴定档案有关的单位的负责人或代表参加。

档案鉴定小组或鉴定委员会的主要职责是：指导、监督档案价值的鉴定工作；讨论、审查档案销毁清册和待销档案内容的分析报告；对档案的存毁做出决定，并报请有关领导批准；鉴定工作结束后，提出鉴定工作报告。

（三）规定销毁档案的批准和监销制度

为了保证档案销毁工作的安全，国家档案行政管理机关制定了相关的规范，要求各单位对需要销毁的档案要编制销毁清册，办理批准手续。销毁档案时，要执行监销制度。

三、医院鉴定档案价值的原则

（一）以国家和人民的整体利益为出发点

从国家和人民的整体利益出发衡量档案的价值是鉴定工作的指导思想，也是评价档案价值的基本准则。鉴定档案时，我们不能从本单位的利益或个人的好恶出发评价其价值，而应充分估计和预测档案在整个社会发展过程中的作用。

（二）全面的观点

1. 通过全面分析文件的各方面因素，综合判定档案的价值

文件的价值由多种要素构成，因此，在鉴定档案时，我们应该综合分析文件的具体情况，全面考虑其各方面的要素，不可只根据某方面的特征便片面地做出结论。

2. 全面把握档案之间的联系

各个单位、各项工作中形成的文件之间具有密切的联系，因此，我们在鉴定档案时，不要孤立地判断单份文件的价值，而应将有关的文件材料联系起来分析，然后再做出判断。

3. 全面预测社会对档案的利用需要

档案不仅对本单位有用，而且对社会也有重要的价值。因此，我们在鉴定档案价值时，既要考虑本单位的需要，也要考虑社会的需要，切忌只根据某个方面的需求来判定其价值。

（三）历史的观点

档案是历史的产物，它的形成总是脱离不了一定的历史环境，因此，我们在鉴定档案价值时，要将档案放到它所形成的历史环境中进行分析，并结合社会现实及未来的需要考察其价值。

（四）发展的观点

社会对档案的利用需求是动态变化的，而档案价值的鉴定总是在一定的时空条件下进行的。因此，在鉴定档案价值时，我们既要看到其现实作用，又要看到其长远作用，正确地预测档案的价值。

（五）效益的观点

保存档案需要人、财、物的支持，档案保管期限越长，消耗就越高。效益的观点就是要求鉴定档案时考虑投入和产出比，只有预计档案发挥作用的效益能够超过保管代价，我们才判定其具有保存价值。保存档案的效益包括经济效益和社会效益两个方面，档案价值的鉴定要经济效益和社会效益并重。

三、鉴定档案价值的标准

（一）档案属性标准

档案属性包括文件来源、内容、形式特征等，它们是从档案自身来分析和确定档案价值的标准。

1.档案的来源标准

档案的来源是指档案的形成者。运用来源标准鉴定档案的价值应注意分析以下几方面的情况：

（1）分析本单位文件与外单位文件的关系

我们在鉴定档案时，应注意区分不同的作者。一般情况下，应该注意主要保存本单位制成的文件。对于外来文件，则应具体分析来文单位与本单位的关系，以及来文内容与本单位职能活动的关系。通常，有隶属关系单位的来文比非隶属关系单位的来文重要；针对本单位主管业务、需要贯彻执行的来文比涉及非本单位主管业务的参考性来文价值高。

（2）分析本单位制成的文件的作者的职能

在本单位制成的文件中，单位领导人、决策机构、综合性办公机构、主要业务职能机构、人事机构、外事机构制发的文件能够比较直接地反映本单位的主要职能活动和基本情况，因而具有长久保存价值文件的比例比较高；而一般行政事务性机构、后勤机构及某些辅助性机构所制发的文件中具有长久保存价值的比例则比较低。

（3）分析档案馆接收对象的地位和作用

档案形成者的地位、作用和职能情况是各级各类档案馆确定档案收集范围的基本根据。一般来说，一个地区党政机关的档案，在本地区影响较大的、具有典型性和代表性的单位的档案，以及著名人物的档案等价值较高，长久保存的比例较大；而基层单位形成的档案，普通人士形成的档案，其价值则较低，长久保存的比例较小。

2. 档案的内容标准

档案的内容是指档案所记载的事实、现象、数据、思想、经验、结论等，它是决定档案价值最重要、最本质的因素。根据档案的内容判断其价值，主要从以下三个方面入手：

（1）分析档案内容的重要性

一般说来，反映方针政策、重大事件、主要业务活动的文件比反映一般性事务活动的文件重要；反映全面情况的文件比反映局部情况的文件重要；反映本单位主要职能活动、中心工作和基本情况的文件比反映非主要职能活动、日常工作和一般情况的文件重要；反映典型性问题的文件比反映一般性问题的文件重要。在工作、生产、科学研究、维护权益以及总结经验方面具有凭证、查考作用的档案，多具有较高的价值。

（2）分析档案内容的独特性

档案内容的独特性是指档案记述的情况或反映了本单位、地区、系统的特点，或具有新颖性和典型意义。比如，记载某个公司经营特色的档案、某个学校办学特色的档案或某个地区文化特色的档案等，都是内容上有独特性的档案。鉴定档案时，应注意那些记述本单位特殊事件、特殊产品、特殊人物、特殊成果和某些特殊传统的档案，以及具有开创意义的新人、新事的档案。

（3）分析档案内容的时效性

文件有效期的长短对档案的价值高低具有一定的影响。例如：方针政策性、法规性、计划性文件在失去现行效用后，其行政作用就会转变为科学研究的作用；而经济合同、协议等文件成为档案后，在有效期及法律规定的时效期内具有约束和凭证价值，有效期过后，有些文件仍具有科学研究、历史研究的价值，而其他一些文件的价值则可能降低甚至消失。因此，我们在鉴定档案价值时，应该通过分析文件内容的时效性及其变化情况来判定文件价值。

3. 档案的形式标准

档案的形式是指文种（文件的名称）、形成时间、载体形态和记录方式等。在某种情况下，档案的形式也影响其价值。

（1）文种与档案的价值

文种表明文件的特定用途和性质，因而能够在一定程度上反映文件的价值。一般说来，命令、指示、决定、决议、条例、公告、纪要、报告等文种往往用于记录方针政策、重大事件和主要业务活动，具有权威性、指导性、规定性，价值较高；而通知、函件、简报等往往用于处理一般事务，价值则相对较低。

应该注意的是：一方面由于一些文种如通知、函等的使用范围比较宽泛，另一方面由于有的单位行文时选择文种不够准确，造成文种与实际用途不符的情况，因此，我们不能仅用文件的名称作为判定其价值的依据，而需要结合文件的内容加以分析。

（2）形成时间与档案的价值

这是指文件产生时间距离现在的远近程度，以及所处历史时期的特殊意义。一般说来，档案产生的时间距离今天越遥远，留存下来的越稀少，其价值就越珍贵，就越值得保护和保存。单位的档案中涉及建立初期、重大调整、重大变化和发展情况的档案等都具重要的价值，需要长远保存。

（3）稿本与档案的价值

文件不同稿本的行政效能和凭证作用是不一样的，因此，其价值也就有所不同。

文件的定稿是经单位领导人审核和正式签发程序形成的稿本，是缮印正本文件的依据，具有凭证价值；文件的正本具有标准的公文格式，有文件的生效标识——单位的印章或领导人的签署，是单位工作的依据，具有法定的效用和凭证作用。上述两种稿本的可靠性大，其价值相应就较大。

文件的草稿或草案是文件形成过程的产物，没有现行效用，可靠性相对于定稿和正本文件要差一些，因此，价值也较小。但应该注意的是，某些重要文件的草稿、草案反映了文件修改、丰富、完善的过程，也具有较高的科学研究或历史价值。

（4）外观类型与档案的价值

文件的外观类型是指其制成材料、记录方式、笔迹、图案等，它们的特殊性在一定程度上也影响档案的价值。例如：有些文件因载体材料的独特、古老、珍稀而具有文物价值；有些文件因出自书法家之手或装帧华美而具有艺术价值；也有些文件因有著名人物的题词、批注、签字而具有纪念价值等。因此，在鉴定档案时，对于外观类型独特的文件要通过具体分析其特殊意义才能判定价值。

4. 相关档案的保管状况标准

（1）完整程度与档案的价值

完整程度是指一个立档单位、一个时期、一个地区档案数量的齐全状况。档案的完整程度在一定条件下对档案的价值产生影响。例如：在鉴定时，我们有时会看到某份文件的价值并不大，但是，由于这个时期该单位保存下来的档案数量很少，如果再剔除一些文件，就会造成历史的空白，于是，这份文件的价值因此会相应提高，可以适当地延长其保管期限。

（2）内容的可替代程度与档案的价值

在鉴定时，如果我们看到一份文件的内容已经被其他更重要的文件所包括，那么，该份文件的价值可以从严判定；反之，如果一份文件只反映了全貌中一个方面的问题，但又别无其他材料，那么，这份文件的价值就相对提高。例如：一般来说，本单位的年度总结和统计报表等应该永久保存，季度、月份的总结和统计报表应长期或短期保存；但是，在没有年度的总结和统计报表的情况下，季度和月份的总结和统计报表就会变得重要起来，其价值就会相应提高。再如：在有定稿和正本文件的情况下，副本、草稿的价值比较小，一般可以不归档；而在没有定稿和正本的情况下，副本、草稿的价值则相对提高，可归档视为正本保存。

（二）社会利用标准

1. 利用方向与档案的价值

利用方向是指利用者对档案内容和类型需求的趋向性。不同历史时期、不同职业、不同目的的利用者，其所需档案的内容和类型存在较大差别。比如，单位的领导所从事的是决策性工作，因此常需要方针政策性的档案，或反映单位全面情况的档案；而业务部门的人员则更多地需要那些反映具体情况的决定、报表等。

为了掌握利用需要的方向，我们需加强对现有档案利用状况的统计和研究，总结规律，进行科学的预测，使保存的档案能够满足各方面的需要。

2. 利用面与档案的价值

利用面是指档案利用者的广泛性，它要求我们在判定档案保管期限时，一定要以社会广泛的利用面为前提，克服只考虑单位的需要而忽视公民个人需要的片面性。

四、鉴定医院档案的基本方法

直接鉴定法是鉴定档案的基本方法。这种方法要求鉴定人员直接地、具体地审查每一份文件，从其作者、内容、文种、时间、可靠程度、完整程度等各方面进行考察，然后根据鉴定原则和标准判定其保管期限。不能仅根据文件的题名、文种、卷内文件目录、案卷题名或案卷目录等去确定档案的价值。

在鉴定档案时，以下情况需要加以注意：

如果我们在鉴定时对一些文件是否保留存有异议，则不要匆忙下结论。一般应掌握以下原则：保存从宽，销毁从严；孤本从宽，复本从严；本单位文件从宽，外单位文件从严。

对于介于永久、长期之间和长期、短期之间的文件，可采取"就高不就低"的处理方法。

在具有密切联系的一组文件中，如果只有一两份文件的保存价值较短，而其他文件均具有较长久的保存价值，则可合并立卷，从长保管。

在剔除保管期满的档案时，一般以卷为单位，以短从长，尽量不拆卷。如果一卷中只有个别文件需要继续保存，可以将其挑选出来，其他文件则剔除；如果一卷中只有个别文件失去保存价值，可暂不剔除，原卷继续保留。

在剔除保管期满的档案时，一般以卷为单位，以短从长，尽量不拆卷。如果一卷中只有个别文件需要继续保存，可以将其挑选出来，其他文件则剔除；如果一卷中只有个别文件失去保存价值，可暂不剔除，原卷继续保留。

五、销毁医院档案的程序和方法

（一）编制档案销毁清册

档案销毁清册是登记经鉴定需要销毁档案的内容、成分、数量的表册；其作用是提供给有关领导人或有关领导机关对需要销毁的档案进行审查和批准，以及日后作为查考档案销毁情况的依据。

档案销毁清册封面的项目有：全宗号、全宗名称、编制档案销毁清册单位名称、编制时间等。

档案销毁清册主表的项目有：序号、年度、档号、案卷或文件题名、文件数量、原保管期限、销毁原因、鉴定时间、备注等。上述登记项目可以酌情增减，例如，整理过程中剔出销毁的档案，一般没有准确的档号，对其可取消"档号"项；又如，为了方便有关领导人或有关领导机关审查，可增加"档案保管期限表中的条款号"、"审查意见"等项目。

档案销毁清册一般是以全宗为单位编制，至少一式两份，一份留在档案室（馆），另一份送有关领导审查、批准；如果需要报送档案行政管理机关备案，则需一式三份。

（二）编制立档单位和全宗简要说明

为了便于本单位领导人或主管领导机关了解待销毁档案的情况，做出正确的决定，档案室（馆）还需要编制立档单位和全宗简要说明。立档单位和全宗简要说明的内容包括：立档单位和全宗历史概况、档案所属年代及其保管期限、销毁档案的数量及其内容、档案鉴定的概况和销毁档案的主要理由等。销毁档案的数量及其内容部分可以粗略地分类进行介绍。档案室（馆）应将立档单位和全宗简要说明与档案销毁清册一并向本单位领导人或主管领导机关送审。

（三）销毁档案的方法

准备销毁的档案在未获批准之前应单独保管，以便审批时对其进行检查，或不批准销毁时恢复保存。准备予以销毁的档案经批准后，一般可将其送往造纸工厂作纸张原料。若档案室（馆）远离造纸厂或待销毁档案特别机密，则可采取自行焚毁的方式。

为保守党和国家的机密，严禁将需要销毁的档案作其他用途，更不允许作为废旧纸张、书刊出卖。

销毁档案无论采取何种方式，均需指派两人以上执行监销任务。档案监销人员在销毁现场监督，直至确认档案已经销毁完毕，然后在销毁清册上注明销毁方式、"已销毁"字样和销毁日期，并签字，以示负责。

对于已经获批准确定销毁的档案，为慎重起见，不必立即执行销毁，可以"暂缓执行"，搁置一段时间，经审查没有发现问题后再实施销毁。

第三节 档案保管期限

档案保管期限表是用表册的形式列举档案的来源、内容和形式，并指明其保管期限的指导性、标准性文件；它是档案室（馆）鉴定档案价值、确定档案保管期限的依据。

档案保管期限表的主要作用是：第一，统一档案鉴定人员的认识，避免因个人认识的局限性造成的误判，保证鉴定工作的质量和效率。第二，单位在文书立卷时可以依据档案保管期限表，按照文件的不同价值组卷，并初步确定其保管期限。第三，档案室（馆）可以依据档案保管期限表对归档、移交和保管期满的案卷进行复审工作。

一、档案保管期限表的类型

目前，我国的档案保管期限表有如下五种类型。

（一）通用档案保管期限表

通用档案保管期限表是由国家档案行政管理机关编制的，供全国各类单位鉴定档案时通用的保管期限表。

通用档案保管期限表的特点是：第一，通用性，即该表可供全国各类机关、团体、企事业单位使用；第二，依据性，即各类单位和系统可以根据通用档案保管期限表的原则，结合自身的具体情况，制定各自范围内的档案保管期限表。应该注意的是：各单位、系统制定自己的档案保管期限表时，其中各个条款的保管期限应该相当于或略长于"通用表"中相应条款的保管期限，而不能任意缩短。

（二）专门档案保管期限表

专门档案保管期限表是由国家档案行政管理机关会同有关主管部门编制的，供各机关、团体、企业、事业单位鉴定专门档案时使用的档案保管期限表。1998年财政部和国家档案局联合颁发的《财政总预算、行政单位、事业单位和税收会计档案保管期限表》就属于这种类型。该表供全国各级财政机关、行政机关、团体、企业、事业单位鉴定会计档案时使用。

（三）同系统机关档案保管期限表

同系统机关档案保管期限表是由主管领导机关编制，供同一个系统内各单位鉴定档案价值时使用的档案保管期限表。这种档案保管期限表须经本部门领导人批准后执行，并报送国家档案局备案，此外，还要抄送各省、自治区、直辖市档案局。交通部制定的《交通文件材料保管期限表》就属于这一类型。

（四）同类型机关档案保管期限表

同类型机关档案保管期限表是由档案行政管理机关或主管领导机关编制，供同类型机关如学校、医院、政府机关等鉴定档案价值时使用。《辽宁省乡镇机关文件材料保管期限标准》《辽宁省中小学文件材料保管期限标准》均属这种类型。

（五）机关档案保管期限表

机关档案保管期限表是由各机关自行编制，供本机关鉴定档案价值时使用的档案保管期限表。

二、档案保管期限表的结构

档案保管期限表一般由顺序号、条款、保管期限、附注以及说明等部分组成；其中条款和保管期限是最基本的项目。

（一）顺序号

顺序号是档案保管期限表的各条款经系统排列后，在各条款前统一编排的号码。编制顺序号的目的是固定条款位置。顺序号还可作为引用档案保管期限表条款的代号。

（二）条款

条款是一组类型相同的文件的名称或标题，如"本单位召开会议的文件材料""本单位召开的工作会议和重要的专业会议文件材料"等。拟制条款的一般要求是：反映出同一组文件的来源、内容和形式。条款可以指出具体的作者、问题和文种，也可以概括出其类型，如"省直属各局""领导性文件""各学校""报表"等。条款在结构上并不绝对要求文件的来源、内容、形式三者齐全，而应该根据档案保管期限表的适用范围、各种文件的特点及价值做适当调整。

必要时，条款中应指明文件的用途和可靠程度。用途是指执行、批准、备案、参考等；可靠程度是指草稿、定稿、正本、副本等。

档案保管期限表的条款排列有分类排列和不分类排列两种形式。条款的分类就是将条款按照一定的方法分门别类，以便于鉴定人员查找使用。档案保管期限表的条款可以按照内容、来源或形式分类，其类别的设置根据档案的具体情况决定。例如：《财政总预算、行政单位、事业单位和税收会计档案保管期限表》中将档案分为会计凭证类、会计账簿类、财务报告类、其他类四个类别，十分便于查找。也有的档案保管期限表由于条款少或内容不易划分而不设置类别。在不设置类别的档案保管期限表中，条款的排列应有一定的逻辑顺序，以便查阅。例如：国家档案局发布的《文书档案保管期限表》中的条款没有分类，而是按照"会议文件""上级机关文件""本级机关文件""同级机关文件""下级机关文件"的顺序排列的。

（三）保管期限

1. 永久保管的档案

凡是反映单位主要职能活动和基本面貌的，对本单位、国家建设和历史研究有长远利用价值的文件材料，列为永久保管。

永久保管的文件主要包括：本机关制定的法规政策性文件材料；本机关召开重要会议、举办重大活动等形成的主要文件材料；本机关在职能活动中形成的重要业务文件材料；本机关关于重要问题的请示与上级机关的批复、批示，重要的报告、总结、综合统计报表等；本机关机构演变、人事任免等文件材料；本机关房屋买卖、土地征用，重要的合同协议、资产登记等凭证性文件材料；上级机关制发的属于本机关主管业务的重要文件材料；同级机关、下级机关关于重要业务问题的来函、请示与本机关的复函、批复等文件材料。

2. 定期保管的档案

定期保管的档案主要包括：本机关职能活动中形成的一般性业务文件材料；本机关召开会议、举办活动等形成的一般性文件材料；本机关人事管理工作形成的一般性文件材料；本机关一般性事务管理文件材料；本机关关于一般性问题的请示与上级机关的批复、批示，一般性工作报告、总结、统计报表等；上级机关制发的属于本机关主管业务的一般性文件材料；上级机关和同级机关制发的非本机关主管业务但要贯彻执行的文件材料；同级机关、下级机关关于一般性业务问题的来函、请示与本机关的复函、批复等文件材料；下级机关报送的年度或年度以上计划、总结、统计、重要专题报告等文件材料。

（四）附注

附注是在条款之后对条款及其保管期限所做的必要的注解或说明。例如：对条款中"重要的"和"一般的"可以进行注释；一些经济合同、协议书、借据等文件的保管期限，往往从有效期满后计算，因此，可以在保管期限后注明"失效后"的字样。

（五）说明

在说明中应该指出：档案保管期限表的适用范围，制定档案保管期限表的依据，保管期限表的结构，保管期限的计算方法，以及其他应该说明的问题。

第四节 医院档案的销毁

一、鉴定与销毁任务滞后的主要原因

随着时间的流逝，有很多期满的企业档案长期滞留在档案库房内，使得档案管理工作人员的任务量加大，更有一些工作人员因配备不合理，造成档案整理不及时，导致大量档案堆积以及企业经费的浪费，因此对期满档案的鉴定与销毁成了工作中的重中之重。及时对期满档案进行有效鉴定与销毁，有利于优化档案管理结构，提高企业档案管理的效率。在档案鉴定的工作岗位上，对于档案技术人员的要求极高，且档案作为不可再生、价值不可评判的资源，很可能工作人员的一点失误不仅导致了档案资源的损失，工作人员也会有丢失工作的风险。

然而，鉴定销毁工作并不是明面上那么简单，它会涉及各方面的问题，通常开展鉴定销毁任务时，先要拆卷，仔细鉴定卷中目录标注不可删除销毁内容，有时剔除的内容较多时，还会重新组卷，调整检索目录、档案记录，还会删除销毁涉及的案卷。

二、鉴定医院档案中的难点

我国对档案管理保管期限的规定不够严谨，使档案鉴定与销毁工作都偏重传统方法。例如，一些对于期满的档案鉴定都是采用一般分析法，而且对于期满档案的鉴定我国没有明确的指示，基本上采用一些专家对期满档案表的基本理论，又因为这些专家研究的技术应用不得体，有些技术不仅不实用而且操作起来比较难且缺乏足够的实用性。虽然我国对企业档案保管期限有所规定，但是这些规定只是明确了一个大概的方向，对于很多细节还不是很完善，又因为这些规定应用的范围比较大，在日常工作中，实用性不大，也会出现很多的变数，因此企业期满档案多数滞留。因此制定一个可行的规定是档案鉴定与销毁工作的重中之重，使得原本落后的鉴定与销毁工作变得轻松起来。

三、完善医院档案鉴定与销毁工作的创新措施

档案鉴定与销毁工作当中很重要一个环节就是要有一个安全可靠的档案鉴定工作小组。想要

使档案管理中心管理优化结构，使馆藏档案得到有效的鉴定与销毁，一支对期满鉴定与销毁专业性强的小组能让档案得到及时的清理，也能有效提高馆藏档案的利用率，这样才能够让鉴定与销毁工作快速有效展开。如何有效改善对企业档案鉴定与销毁工作，我们要正确认识企业档案鉴定与销毁工作的意义，而不是因为完成任务，刷工作业绩，我们应当进一步加强档案鉴定销毁操作意识，具体的做法如下：

（一）加强领导对档案管理鉴定工作的及时性

长期以来，鉴定与销毁工作的思想建设明显不足，平时的工作过程中，没有显示出特殊的作用，因此延迟了鉴定、销毁等一系列过程，做不到档案鉴定的及时性。

（二）将档案鉴定与销毁工作放在首位

因为对于档案鉴定与销毁工作的要求比较高，希望把档案鉴定与销毁工作纳入考核范围，建立健全的可执行的档案鉴定标准也是重中之重，明确工作的流程和制度才能加快工作的步伐，这样才能使企业档案管理得到有效的优化，也能使馆藏的企业档案变得更加有效，大大增加有效利用率。也能有效且有目标地对企业档案开展鉴定与销毁工作。

（三）需要建立一支稳定的、专业性强、学科杂的专业档案鉴定工作小组

必须由企业内部考核选出这样一支安全可靠、专业性强的小组，只有这样，才能推动企业档案鉴定与销毁工作顺利开展。

（四）企业要改进企业档案鉴定与销毁工作等一系列规章制度

制定一个有完善体制的《档案鉴定与销毁工作》规章制度，这也是后期开展档案鉴定与销毁工作的重要指南与保障，想做好这一方面，需要一些特定的人去完成这项工作，而这些人就必须要从考核小组中里去抽取，也要对这些人制定一些新的规定，确保档案鉴定与销毁工作的顺利进行。

第六章 医院档案保管与防护

第一节 档案库房建设标准和管理

一、医院档案保管设施

(一)档案保管的含义及其重要性

档案保管是指对已整理好并排架入库的档案进行日常性的维护、保护等工作,它是档案管理的基本环节之一。简单地说,就是指档案排架入库后的档案存放管理以及维护档案完整与安全的活动。具体就是,由档案工作人员根据不同档案制成的材料,使用一定的设备和装具,采取适当的措施和方法,维护档案的秩序,使其不散、不乱;保护档案的实体,使其不丢、不毁,并对遭到破坏或损毁的档案采取修补措施。

档案保管工作质量的高低,对提高档案管理水平具有重要的影响。首先,档案保管工作质量的高低直接决定着档案寿命的长短,如果保管得当,档案的寿命就会适当延长,否则就会加速档案的坏损;其次,档案保管工作的质量影响到整个档案事业的兴衰。要做好档案保管工作,必须对档案保管所使用的装具、档案保管的环境、档案库房的设置、档案保护及修复技术有一定的了解和掌握,这样才能做好档案保管工作。

(二)档案保管的物质条件

档案的保管必须借助一定的物质条件才能进行,物质条件的好坏在一定程度上决定着档案保管质量的高低。档案保管所要具备的物质条件主要包括以下几种:

1. 档案装具

档案装具是指用于存放档案的档案箱、档案柜、档案架等。档案装具首先要坚固耐用、存取方便、密封性能好,并且还要求防水、防火,因此,最好由金属材料构成。一般来说,封闭式装具比敞开式装具更有利于对档案的保护;金属的装具比木质的更坚固,并有利于防火。

2. 档案包装材料

目前我国用于包装档案的材料主要有卷皮、档案盒、包装纸三种。

（1）卷皮

卷皮是包装档案的基本材料，它既可以保护档案材料不受磨损，同时又是案卷的封面。档案的案卷封面有硬卷皮和软卷皮两种。

硬卷皮一般采用 250 克牛皮纸制作，尺寸规格采用 300mm×220mm 或 280mm×210mm。封底尺寸同封面尺寸。封底三边（上、下、翻口处）要另有 70mm 宽的折叠纸舌。卷脊可根据需要分别设 10mm、15mm、20mm 三种厚度。用于成卷装订的卷皮，上、下侧装订处要各有 20mm 宽的装订纸舌。

软卷皮设封皮和封底，其封皮和封底可根据需要采用长宽为 297mm×210mm（供 A4 型纸用）或 260mm×185mm（供 16 开型纸用）的规格。使用软卷皮装订的案卷，必须装入卷盒内保存。

（2）卷盒

卷盒外形尺寸采用 300mm×220mm，其高度可根据需要设置成 30mm、40mm、50mm 等不同的规格。盒盖翻口处中部设置绳带，便于系紧卷盒。

（3）档案盒

2000 年《归档文件整理规则》实施后，采用档案盒来装文书档案，档案盒封面应标明全宗名称，外形尺寸采用 310mm×220mm，盒脊厚度可以根据需要设置为 20mm、30mm、40mm 等不同的规格。

（4）包装纸

对于那些不经常使用或不适于装订又不便于盒装的档案，可以用较为结实的包装纸包装起来，必要的时候，再采取措施妥善保管。

3. 技术设备

档案保管所需的技术设备是指空调设备、去湿器、加湿器、报警器、灭火器、电脑、复印机、装订机等具有"固定资产"性质的机械、仪器、仪表等。

4. 消耗品

档案保管过程中使用到的消耗品主要是指干燥机、防虫剂等各种易耗低值的管理性办公用品。

（三）档案装具的编号和排架

档案装具如何摆放将会影响到档案库房的整体管理与空间的有效利用，因此，要对档案装具进行有效的排列。

1. 对档案架进行编号和排列

对档案柜架的编号和排架方法是自门口起依次编架（柜）号，每个架（柜）的栏从左向右编号，每栏的格自上而下编号。没有栏则从上而下编号。

库房中档案架（柜）的排列要求：整齐、空间适度（注意：所有的架或柜均不应紧靠墙壁）、避光通风、统一编号。

2. 对档案装具进行排架

档案装具应按制作材料、形状、高低来分类排放。主要通道宽度不应少于 1 米；装具的间距为80厘米左右；装具应与窗垂直排放；装具不应紧靠墙壁。档案，部门的所有档案装具应统一编号，方法是以库房为单位流水编号。

二、档案库房管理

（一）档案库房管理

1. 档案库房管理基本要求

档案库房建筑是档案保管最基本的物质条件，是档案保管中长期起作用的因素，其质量直接影响档案保管中各项设备的采用与效果。为此，国家档案局制定了《档案馆建筑设计规范》，作为档案管理机构建设档案库房的标准。如果确实因为资金等方面的限制而无法达到标准，在档案库房的使用过程中也要达到以下几个方面的要求：

专用，即库房要独立，不能和办公室合用，也不能存放其他物品；

坚固，即库房应该是正规的建筑物，确保其安全性；

要远离水源、火源、污染源等。

2. 库房温湿度的控制

档案库房内的温湿度是直接影响档案自然寿命的环境因素，环境因素的影响对档案"寿命"的长短起着决定性的作用。

（1）温湿度的要求

一般认为低温对档案保护有利，各个国家的对此要求不完全一致。不少国家档案部门把温度控制在20℃左右，上限不超过25℃，下限到15℃左右，不低于8℃。研究表明档案保管最适宜的库房温度在14℃～20℃。对于照片、影片、录音、录像等胶片、胶带档案的保护，则要求低温，一般在10℃以下。温度忽高忽低不仅使档案制成材料频繁胀缩，而且空气中水汽极易在档案上凝结，增加其含水量。在150℃高温下，档案会迅速遭到损坏。

不少国家的档案部门把相对湿度规定在50%左右，上限不超过65%，下限不低于40%。研究发现最适宜档案保存的湿度在50%～60%之间。

（2）温湿度的控制要求

针对不同的库房条件，控制和调节温湿度的方法主要有两种。

①库房密闭

对档案库房进行严格密闭，能够较好地隔绝库房内外温湿度的相互交流，加之在库房内安装空调或恒温、恒湿设备，可以将库房的温湿度人为地控制在适宜的指标范围内。但是，这种方法所需费用较高，并非所有的档案室（馆）都有能力做到。

②机械或自然的调控

有些难以做到密闭库房又无力承担配置空调或恒温、恒湿设备的档案室（馆），可以采取如下一些机械的或自然的措施对库房的温湿度进行人工调节：一是给档案库房的门窗加密封条，可减少库房内外温湿度的相互交流，并有防尘作用。二是使用增温、增湿或降温、降湿等机械设备进行调控，改变不适宜的温湿度。这种方法需要将库房门窗关闭方能奏效。三是采用简便的人工方法调节库房的温湿度。比如，放置水盆、挂置湿纱布等来增湿；放置木炭、生石灰等来降湿。

（二）人员的进出库制度

档案库房是保存档案的重要场所，因此，必须对进出库房的人员及其进出的方式、时间、要求等进行必要的限制，并做出专门的规定。

一般情况下，档案库房只允许档案工作人员进入，非档案工作人员原则上不允许进入档案库房。如果工作确实需要非档案工作人员进入库房，如维修库房或设备等，则必须有档案工作人员始终陪同。

（三）库房"八防"措施

档案保管中的"八防"通常是指防水、防火、防潮、防鼠、防虫、防光、防尘和防盗，它们是库房管理工作中保证档案实体安全的重要内容。

1. 防火

建立档案库房防火制度，档案库房附近严禁存放易燃、易爆物品，库房内严禁吸烟，并应备有灭火器。经常进行检查更换。

2. 防潮

库房内备有温湿度计，经常检查记录，并根据室内温湿度不同情况，采取适当开窗通风、抛面喷洒水、放置干燥剂等办法调剂，使库房内的温湿度计记录符合规定标准。

3. 防尘

搞好室内外环境卫生，经常保持清洁，档案库房配备有关防尘、防沙设备，如窗帘、吸尘器等，对案卷及所有库内设备墙壁、地面定期、不定期地进行吸尘，使档案库房符合卫生规定标准。

4. 防鼠

首先着眼于堵塞鼠害漏洞，经常查看是否有鼠迹，定期放置灭鼠药。

5. 防盗

库房门窗用铁皮和钢筋焊接加固，门安装三保险锁和报警器，节假日加封条。

6. 防光

库房的窗户装挂遮光窗帘，使档案柜不直接被阳光照射。

7. 防虫

除搞好库房内外卫生、控制调节好温度外，首先档案入库前要进行检查和杀虫处理，档案库内放置防虫剂，经常查看是否失效，另外严禁存放滋生虫害的物品（如食物等）。

8. 防水

雨季来临前注意查看房顶，发现问题及时处理；要在取暖期注意暖气管破裂、喷水，经常检查，发现迹象及时采取措施，把问题消灭在萌芽状态，确保案卷质量安全，以免遭到损坏。

（四）档案保护及修复技术

1. 档案保管技术

为了更好地保管档案，延长档案的寿命，需要对档案采取经常性的防护措施，如控制、调节库房温湿度、防光、防污染物的危害等。

在通风和密闭都不可能减湿的情况下，采取物理或化学方法吸收库内空气中的水分，使相对湿度下降。物理吸湿通常用制冷去湿机，化学吸湿用石灰、氯化钙以及硅胶等。为了防光最好设计无窗库房，库房玻璃应有过滤或减弱紫外线的功能。

2. 档案修复技术

档案修复技术包括去污、去酸、加固、档案字迹的显示与恢复、档案修裱等内容。

（1）去污

档案在保存和利用过程中，常沾染各种污渍，如水印、泥斑、油斑、蜡斑、霉斑、墨水斑等。去污方法有机械法、溶剂洗涤法、漂白粉去污法、高锰酸钾去污法等，去污要根据污渍的种类、纸张和字迹的性质，采取不同的处理方法。

（2）去酸

去酸可以延长档案纸张的寿命。去酸的方法主要有含水溶液去酸、有机溶液去酸、气相去酸3类。

（3）加固

加固是指用高分子材料黏合或附加在档案文件上使纸张强度增加，字迹得到保护的方法。档案在加固之前，必要时需进行除污、去酸处理。

（4）字迹显示与恢复

对于那些褪色字迹和被遮盖的字迹要进行显示与恢复。方法主要有以下两种：

化学显示法，对含铁字迹用硫化铉法、亚铁氧化钾法等。

物理显示法，主要有缩微摄影、滤色镜摄影、斜光摄影、紫外线或红外线摄影以及计算机图像处理等。字迹显示与恢复是档案保护中存在的难题，有待继续研究开发。

（五）医院水浸纸质档案的应急抢救

受灾后的档案需要得到迅速而正确的抢救，抢救方法应根据当时具备的物资、设备等条件，合理选用适当的抢救方法，以防止档案继续受损。

首先，单位应该编制档案应急抢救措施，针对可能发生的灾害如水灾、火灾、塌方、盗窃等设计防范和抢救措施，其中应对档案进行抢救分级，以便在非常紧急的情况下保证单位永久保存档案的完整性。

其次，单位应该落实档案应急抢救预案的要求。在组织、人员、设备、环境等方面提供切实的保障；同时，还要通过模拟演习使相关人员学会紧急情况发生时的应对方法，保证预案的可行性和有效性。

第二节 纸质档案保管与防护

一、纸张的耐久性

纸张的耐久性,是指纸张抵抗外界理化因素的损坏,保持其原有理化性能的能力。决定档案纸张耐久性的因素主要是:造纸原料的质量、植物纤维原料的化学成分和纸张生产过程。

(一)造纸植物纤维原料

植物纤维是造纸工业的主要原料。造纸用的植物纤维原料主要有四类:种毛纤维、韧皮纤维、木材纤维和禾本科植物纤维。造纸植物纤维原料的种类不同,质量不一,抄造的纸张耐久性也不相同。

1. 种毛纤维

种毛纤维主要是棉花,其纤维素含量最高,一般可达90%以上,质地强韧、富有弹性、纤维之间交织力好,是极好的造纸原料。由棉纤维抄造的纸张机械强度大、韧性好,耐久性最强。

2. 韧皮纤维

韧皮纤维主要是黄麻、苎麻的麻纤维和桑皮、檀皮的树皮纤维。韧皮纤维纤维素含量高,其中麻类纤维为60%~83%,树皮纤维为38%~64%,富有韧性,木素和杂细胞含量较少,也是造纸工业的优质原料。麻类纤维纸主要有钞票纸、证券纸、卷烟纸、复写原纸等,树皮纤维纸有宣纸、蜡纸、高丽纸等。

3. 木材纤维

木材纤维有针叶木的松木和柏木,阔叶木的杨木与桦木等。木材纤维的纤维素含量一般为40%~60%,木素含量为20%~35%,木材纤维中的针叶木常用于抄造高级印刷纸和工业用纸,阔叶木用于生产一般书写纸和印刷纸。

4. 禾本科植物纤维

此类纤维主要有稻草、竹、芦苇、玉米秆等。其纤维素含量仅为24%~60%,木素含量达12%~34%,杂细胞含量达40%左右,杂细胞含量高,且不易除尽,纤维短小交织力差,因此禾本科纤维抄造的纸张耐久性最差。

(二)造纸植物纤维的化学成分

尽管造纸植物纤维原料很多,但无论哪种植物纤维,其主要化学成分均为纤维素、半纤维素和木素。纸张耐久性与其化学成分的性质密切相关。

1. 纤维素

纤维素是纸张的基本成分,是由许多β型葡萄糖脱水聚合形成的直链状高分子化合物。纸张的耐久性主要决定于纤维素的性质。纤维素的主要性质有：

（1）溶解性

常温下纤维素既不溶于水和稀碱溶液，也不溶于一般的有机溶剂。

（2）纤维素水解

纤维素水解是指纤维素与水在一定条件下发生反应，纤维素分子中氧桥断裂，水分子加入的过程。纤维素一旦发生水解，氧桥断裂，聚合度下降，纸张的强度就下降，这是档案纸张受损的主要过程。

（3）纤维素氧化

纤维素氧化是指纤维素与氧化剂发生化学反应，生成一系列氧化纤维素的过程。

2. 半纤维素

半纤维素是由许多不同种类的单糖脱水聚合形成的分支状高分子化合物。半纤维素容易溶解在碱溶液中，也容易发生水解反应，水解的最终产物是各种单糖，此外，还容易吸水润胀，呈现黏滑性。

造纸过程中，绝大多数的半纤维素被除去，只保留适量半纤维素（一般为11%），吸水润胀打浆，以提高纸张的强度。

3. 木素

木素是立体空间网状结构的高分子化合物，极易氧化，生成发黄变脆的氧化木素。木素不溶于水，不易溶于稀碱、稀酸溶液，在高温下，能与一定浓度的酸或碱作用而溶解。

纸张中纤维素含量越高，半纤维素适量，木素含量越低，则纸张耐久性越好。

（三）造纸过程

档案部门保存的档案纸张，既有机制纸，又有手工纸。

1. 机制纸的生产过程

机制纸生产过程包括制浆过程（有备料、制浆、净化、筛选与漂白等工序）和造纸过程（有打浆、施胶、加填、抄纸、干燥等工序）。与纸张耐久性关系密切的生产过程主要有：

（1）制浆

制浆就是用化学的或机械的方法，使植物纤维原料分离成纤维的过程。分离后得到的黏浆状物质称为纸浆。目前主要有机械纸浆、化学纸浆和破布纸浆三种类型。其中由破布纸浆抄造的纸张耐久性最强，化学纸浆其次，机械纸浆最差。

（2）漂白

漂白是选用氧化性的次氯酸钙、次氯酸钠、二氧化氯、过氧化物等漂白剂，除去木素及其他有色物质，获得洁白的、具有适当理化性能的纸浆。

（3）打浆

打浆是利用机械力，把植物纤维横向切断变短或纵向分裂变细，使植物纤维润胀、疏开、分丝，提高纸张的机械强度。

（4）施胶

施胶是通过加入松香加明矾的施胶剂，在纸页表面形成一层胶膜，使纸张具有抗水性。主要有内部施胶和表面施胶两种。

（5）加填

加填就是在纸浆中加入一些不溶于水的矿物质，改善纸张的印刷性能，提高字迹清晰程度。

2. 手工纸的生产过程

档案部门保存的历史档案中，有相当一部分纸张是手工纸。手工纸的主要生产工序如下：

（1）选料

挑选麻、树皮、竹等原料。

（2）浸泡

把原料放入清水池中浸泡数天。

（3）发酵

捞起原料，蘸石灰乳，露天堆放发酵。

（4）蒸煮

经过发酵的原料与石灰及草木灰一起蒸煮。

（5）洗浆

蒸煮后的浆料放在水池里反复洗涤，去除残灰渣、残碱。

（6）堆晒

把经过洗涤的浆料，摊放在向阳的山坡上，靠自然光中的紫外光、可见光及空气中的臭氧进行日光漂白。

（7）碾浆

把漂白后的纸浆，用石碾或捣舂捶打成为"泥浆"状，直至纤维在水中能单根分散开来。

（8）抄帘

把纸浆放入"抄纸槽"，加清水和杨桃藤胶汁，用竹帘抄纸。

（9）压榨、烘干、成纸

把抄成的纸重叠近千张，以杠杆重力压榨。将纸一张张揭开，用毛刷轻轻地刷到火墙上烘干。

从其生产过程可看出，手工纸耐久性较好的原因：①原料为麻、树皮、竹植物。②生产过程中处理条件缓和，纤维损伤小。③使用流动水，水中微生物及杂质少。④手工纸中铜、铁等金属离子含量极少。⑤手工纸纤维纵横方向交织均匀。

（四）纸张的性能与种类

1. 纸张的主要性能

（1）纸张的抗张强度

是指纸张在一定条件下，抵抗外力作用的能力。通常以一定宽度试样的抗张力表示，单位是：千牛顿/米（kN/m）。

（2）纸张的耐折度

是指在一定张力下，将试样来回做一定角度折叠，直至其断裂时的折叠次数，一般以往复"次"数表示。

（3）纸张厚度

是指在一定的面积和压力下，纸样两面间的垂直距离。表示纸张厚薄程度。

（4）纸张的定量

是指单位面积的重量，一般以每平方米纸张有多少克表示，即 g/m^2。

（5）纸张白度

是指纸张受到光照后全面反射的能力，以百分数表示。

（6）纸张的水分

是指纸张在 100℃～150℃下烘干至恒重时减少的重量与原重量之比，以百分率表示。一般纸张水分在 7%±2% 左右。

（7）纸张 pH 值

是纸张化学性能中的一项重要指标，即指纸张的酸碱度大小。纸张酸度越大，老化速度越快。

2. 机制纸的主要类别

书写纸是最常见的一种文化用纸，大部分以漂白草浆或苇浆为原料。书写纸以草类纤维为主，要注意保管条件。

新闻纸俗称白报纸，主要以机械木浆为原料，新闻纸中木素及非纤维素成分含量高，易发黄变脆，耐久性差，一般不宜作为档案用纸。

复印纸又称干法静电复印纸，色泽洁白，纸面平滑，挺度适宜。其原料是硫酸盐或亚硫酸盐的漂白木浆。复印纸的耐久性一般较好。

描图纸在工程技术部门供制作底图用，以漂白亚硫酸盐木浆为原料。描图纸的耐久性较差，在保管时要加以注意。

晒图纸是纸面上涂刷感光剂后用以复制图纸的双面光纸。未涂感光剂的纸称为晒图原纸。晒图原纸以 100% 漂白化学木浆为原料，耐久性一般较差。

3. 手工纸的主要类别

手工纸为历史档案的主要载体，广泛应用于修裱用纸。我国生产的手工纸，主要有皮纸和竹纸两大类。

以檀皮、桑皮、楮皮等韧皮纤维为原料的皮纸主要有宣纸、罗纹纸、呈文纸、高丽纸、绵纸、砂纸等。

以嫩竹为原料的竹纸主要有毛边纸、连史纸、毛泰纸、玉扣纸、元书纸等。手工纸的耐久性一般较好。

二、字迹的耐久性

字迹的耐久性关系到档案寿命的长短。字迹材料发生退变、扩散或模糊不清，会直接影响档案的利用。

（一）字迹的耐久性评价

字迹的耐久性主要决定于两个因素：一是字迹色素成分的耐久性；二是字迹色素与纸张的结合方式，即字迹材料的转移固定方式。

1. 色素成分

字迹能呈现各种不同的色彩是由每种字迹的色素成分决定的。色素成分的种类不同，性质也不一样，其耐久性就有差别。字迹色素成分有以下三种：

（1）炭黑

由于炭黑理化性质相当稳定，耐光、耐热、耐酸碱、耐氧化，不易与其他物质起反应，不溶于水、油和一般溶剂，热稳定性和光稳定性好，它呈现的黑色不会因发色团破坏而褪色。炭黑是字迹色素成分中最耐久的一种。以炭黑为色素成分的字迹材料有：墨和墨汁、黑色油墨、碳素墨水、黑色铅笔等。

（2）颜料

颜料的颗粒细小，不溶于水、油和普通溶剂，耐光性好，具有一定的耐酸碱性，是比较耐久的字迹色素成分。颜料可分为无机颜料和有机颜料二类。以颜料为色素成分的字迹材料有：彩色油墨、蓝黑墨水、红蓝铅笔、印泥和科技蓝图中的铁盐线条等。

（3）染料

染料是一种有色的有机化合物，化学性质不稳定，耐光性差，不耐酸、不耐碱，溶于水，或油、醇等有机溶剂，是不耐久的字迹色素成分。以染料为色素成分的字迹材料有：纯蓝墨水、红墨水、复写纸、圆珠笔、印台油和科技蓝图中的重氮盐线条等。

2. 转移固定方式

字迹是否耐久，除决定于字迹色素成分外，字迹转移固定在纸张上的方式也是直接影响字迹耐久性的一个重要因素。字迹转移固定在纸张上的方式有三种：

（1）结膜

当字迹材料写在纸张上，经过干燥后会在纸张的表面结成一层薄膜，从而使字迹色素成分转移固着在纸张上，这种转移固定方式称为结膜。结膜物质耐摩擦，不容易扩散。结膜方式是转移固定方式中最耐久的一种方式。

（2）吸收

当字迹材料写在纸张上，与纸张纤维无亲和力的水溶性、油溶性色素成分，随着溶剂媒质被纸张纤维间的毛细管吸收而被纸张纤维吸收，从而使字迹色素成分转移固着在纸张上，这种转移固定方式称为吸收。吸收是一种比较耐久的转移固定方式。

（3）黏附

纸张上的字迹材料以固体状态与纸张接触，在纸张纤维间的大空隙间机械地附着，这种转移固定方式称为黏附。这种方式不耐摩擦，是一种不耐久的转移固定方式。

3. 字迹的耐久性评价

评价字迹的耐久性，需要综合色素成分和转移固定方式两种因素，全面地进行评价。依耐久性强弱字迹可分为三类：

（1）最耐久的字迹

凡是以炭黑作为色素成分的，而字迹转移固定在纸张上的方式是结膜的，这样的字迹材料是最耐久的。这类字迹包括墨和墨汁、黑色油墨、碳素墨水等。

（2）比较耐久的字迹

凡是以颜料作为色素成分的，而字迹转移固定在纸张上的方式是结膜或吸收的，这样的字迹材料是比较耐久的。这类字迹包括彩色油墨、蓝黑墨水、印泥、科技蓝图中铁盐线条等。

（3）不耐久的字迹

这类字迹包括两种情况：一是以染料作为色素成分的字迹，无论其字迹转移固定在纸张上的方式是结膜、吸收或黏附，都是不耐久的。二是字迹黏附方式与纸张结合的字迹，无论其色素成分是炭黑、颜料或染料，都属于不耐久的。这种字迹包括铅笔。

（二）常见字迹的耐久性

1. 最耐久的字迹

（1）墨和墨汁

墨在我国出现很早，是我国历史档案中主要的字迹材料。主要成分为炭黑、动物胶和防腐剂。①炭黑。制墨炭黑主要有松烟、桐烟、漆烟和墨灰四种。②动物胶。字迹的结膜材料。③防腐剂。主要是樟脑、冰片、麝香等，防止动物胶长霉并除去臭味，并使墨迹经久而不失光泽。

墨和墨汁的色素成分是炭黑，依靠动物胶的结膜作用与纸张结合，是最耐久的字迹材料。

（2）黑色油墨

油墨的种类很多，就其颜色分类，有黑色油墨和彩色油墨。黑色油墨的色素为槽法炭黑，通过在空气中过度氧化而制得。黏结剂主要有植物性干性调墨油、矿物性调墨油、油墨脂等。少量的碳酸钙填充剂，可以增加油墨的拉力。

黑色油墨的色素成分是炭黑，以结膜方式与纸张结合，是最耐久的字迹材料。

（3）碳素墨水

碳素墨水是墨水类字迹中最耐久的书写字迹。

碳素墨水的主要成分由炭黑、树脂以及分散剂、表面活性剂、助溶剂等混合组成。其色素氧化炭黑经过强氧化剂氧化而制成，其粒子一般在1微米以下，不堵塞钢笔笔尖。制作碳素墨水时，一般用树脂来悬浮氧化炭黑，并添加分散剂、表面活性剂、助溶剂等进行混合，使字迹色素成分以结膜方式固定在纸张上，增加字迹的坚牢度、稳定性，以及耐晒、耐水性。

2. 比较耐久的字迹

（1）彩色油墨

彩色油墨有蓝色和红色油墨，其主要成分与黑色油墨一样，即色素、黏结剂和填充剂。黏结剂和填充剂前面已经讲过，下面主要讲色素成分的耐久性。

蓝色油墨。蓝色油墨的色素常用的有铁蓝或酞菁蓝。铁蓝是一种细小粉末状的无机颜料，酞菁蓝属于有机颜料，化学性质稳定，耐晒、耐光、耐热性能好，不溶于水及一般溶剂。

②红色油墨。红色油墨的色素有金光红或立索尔红，为有机颜料。金光红是橘红色颜料粉末，耐酸碱，不耐热。立索尔红是一种深红色的颜料，耐酸、耐热、耐油渗、耐光性好，但不耐碱。

彩色油墨的色素成分是颜料，以结膜方式与纸张结合，是比较耐久的字迹材料。

（2）蓝黑墨水

蓝黑墨水又称鞣酸铁墨水。这种墨水初写时的字迹呈蓝色，在空气中经氧化会逐渐变黑而持久不退。其主要成分由色素、稳定剂等组成。

蓝黑墨水的色素由变黑成分和着色剂组成。着色剂主要是酸性墨水蓝和直接湖蓝等染料，变黑成分是由鞣酸、没食子酸和硫酸亚铁在空气中氧化而成的黑色的鞣酸铁和没食子酸铁沉淀物，耐水、耐光，不易褪色。蓝黑墨水的稳定剂硫酸pH值一般为1.5～2.0，书写后给纸张带来了酸性。

蓝黑墨水色素最终生成的鞣酸铁、没食子酸铁沉淀物是颜料，转移固定方式是吸收。蓝黑墨水是比较耐久的字迹材料。

（3）印泥

印泥的主要成分由色素、油、填充剂、艾绒、防腐剂组成。印泥的色素成分颜料化学性质稳定，古时印泥主要采用朱砂（硫化汞），目前使用的是由红粉和黄粉组成的仿朱砂。印泥中使用蓖麻油、牛油主要起调和、悬浮和转移色素的作用。印泥是比较耐久的字迹材料。

（4）铁盐线条

铁盐线条是科技图纸最早使用的一种线条材料，主要是利用铁盐的感光性能复制图形。铁盐线条主要有蓝底白线条、白底蓝线条及白底黑线条三种形式。铁盐线条的色素成分均为颜料，与纸张结合方式是吸收，属于比较耐久的字迹材料。

3. 不耐久的字迹

（1）纯蓝墨水和红墨水

纯蓝墨水和红墨水又称染料墨水，它们的色素成分分别由酸性墨水蓝、直接湖蓝、酸性大红等染料组成，色彩鲜艳，溶于水，不易产生沉淀，日久易消退。

纯蓝墨水和红墨水色素成分是染料，被纸张纤维吸收而固定在纸上，属于不耐久的字迹材料。

（2）圆珠笔

圆珠笔是用特殊的油墨利用笔尖的圆珠滚动来书写的一种文具。圆珠笔油墨主要成分由色料、溶剂、树脂及助剂组成，一般有油基型油墨、醇基型油墨、悬浮型油墨三种。

圆珠笔的色料多数是染料，属于不耐久的字迹材料。

（3）复写纸

复写纸是一种在薄韧的原纸上涂有一层色层浆料而制成的。复写纸色层浆料主要由色素、蜡、油等成分组成，主要有打字和手写复写纸两种。打字复写纸色素以颜料为主，常用有墨灰、铁蓝、酞菁蓝、立索尔红等。手写复写纸中的色素以染料为主，一般使用油溶黑、油溶蓝、油溶紫等油溶性染料。

复写纸色素是以油溶性的染料为主，复写纸不适合用来作为档案字迹材料。

（4）铅笔

铅笔的种类很多，按颜色分类主要有黑色铅笔和彩色铅笔。黑色铅笔的主要成分由石墨和黏土组成，其色素成分是石墨为最耐久的，与纸张的结合方式是黏附，黑色铅笔属于不耐久的字迹材料。

（5）印台油

印台油由色素、水、酒精和甘油组成。其色素是碱性品红、碱性品蓝、碱性紫5BN等，不同色素形成红、蓝、紫等不同颜色的印台油。

印台油的色素成分是染料，易褪色，属于不耐久的字迹材料。

（6）重氮盐线条

科技档案部门除了保存有铁盐线条的蓝图外，还保存有大量的重氮盐线条蓝图。重氮化合物具有感光快、显影迅速、色调鲜艳。重氮盐线条蓝图是利用其光敏性与偶合性，通过曝光作用与偶合作用来复制的。重氮盐线条的色素成分是偶氮染料，转移固定方式是吸收，属于不耐久的字迹材料。

（三）几种新型字迹材料及其耐久性

1. 静电复印件字迹

静电复印是电摄影方法的一种。静电显影墨粉主要由色素成分、树脂和助剂三部分组成，其中色素成分约占10%，热熔树脂占80%，其他材料占10%。

显影墨粉的色素成分是炭黑和染料；树脂是墨粉的分散剂，是一种受热可变软，遇冷能硬化的热熔性高分子化合物；助剂有低分子量的聚乙烯、聚丙烯、硬脂酸盐、石蜡等，能改善墨粉的性能和生产的稳定性。

静电复印件字迹的色素成分是炭黑，色素成分与纸张的结合方式有部分干燥结膜，属于比较耐久的字迹。

2. 传真件字迹

传真件字迹的耐久性与传真记录方式直接关联。传真机记录的字迹主要有喷墨记录字迹、静电记录字迹和感热记录字迹三种形式。

（1）喷墨记录字迹

喷墨记录法的墨水是用油类、染料或颜料配制而成，由于染料属于不耐久的色素成分，油类物质也容易导致字迹发生扩散，喷墨记录传真件的字迹耐久性差，保存时间不长，尤其在阳光的照射下会较快褪色。

（2）静电记录字迹

静电记录传真件字迹色素成分是炭黑，与纸张结合方式是部分干燥结膜，是比较耐久的字迹材料。

（3）感热记录字迹

感热记录方法的字迹色素是染料，字迹和记录纸的稳定性相当差。采用感热记录的传真件不能作为档案长久保存。

三、纸质档案保护的几点建议

（一）确保纸张载体符合耐久性要求

档案用纸要选择纤维含量高，酸性残留物质少，最好是呈弱碱性的纸张。档案管理人员应熟悉纸张的种类及特点，并主动参与到纸张的选购工作，不能参与纸张选购时，应该向采购人员说明采购要求。同时，一次性购买纸张的数量不宜太多，最好当年能够用完，有的单位一次性采购的纸张够使用五六年甚至更久，这样无形中缩短了档案的寿命。

（二）要正确选择档案字迹材料

前面我们提到过，最耐久的字迹材料是墨，碳素墨水、墨汁都是比较好的选择。以炭黑为色素的激光打印字迹属于较耐久字迹，是档案文件理想的字迹材料。把好书写要求，坚决不能使用纯蓝墨水、红墨水、铅笔、圆珠笔等宜褪色材料作为档案字迹材料。目前，我馆在整理一些年代久远的档案时，由于纸张比较脆，档案字迹有的是圆珠笔和铅笔，有的还是复写纸，对这种不耐久纸质档案，全部进行了复制，并全文数字化扫描，尽量留存档案的原始面貌。

（三）合理控制库房温湿度

国家档案局颁发的《档案库房技术管理暂行规定》对档案库房温湿度做了明确的界定：档案库房温度变化范围在14℃～24℃，相对湿度在45%～60%之间。保持库房内适应的温湿度，可以延长档案纸张和字迹的寿命。我市处于祖国的西北地区，天气整体比较干燥、炎热，所以我馆在每个档案库房都配备了空调和加湿器，库房内设置了温湿度计，每天安排专门的管理人员做好温湿度记录，发现温湿度有不达标趋势的时候，立刻打开空调和加湿器，以保障库房的温湿度在适宜范围内。

（四）减少光、尘对档案的破坏

为了减少光的破坏，首先库房的窗户要少，目前我馆库区的窗户都非常小而窄，在库区外围还有一圈环形廊，环形走廊的窗户全部配备了遮光性良好的窗帘，天气炎热时，可以拉上遮光窗帘，避免有阳光直射进库房内档案架上，同时还可以降低库房温度。西北地区的春天沙尘天气比较常见，所以档案库房所有门窗一定要能紧密关闭。有条件的馆，可以在周围空地多种植绿化植物，以减少有害气体和灰尘对档案库房的影响，植物对粉尘有明显的阻挡、过滤作用。另外，还要经常做好库房的清洁卫生，这样可以有效降低库房的含尘量。有条件的单位，可以配备空气净化器，更好的净化过滤档案库房中的灰尘和有害气体。

（五）做好库房中微生物的预防工作

为了使档案不受微生物的损害，必须积极地采取预防措施。微生物在档案库房中生长的主要条件是养料、水分、适宜的温度和空气。档案本身就是微生物的养料，我们也不可能把档案保存在真空中，所以，预防微生物的滋生，主要还是控制水分和温度。之前我们提到：档案库房适宜温度变化范围在14℃~24℃，相对湿度在45%~60%之间。这个值对微生物的发育是不利的，所以库房的温湿度应该严格保持这个水准。对库区要定期投放国家许可的植物杀虫剂，并及时更换，但是由于库区面积大，库区又多，更换一次耗时久，这种方法对操作人员有一定损害，建议可以外包给有资质的公司定期对库房内进行专门杀虫。

（六）减少人为对档案的破坏

一方面在档案整理、立卷、移交过程中，整理人员图快、图省事、下手重损坏了档案，该抢救的不抢救，该糊裱的不糊裱，该修复的不修复，就草率归档上架，给日后档案保护工作带来不便。另一方面，在档案的查阅利用过程中，翻阅力度过大、毛手毛脚，在复制时粗暴拔订书针，这样也会对档案造成损坏。这就需要我们坚持以人为本，对档案管理人员加大教育、培训力度，可以采取理论学习、专题讲座、业务培训班等多种学习形式，重点以档案管理人员职业道德、档案技术保护的重要意义和方法为主要内容，教育档案管理人员在档案事业中牢记使命，树立良好的责任意识、大局意识，真正负起对档案技术保护的责任，严格落实档案整理操作规程。查阅利用档案时，应该轻拿轻放，爱惜档案，充分发挥档案为决策、科研、管理等工作服务的作用。

/103/

第三节 非纸质档案保管与防护

传统的档案保护观点认为，只要档案保存在耐久载体（如纸张、胶片等）上，就达到了档案保护的目的。档案的保管则将更多的注意力放在了档案载体的保管上，将保护档案载体作为档案保护的重要手段。而电子文件有着不同于传统文件的特性，其保管的内容也有所不同，不仅仅体现在对载体的保管上，还主要体现在文件内容与支持系统等方面。

一、电子文件保管的特点

（一）电子文件信息与载体的分离性要求保管内容的扩展

电子文件是以数字化形态存在，信息与载体可以分离。在以后的利用中，必须依赖一定的设备将电子文件读取出来，离开了运行环境，信息无法读取利用，载体的保管就失去了意义。同时不同的电子文件管理系统采用的架构与技术存在差异，所形成的文件在内容的格式编排上可能不尽一致，在文件读取时的技术也不相同。这就要求在保管电子文件的同时，还可能需要对软硬件等设备的保管。

传统纸质文件复制品与原件具有非常明显的区分，而电子文件信息与载体的可分性使其并没有严格意义的复制品与原件之分。电子文件可以精确地复制，这也使保护文件载体的重要性与实际意义降低了。

（二）电子文件内容逻辑结构的复杂性增加了保管的难度

纸质文件的物理结构与逻辑结构是统一的，而电子文件信息与载体的可分离造成了其逻辑结构与物理结构是不一致的。电子文件的内容可以存储于不同的设备，仅在需要的时候才通过系统进行重新结合，在结合过程中如果少了某些部分，文件的完整性就会被破坏。如一份电子文件可能由不同数据库中多个表中的多个记录组成，存储时这些数据库可能在不同地方不同的计算机上，在使用该文件时将这些记录从其存储的数据库中检索出来组合成所需的电子文件。这种情况下，不仅要保管这些数据库，还要清楚这些数据库中数据间的逻辑关系，增加了保管的难度。

（三）电子文件对设备依赖性很强造成保管成本增加

设备软硬件更新换代速度不断加快；硬件的不兼容性会严重影响文件在不同设备上的读取；软件的不兼容性使得不同软件环境下生成的电子文件不能实现格式转换；为确保电子文件生命周期过程中的安全性而采用特定的信息技术对其进行处理等，这一切造成了电子文件对系统的强依赖性，会对电子文件的保管利用带来巨大影响。为解决以上问题，需要在文件保管过程中采取多种方法。如当设备软硬件升级时，可以对电子文件进行迁移以适应新的系统。还有一个办法就是保管文件的同时保存相应的计算机软硬件。但这些方法无论哪一种都会增加保管成本。另外，电子文件的载体多是磁记录或光学载体，其保存寿命远低于传统载体，需要严格的保管环境与定期对文件进行复制，也会增加保管成本。

二、电子文件载体的保管

电子文件所使用的磁性介质和光介质材料与纸张相比有许多不同之处，在保管上除了遵循一般的档案保管原则与方法外，还应采取一些针对电子文件载体的特殊保管方法。

电子文件载体，特别是磁性载体，极易受到外界环境的影响，必须对其进行有效的检测和维护。

（一）控制适宜的温湿度

温湿度是影响文件载体寿命的重要因素，应保持环境温湿度在一定的范围内相对稳定。依据《电子文件归档与管理规范》，温度应在17℃~20℃、湿度应在35%~45%的范围内。24小时的温度变化不能超过3℃，相对湿度的误差范围应控制在±5%。

（二）防止环境中强大的电磁场干扰

磁记录载体主要是通过介质上磁场的强弱与方向记录与读取信息的。外界环境强大的电磁场作用于磁介质上的磁场，可以使介质中的剩磁发生消磁、退磁或磁化现象，破坏记录的信息，影响读取效果。可以利用电磁屏蔽原理用软磁物质制成铁柜来存放文件。

（三）防止灰尘

磁盘或光盘的表面落上灰尘，可能会被其划伤，引起信息的损失。灰尘中的化学成分与霉菌则会引起载体片基的损害。因此应尽量减少环境的含尘量。

（四）防火、防光、防有害气体

光线中的紫外线对电子文件载体破坏力比较大。它主要是与文件载体发生氧化作用，使载体的盘基或带基老化，脆性增加，强度降低。

有害气体如二氧化碳、二氧化氮、硫化氢等，具有酸性与氧化性。它们被载体吸附时会分解出酸性有害物质，腐蚀破坏载体，还可能产生色斑，使信息丢失。

（五）加强日常管理维护工作

软盘的标签应写好后贴上，若已有标签，不能用圆珠笔等硬笔书写或修改，以免划伤磁盘；归档载体应放入规定的盒内，避免手直接接触盘面，载体应直立存放于防磁装具内，不能平放，不能在上面放置重物，以防形变；维护电子文件的计算机严禁使用非法软件，以免感染病毒或恶意程序；确保存储场所温湿度变化范围分别为±3℃与±5%；对磁性载体每满2年、光盘每满4年进行一次抽样机读检验，抽样率不低于10%，如发现问题及时采取恢复措施；定期对磁带进行倒带，读带前将磁带按正常速度全程进带、倒带两次；设备环境更新时应确认库存载体写新设备的兼容性，如不兼容，应进行电子档案的载体转换工作，原载体同时保留时间不少于3年；磁性载体上的电子档案，每4年转存一次，原载体同时保留时间不少于4年；定期将检验结果填写电子档案管理登记表。

三、电子文件的内容保护

电子文件核心问题是其真实性、原始性、可靠性的确认。正是真实性、原始性的不确定性，影响了电子文件的凭证作用，影响了电子文件处理系统的推广应用。在实际工作中存在的问题主要有：从电子文件的生成到归档缺少规范化和程序化管理；收集电子文件时，忽略采集背景信息和元数据；相当数量的草稿性的电子文件处于自生自灭的状况；多数电子文件后来与其相应的纸质文件之间未建立统一的管理方法，其产品技术状态和相关软件文件说明书未保持一致性；虽然电子文件已进行了逻辑归档，但存储电子文件所使用的载体不耐久等。这些情况都会影响到电子文件的原始性和真实性。一些技术虽对维护电子文件的原始性、真实性起到了一定的作用，但还是需要从思想上提高认识，采取积极有效的措施，以保证电子文件的安全。

为保证电子文件的原始性、真实性，应从以下几个方面考虑：

第一，电子文件的鉴定。文件鉴定必须以信息内容的原始性、真实性为鉴定标准。

第二，技术保障。利用网络安全技术、加密技术、签名技术、防火墙技术、身份验证技术等保障文件的原始性、真实性。

第三，建立并执行严格的管理制度。树立电子文件全过程管理的思想，在电子文件处理流程中建立一套科学、合理、严密的管理制度并严格执行。

第四，建立电子文件管理记录系统。利用电子文件生命周期表、实时跟踪记录等工具与措施对电子文件的处理进行跟踪记录。

（一）电子文件的原始性、真实性与完整性保障

1. 电子文件的真实性保证

电子文件的真实性是指文件的内容、结构和背景信息经过传输后保持不变，与形成时的原始形态一致。真实性是保证电子文件行政有效性与法律证据性的基础，是电子文件反映历史真实具有价值的前提。

电子文件具有信息与载体可分离的特性，不再具有物理意义上的固定实体状态，也不再具有固定的物理位置，可以在不同的载体上相互转换，这使得电子文件在流转过程中存在被修改的可能，这种修改很可能不留痕迹。为保证电子文件的真实性，文件形成单位应在计算机系统中设置安全防护技术措施。

（1）建立对电子文件操作者的身份识别与权限控制，防止非法侵入

在工作人员登录电子文件管理系统时，首先应该进行身份识别，并赋予相应的权限。根据赋予的权限，有的工作人员有修改、批注文件的权限，有的仅有查询浏览的权限，对于档案管理人员可以赋予著录标引等档案管理工作的权限，不能赋予修改文件的权限。通过身份识别防止非法用户的侵入，通过权限控制防止合法用户的非法操作。

（2）设置符合安全要求的操作日志

文件处理系统的数据库应该记录针对电子文件的操作信息，并将这些信息作为文件的组成部分。数据库管理系统或文件处理系统的日志管理能够提供对文件的操作信息，如对文件的每一次操作（增、删、改等）的记录。通过有效记录对文件的任何操作，帮助恢复被恶意修改或删除的文件以维护文件安全。

（3）对电子文件采用可靠的防错漏和防调换的标记

对电子文件的每一次操作都应该记录在系统的电子处理单中，同时将处理的结果（如电子印章、数字签名）反映在文件中。

（4）对电子印章、数字签名等采取防止非法使用的措施

电子印章与数字签名同传统印章一样是代表组织职权的一种象征物，应由专人保管，使用时须经负责人批准，并建立一定的制度。

电子印章的使用应注意安全性。首先应采用密钥技术制作电子签章。选定印章使用时，必须先验证身份，通过后才能使用印章。验证身份的数字证书可以存储在 USB 电子令牌之类的硬件设备中，以提高操作的安全性。通过电子签章，可以确定电子文件收发过程中的责任。发送方（指签名方）无法事后抵赖自己没有发送过这份电子文件。而接收方通过方便的验证，确信这份电子文件是由签章者发来的，文档没有被修改、伪造。

2. 电子文件的完整性保证

电子文件的完整性是指作为社会活动真实记录的电子文件及其他形式的相关文件在数量上要齐全，同时每一份电子文件的内容、结构、背景信息以及元数据没有缺损。电子文件在存储或传输过程中保持不被偶然或故意增加、删除、修改、伪造、乱序、重放等，也是文件完整性的体现。完整性是电子文件价值的重要保证。

国际档案理事会电子文件委员会制定的《电子文件管理指南》中指出，有两类相关信息应当记录和保存。一类是"元数据"，即关于电子文件的技术数据。元数据有助于说明电子文件的内容、结构和上下文关系。另一类是"背景信息"，即关于电子文件业务和行政背景方面的数据。背景信息有助于说明文件的真实性，并能帮助文件使用者理解文件的内容。

为保证电子文件的完整性，文件形成单位应建立电子文件完整性管理制度，并采取相应的技术措施采集背景信息和元数据。

属于归档范围相关的电子文件，通过采用信息管理系统功能和人工监控相结合的方式，将具有有机联系的电子文件收集齐全。

建立相应的制度，对在不同系统中分散形成的、不同媒体的，或通过非正式渠道传递的具有内容相关性的电子文件进行收集和捕获。

3. 电子文件的有效性保证

电子文件的有效性是指电子文件应具备的可理解性和可被利用性，包括信息的可识别性、存

储系统的可靠性、载体的完好性和兼容性等。

为保证电子文件的有效性，文件形成单位应建立电子文件有效性管理制度，并采取相应的技术保证措施。

根据电子文件的类型和特点注明文件格式、软硬件环境、相关的数据及参数等。

对于加密电子文件，应解密后再收集归档，确实需要以加密方式保存的，应将其解密程序同时归档。

归档电子文件的形成单位和档案保管部门每年均应对电子文件的读取、处理设备的更新情况进行一次检查登记。设备环境更新时应确认库存载体与新设备的兼容性；如不兼容，应进行归档电子文件的载体转换工作，原载体保留时间不少于3年。保留期满后对可擦写载体清除后重复使用，不可清除内容的载体应按保密要求进行处置。

定期对脱机保管的电子文件进行抽样读取检验，发现问题及时采取恢复措施，并根据软硬件升级换代情况适时对电子文件进行迁移作业，并填写《归档电子文件迁移登记表》。

档案保管部门应定期将检验结果填入《电子文件管理登记表》中。

4. 电子文件的保密性保证

电子文件的保密性是指文件信息在处理或传输过程中不被泄露给未经授权的用户，即信息只为授权用户使用。常用的保密技术主要有：

物理保密：利用各种物理方法，如限制、控制、隔离、掩蔽等措施，保护信息不被泄露。

防窃听：防止非法用户通过网络侦听获取文件信息。

防辐射：防止有用信息以各种途径辐射出去。

信息加密：对信息进行加密后传输，是电子文件传输安全最基本、最核心的技术措施。目前常用的有私钥加密和公钥加密两种。

第四节 实物档案保管与防护

档案库房内部的环境因素不是孤立的，它始终受外界环境的影响。为了保证档案实体的安全，我们必须根据本单位档案库房的具体情况，采取适当的措施，将库房的环境控制在适宜档案实体安全的范围内，最大限度地避免外界不良因素对档案实体的侵害，保证档案实体良好的理化状态。档案库房的安全与防护措施主要包括如下方面。

一、人员的进出库制度

档案库房是保存档案的重要场所，因此，必须对进出库房的人员及其进出的方式、时间、要求等进行必要的限制，并做出专门的规定。

一般情况下，档案库房只允许档案工作人员进入，非档案工作人员原则上不允许进入档案库房。如果工作确实需要非档案工作人员进入库房，如维修库房或设备等，则必须有档案工作人员

第六章 医院档案保管与防护

始终陪同。

档案工作人员进出库房也必须有相应的限制性规定，例如：非工作时间内一般不允许进入库房；在库房内不允许从事与库房管理工作无关的活动；不允许携带饮料、食物进入库房；不允许在库房内吸烟、喝水、吃东西；库房内无人时必须关灯、关窗、锁上库房门等。

二、库房温湿度的控制

档案库房内的温湿度是直接影响档案自然寿命的环境因素，适宜于纸质档案保存的库房温度是14℃~20℃，相对湿度应在50%~65%。为了准确掌握库房温湿度的情况，档案室（馆）应在库房内配置精确、可靠的温湿度测量仪器，随时测量并记录库房温湿度的具体指标状况。针对不同的库房条件，控制和调节温湿度的方法主要有下述两种。

（一）库房密闭

对档案库房进行严格密闭，能够较好地隔绝库房内外温湿度的相互交流，加之在库房内安装空调或恒温、恒湿设备，可以将库房内的温湿度人为地控制在适宜的指标范围内。但是，这种方法所需费用较高，并非所有的档案室（馆）都有能力做到。

（二）机械或自然的调控

有些难以做到密闭库房又无力承担配置空调或恒温、恒湿设备费用的档案室（馆），可以采用如下一些机械的或自然的措施对库房的温湿度进行人工调控：

在档案库房的门窗加密封条，可减少库房内外温湿度的相互交流，并有防尘作用。

使用增温、增湿或降温、降湿等机械设备进行调控，改变不适宜的温湿度。这种方法需要将库房门窗关闭方能奏效。

当库房外的温湿度适宜而库房内的温湿度较高时，我们可以利用库房内外温湿度的差别，采用打开门窗或排风扇、换气扇等方法进行自然通风，用库房外的自然温湿度来调节库房内的温湿度。采用这种方法，需要把握好库房内外温湿度的差异，以及通风的时机、具体时间、过程的长短和强度等。

采用一些更为简便的人工方法调节库房的温湿度。例如：在库房地面洒水，放置水盆、湿草垫，挂置湿纱布、麻绳等，以适当增湿；在库房中或档案装具内放置木炭、生石灰、氯化钙、硅胶等物质，以适当降湿。但是，这些方法的效果只是局部的。

上述这些方法虽然达不到库房密闭的效果，但如果措施运用得当，也可以在一定程度上控制库房的温湿度。

三、库房的"八防"措施

档案保管中的"八防"通常是指防火、防水、防潮、防霉、防虫、防光、防尘、防盗，它们是库房管理工作中保证档案实体安全的重要内容。

（一）防火

我们在选择档案库房装具、照明灯具及其他电器时，要保证材质、性能上的安全性；在各种器材的安装方面必须按照规范执行，保证线路的安全。档案库房中必须按照消防规定配备性能良好、数量足够的消防器材；在条件允许的情况下，应安装防火（烟雾）报警器和自动灭火装置。

（二）防水

档案库房不能设置在地势低洼之处；库房内及附近不能有水源；库房选址应远离易发洪水的地点，位于有利于防洪的地段。

（三）防潮

防潮与库房温湿度的控制特别是湿度的控制密切相关。库房防潮的措施有：采用密闭隔热技术，安装通风、降湿、空气调节设备，采取通风、换气、除湿和降湿措施等。

（四）防霉

防霉主要指预防或抑制以霉菌为主的微生物在档案库房内的生长、发育和繁殖及其对档案实体的破坏。环境中微生物的数量与人和动物的密度、植物的种类和数量、馆舍的建筑材料、温湿度、日照、气流等因素有关。库房防霉的方法有：

及时清扫库房、装具、设备、档案中的灰尘，定期清除库房内的垃圾，包括剔除待销毁的档案，维持库房内的清洁卫生。

对库房的进出口、通风口等主要空气通道采用过滤措施，以净化入库空气。

严格控制库房的温湿度。

在档案实体和装具上施放低度、无色、高效、性能稳定的防霉药品，以抑制有害微生物的生长或蔓延。同时，定期对档案进行检查。

（五）防虫

预防档案害虫的关键是创造并维持一个不利于害虫生长又不损害档案的环境。具体措施有：

档案库房在选址、建造时，应注意远离粮仓、货仓、食堂等场所；地基采用钢筋水泥或石质结构；加强门窗的封闭性；地板、墙面、屋顶等处不能有缝隙。

搞好库房内外的清洁卫生；做好档案入库前的检疫工作，防止将档案害虫带入库房；一旦发现疫情，应立刻进行熏蒸消毒处理；定期对档案进行检查。

在档案库房及各种档案装具内放置驱虫药物。

（六）防光

光线对档案实体有破坏作用，特别是紫外线，其破坏作用更大。因此，档案库房要注意防止和减少光线对档案的危害，重点是防紫外线。具体措施有：

档案库房尽可能全封闭，即无窗；如果设置窗户也应尽量小一些。如果库房为有窗建筑，可以采用安装遮阳板、滤光玻璃或窗帘的方法，减少光线的透过量，降低紫外线的危害。

档案库房内宜使用含紫外线少的人工光源。库内使用人工光源时，以白炽灯为好，不宜使用日光灯。档案在保管期间，除了整理、检查、提供利用外，应尽量做到避光保存。

尽量减少档案使用过程中受光照射的时间和光辐射的强度。在档案受潮、水浸、霉变、生虫的情况下，不要将档案放在阳光下直接暴晒，只能置于通风处晾干。

（七）防尘

灰尘会对档案造成各种污染，是危害档案的隐性因素。预防灰尘的具体措施有：

库房的选址应尽量避开工业区或人口稠密的地区；提高库房的密闭程度；库房建筑要选择坚硬、光滑、易于清洗的材料作为墙面、地面，防止库房内表面起尘；采用空气净化装置，过滤和净化空气等。

档案入库之前要进行除尘处理；日常管理工作中要注重档案库房、装具和档案本身的除尘。

（八）防盗

档案库房要做到门窗坚固，进出库房要随时锁门，并尽可能安装防盗报警装置。

四、定期检查、清点工作

定期检查、清点是档案库房管理的一项制度化措施。定期检查的重点在于档案实体的理化状态，以查看档案是否发生霉变、虫蛀等迹象，库房中是否存在危害档案的潜在隐患，档案的调出和归还是否严格履行了手续，档案实体存放秩序是否出现了错乱，是否存在长期使用尚未归还的案卷等为具体内容。目的是及时纠正档案库房管理中的漏洞，保持档案实体的安全和严整有序。尤其在档案室（馆）搬迁或大规模的提供利用工作之后，清点工作更为必要。

一般情况下，档案室（馆）以月、季度、节假日为周期进行定期检查；定期清点的周期可以比定期检查的长一些。但在档案发生大规模变化的情况下，应及时清点。

五、档案应急抢救措施

档案应急抢救措施是单位为了保证档案在突发人为或自然灾害事故发生时获得及时救护，最大限度避免损失而编制的预案及所做的准备工作。尽管现在许多单位已经具备了现代化的档案管理条件，但是仍然需要在强化安全意识和管理措施的前提下，做好应急准备，确保各类档案，特别是重要档案的安全防护工作。

（一）编制档案应急抢救预案

各单位应针对可能发生的灾害，如水灾、火险、塌方、盗窃等编制突发事件应急处置预案，其中应对档案进行抢救分级，以便在非常紧急的情况下保证单位永久保存档案的完整安全。《档案工作突发事件应急处置管理办法》提出预案的主要内容如下：

编制和实施预案的有关危机情况和背景。

应急处置工作的目标、要求和具体措施。

应急指挥机构的建立及其人员组成，应急处置工作队伍的数量、分工、联络方式、职能及调用方案。

有关协调机构、咨询机构及能够提供援助的机构、人员及其联系方式。

抢救档案的顺序及其具体位置，库房常用及备用钥匙、重要检索工具的位置和管理人员。

档案库房所在建筑供水、供电开关及档案库区、重点部位的位置等。

向当地党委和政府、有关主管机关和上级档案行政管理部门报告的联系方式。

其他预防突发事件、救灾应注意事项。

（二）落实档案应急抢救预案的各项要求

各单位应在组织、人员、设备、环境等方面提供切实的保障落实预案的各项措施，使之面对突发灾害性事件发生时，有效地发挥阻挡灾害蔓延，保护档案安全的作用。同时，必须通过宣传、培训、模拟演习等方式，强化人员的安全防范意识，并使相关人员学会紧急情况发生时的应对方法，保证预案的可行性和有效性。

首先，单位应该编制档案应急抢救预案，针对可能发生的灾害如水灾、火灾、塌方、盗窃等设计防范和抢救措施，其中应对档案进行抢救分级，以便在非常紧急的情况下保证单位永久保存档案的完整安全。

其次，单位应该落实档案应急抢救预案的要求，在组织、人员、设备、环境等方面提供切实的保障；同时，还要通过模拟演习使相关人员学会紧急情况发生时的应对方法，保证预案的可行性和有效性。

第五节 档案库房安全防范

一、档案馆安全监控管理

人是信息系统的创造者，又是信息系统的使用者。人在利用文件处理系统与文件传输系统时可能会犯各种各样的错误。这些错误有些是无意的，有些则可能是故意、甚至恶意的。系统外的非法用户也可能会侵入到系统中。因此在系统中设立安全监控中心，为数字档案馆提供安全体系管理、监控、维护及紧急情况服务，以确保档案信息的安全性是非常重要的。

电子文件的全程管理是一种过程管理，是通过过程控制实现结果控制。由于过程的可控性强，过程控制的反馈周期短，因此，对电子文件生成、流转、利用、保管等每一项具体管理内容的实施过程进行多层次监控，便于及时发现和纠正失误，不断调整管理策略，以使电子文件在其整个生命周期受到严密的控制，确保电子文件的管理质量。数字档案馆常采用以下几种方式对电子文件处理进行监控管理。

（一）收发文流程处理的跟踪、监控功能

电子文件收集与归档子系统利用处理文件时必须填写各类登记表、处理单等，可以在系统中对流转过程中的电子文件进行跟踪，对于处理中的电子文件可以依据权限查询文件在各个处理环节的责任人、处理时间、处理意见以及文件的状态等。

该监控方式主要是针对合法用户而言，监控合法用户是否在文件处理流程中对文件进行了错误的处理。

（二）日志管理

在数字档案馆系统中设计了一个日志管理模块，提供对日志的查询、导出、报表地生成等相关功能。系统日志管理时刻记录系统中对文件的每一次操作，以确保准确定位到责任人。该功能可以将所有对文件的操作都记录下来，而不管这些操作是由合法用户还是由非法用户完成的。这样对于合法用户对文件的失误操作、非法用户入侵系统对文件的恶意处理都可以在系统日志中得到体现。

（三）应用审计、检测技术

审计追踪可自动记录对系统的各种操作、试图联机的用户所在工作站的 IP 地址和时间等一些重要信息，以便于研究入侵事件。在系统中使用审计、检测技术，可以尽早发现异常网络访问行为，尽早检测到入侵行为并尽早予以消除。在公文处理与传输系统中建立入侵检测子系统可以将许多非法用户的非法入侵尽早消除。

（四）认证中心进行监控

利用基于公钥基础设施 PKI 技术作为运行平台的文件传输系统，采用基于公钥密码技术的数字签名和可信时间戳服务保留传输过程中的操作痕迹。从而使电子文件流转过程变为可监控过程，记录公章的制作、启用、销毁等相关应用，可对电子文件的发送、接收等行为进行记录，并可对其他相关行为进行查询。在监控过程中，认证中心系统各个服务器进行信息操作和结果都在存储服务器存储备份。所有备份及各服务器的即时操作都由审计服务器时刻监控和查询。

电子文件收集与归档子系统可以综合应用多种方式实现对电子文件操作的监控管理。

目前，我国绝大部分电子文件管理系统都实现了对电子文件的监控管理。例如中国建设银行网上银行特别安全系统建立了 24 小时的动态安全监控系统，对网上银行的交易站点和每一次访问进行实时监控，可以及时切断黑客攻击和非法访问并进行报警，有力地保证了网上银行系统日常运行的安全性。

二、医院档案馆安全管理措施

除了采用必要的安全技术措施以外，还需要建立健全档案馆安全管理制度，落实安全管理责任。

（一）建立健全相应的法律法规

目前，我国已经制定了多部与电子文件管理相关的法律法规。电子文件的处理、传输和安全保障，以国家法律法规形式将其固化，成为数字档案馆电子文件收集与归档子系统实施和运行的行为准则，成为电子文件具有法律效力的重要依据。制定政务信息公开法，适度的解密和规范开放的规则,保护政府部门间电子文件的正常交流,建立电子签章(含数字签名和电子印章)和电子文档的立法保护,加快个人数据保护法的制定,是很有必要的。

(二)建立数字档案馆安全管理制度

这是数字档案馆安全的关键,实际上数字档案馆安全问题的80%是由于管理问题造成的。通常存在的管理问题包括管理机构、管理规范、技术管理、日常管理等方面。

1. 管理机构不完善

数字档案馆安全是一个相对较新的课题,绝大多数档案部门由于各种原因并没有一个实际的安全管理机构。因此,具体的安全管理任务就没有办法落实到人,从而造成有了问题没有人管,即便管了也没有明确的责权,而不能真正落实。安全管理机构管理的重点是:设立安全管理组织、安全人事管理、安全责任与监督等。

对数字档案馆安全的威胁来自系统内部与外部,其中管理方面的缺陷是安全最大的威胁。

2. 管理规范未建立

对一件事情的管理由于没有真正的责权人,就很难谈得上有什么管理规范。目前大多数组织都是有一些并不完整的制度,而安全是一个整体工程,不完整的管理几乎等于不管。

3. 技术管理不到位

几乎所有的系统建设时都有一定的管理制度,但是这些基本上是网络管理和应用系统的用户管理,真正的安全管理基本上是空白。大多数单位只是考虑防火墙、防病毒等基本技术安全措施,并没有提高到管理的程度。

这些问题造成的后果是非常严重的。例如,由于措施不力,责任不明,检查不力,数据保护不够等,据相关信息德国每年计算机病毒感染事件达到几百万起,损失达数百万欧元。

(三)建立技术防范措施,强化安全标准

为确保数字档案馆的安全,必须有一套技术防范措施。谁进入了网络,谁浏览了网上数据,谁输入了病毒,公文处理系统都应该进行跟踪和监控,确保文件传输的准确安全。

一个完整、统一、先进的国家标准安全体系是十分重要的,其目的在于保证系统的安全运行、保证用户与设备的安全。

(四)安全日常管理

目前档案部门及电子文件生成部门对于电子文件的日常管理几乎是空白:从计算机的日常使用(如网络共享管理不严)、文件保存(如秘书为领导打印的密件不加密)与流转(如领导干部的任免审批过程被扩散)、归档文件的处理(如系统开发文档未确定借阅限制)甚至包括应用系统用户的权限变更(如人员调离单位却未注销账户)等处处存在漏洞。

日常的安全管理内容主要包括:对安全设备的管理;监视系统的危险情况,对危险进行隔离,把危险控制在最小范围;身份认证,权限设置;对文件的存取权限管理;密钥管理;对资源或用户的动态或静态审计；冗余备份等。

三、构建数字档案馆安全管理体系

面对计算机的脆弱性，数字档案馆建设必须将信息安全技术、安全监控管理与日常管理紧密结合起来，构建数字档案馆的安全管理体系。即除了在网络、应用上增加安全服务功能，完善系统的安全保密措施外，还必须花大力气加强系统的日常安全管理，将这三方面有机地结合起来。

（一）构建安全管理体系的三个原则

1. 多人负责原则

每一项与安全有关的活动，都必须有两人或多人在场，这些人由系统主管领导指派，忠诚可靠，能胜任此项工作。他们应该签署工作情况记录以证明安全工作已得到保障。

与安全有关的活动有：访问控制使用证件的发放与回收；信息处理系统使用的媒介发放与回收；处理保密信息（如销毁、迁移）；硬件和软件的维护；系统软件的设计、实现和修改；重要程序和数据的删除和修改等。

2. 任期有限原则

一般情况下，任何人最好不要长期担任与安全有关的职务，以免使其认为该职务是专有的或永久性的。为遵循任期有限原则，可以实行工作人员应不定期地循环任职，对工作人员进行轮流培训等措施。

3. 职责分离原则

在信息系统工作的人员不要打听、了解或参与职责以外的任何与安全有关的事情，除非是系统主管领导批准。

（二）安全管理部门的具体工作

安全管理部门应根据上述原则，制定相应的管理制度，采取相应的管理规范。具体工作是：根据工作的重要程度，确定该系统的安全等级，根据确定的安全等级，确定安全管理的范围；制定机房出入管理制度。对于安全等级较高的系统，实行分区控制，限制工作人员出入与自己无关的区域；制定严格的操作规程。操作规程要根据职责分离和多人负责的原则，各负其责，不能超越自己的管辖范围；制定完备的系统维护制度。对系统维护时，应采取数据保护措施（如数据备份），维护时要经主管部门批准，并有安全管理人员在场，故障的原因、维护内容和维护前后的情况要详细记录；制定应急措施。要制定系统在紧急情况下，如何尽快恢复的紧急措施，使损失减至最小；档案馆对工作调动和离职人员要及时调整相应的权限；建立总的安全管理控制中心，保证系统中采用的安全设备能够协调、有效地进行工作。

第六节 档案管理系统安全防范

一、构建原则

（一）科学性

科学能揭示事物发展的规律，作为人们改造世界的指南。建立电子档案信息安全指标体系，也必须反映实际以及事物的本质，反映影响电子档案信息安全状况的主要因素。只有坚持科学性原则，获得的信息才具有可靠性和客观性，评价的结果才有效。此外，指标体系的建立还应符合国家有关信息和信息系统安全的法律和法规。

（二）层次性和全面性

评价指标体系应根据电子档案信息安全系统的结构分出层次，并在此基础上将指标分类，这样才能使指标体系结构完整清晰。同时，电子档案信息系统安全影响因素众多，指标体系必须全面反应系统的安全现状，综合衡量其安全水平。单一的指标只能从某一侧面反映电子档案信息系统安全水平，而不能全面反映电子档案信息系统安全的整体水平。评价指标体系应力求全面反映评价对象的安全水平，否则评价就会失效，给决策带来误导。

（三）定性与定量评价的结合性

评价指标体系的设计应当满足定性与定量相结合的原则，即在定性分析的基础上，还要进行量化处理。量化指标有利于进行准确、科学、合理的评价，对于那些难以量化的指标，可采用评分法，利用专家意见近似实现其量化。

（四）独立性

在综合评价时，需要对各指标赋予不同的分数和权数以便进行加权求和，因此，各指标之间的独立性就十分重要。而包含一个方面因素的指标可能有若干个，所以只能从中选取最有代表性的指标，以免造成概念上的重复或对各项指标赋予权数的相互干涉，造成综合评价结果的失真。

（五）可操作性

评价指标应该简单、明确、使用方便，要考虑到指标的量化及数据获得的难易程度和可靠性，尽量选取那些表征性强的、实用的、便于统计和量化的参数作为指标。评价指标必须有良好的可操作性才能保证评价值准确、快捷的获得，以确保评价工作的正常进行。指标个数的多少应以能说明问题为准，同时保证指标的公正性。

（六）动态性与稳定性相结合

评价指标体系内容不宜频繁变动，在一定时期内应保持相对的稳定性，这样有利于评价的连续可操作性和可比性；同时，指标体系也不是一成不变的，应随着社会发展和技术进步而逐步调整。

二、指标组成

（一）物理安全评价指标

1. 库房周围环境

库房是否建在电力、水源充足，自然环境清洁，通信、交通运输方便的地方。

2. 库房周围 100m 内有无危险建筑

危险建筑：指易燃、易爆、有害气体等存在的场所，如加油站、煤气站、煤气管道。

3. 有无监控系统

监控系统：指对系统运行的外围环境、操作环境实施监控（视）的设施，及时发现异常。可根据使用目的不同配备以下监视设备，如红外线传感器、监视摄像机等设备。

4. 有无防火、防水措施

防火：指库房内安装有火灾自动报警系统，或有适用于档案库房和计算机机房的灭火器材。

防水：指库房和计算机机房内无渗水、漏水现象，如库房和机房上层有用水设施的需加防水层，有暖气装置的库房和机房，沿机房地面周围应设排水沟，应注意对暖气管道定期检查和维修，应装有漏水传感器。

5. 库房有无环境测控设施（温度、湿度和洁净度），如温湿度传感器

温度控制：指库房和机房有空调设备，库房温度保持在 14℃～20℃，机房温度保持在 18℃～24℃。湿度控制：指库房相对湿度保持在 50%～65%，机房相对湿度保持在 40%～60%。洁净度控制：库房、机房和设备应保持清洁、卫生，进出库房和机房换鞋，库房和机房门窗具有封闭性能。

（二）管理安全评价指标

安全管理在电子档案信息安全保障中起着规范和制约的作用，科学的管理理念加上严格的管理制度才能最终保证电子档案信息的安全。电子档案信息的管理安全评价指标具体包括如下内容：

1. 专门的档案信息安全组织机构和专职的档案信息安全管理人员

档案信息安全组织机构的成立与档案信息安全管理人员的任命必须有相关单位的正式文件。

2. 规章制度

（1）有无健全的电子档案信息安全管理的规章制度

是否有健全的规章制度，而且规章制度上墙；是否严格执行各项规章制度和操作规程，有无违章操作的情况。

（2）设备与数据管理制度是否完备

设备实行包干管理负责制，每台设备都应有专人负责保管（包括说明书及有关附件）；在使用设备前，应掌握操作规程，阅读有关手册，经培训合格后方可进行相关操作；禁止在计算机上

运行与业务无关的程序,未经批准,不得变更操作系统和网络设置,不得任意加装设备。

(3) 是否有登记建档制度

登记建档是做好电子档案信息安全工作的前提,一些技术资料对电子档案信息安全工作很重要,要注意收集和保存。可从以下几个方面检查相关文档:策略文档(如法规文件、指示)、系统文档(如系统用户指南、系统管理员手册、系统设计和需求文档、采购文档)以及与安全相关的文档(如以前的审计报告、风险评估报告、系统测试结果、系统安全计划、安全策略)都可提供系统使用的或计划的安全控制方面的信息。

任务影响分析或资产重要性评估可提供有关系统和数据重要性及敏感性的信息。设计资料,如网络拓扑结构图、综合布线结构图等。安装资料,包括安装竣工及验收的技术文件和资料。设备升级及维修记录等。

(4) 是否有完整的电子档案信息安全培训计划和培训制度

开展电子档案信息安全教育是为了使所有人员了解电子档案信息安全的基本常识及电子档案信息安全的重要性,要坚持经常的、多样化的安全教育工作,广播、图片、标语、报告、培训班等都是可以采用的宣传教育方式。

(5) 各类人员的安全职责是否明确,能否胜任电子档案信息安全管理工作

应对电子档案信息管理人员严格分工,使其职责分明,要对电子档案信息管理人员定期进行安全培训及考核,对关键岗位人员,应该持有相应的认证。

(6) 是否有紧急事故处理预案

为减少电子档案信息系统故障的影响,尽快恢复系统,应制定故障的应急措施和恢复规程以及自然灾害时的措施,制成手册,以备参考。

(三) 网络安全评价指标

1. 是否有计算机病毒防范措施

众所周知,计算机病毒对生产的影响可以称得上是灾难性的。尽管人类已和计算机病毒斗争了数年,并已取得了可喜的成绩,但随着网络的发展,计算机病毒的种类急剧增多,扩散速度大大加快,计算机病毒有不可估量的威胁性和破坏力,因此计算机病毒的防范是网络安全性建设中重要的一环。

计算机病毒防范措施:备有病毒预防及消除的软、硬件产品,并能定期的升级。设置客户端级防护、邮件服务器级防护和应用服务器级防护。

2. 是否有防黑客入侵设施

防黑客入侵设施主要是设置防火墙和入侵检测等设施。防火墙是为了监测并过滤所有内部网与外部网之间的信息交换,保护内部网络敏感的数据不被偷窃和破坏,并记录内外通信的有关状态信息日志。防火墙有三种类型,包括过滤防火墙、代理型防火墙和状态监测型防火墙。入侵监测系统处于防火墙之后对网络活动进行实时检测,许多情况下,由于可以记录和禁止网络活动,

所以入侵监测系统是防火墙的延续。它们可以和防火墙和路由器配合工作，通过对计算机网络或计算机系统中若干关键点收集信息并对其分析，从中发现网络或系统中是否有违反安全策略的行为和被攻击的迹象。

3. 是否有访问控制措施

访问控制是指控制访问网络信息系统的用户，当用户之间建立连接时，为了防止非法连接或被欺骗，就可实施身份确认，以确保只有合法身份的用户才能与之建立连接。

4. 是否有审计与监控措施

审计与监控是记录用户使用计算机网络系统进行所有活动的过程，它是提高安全性的重要工具。它不仅能够识别谁访问了系统，还能指出系统正被怎样的使用。系统事件的记录能够迅速和系统地识别问题，并且它是后面阶段事故处理的重要依据。另外，通过对安全事件的不断收集与积累，可以加以分析有选择性地对其中的某些站点或用户进行审计跟踪，以便对发现或可能产生的破坏性行为提供有力的证据。

除使用一般的网管软件和系统监控管理系统外，还应使用目前较为成熟的网络监控设备或实时入侵检测设备，以便对进出各级局域网的常见操作进行实时检查、监控、报警和阻断，从而防止针对网络的攻击与犯罪行为。

（四）信息安全评价指标

1. 是否采取加密措施

档案的本质属性是原始记录性，而计算机和网络的不稳定性使得电子档案信息的这一特性无法保证，而且有些电子档案信息有密级限制，不能公开在网络上传输，所以电子档案信息在网络上传输时必须通过加密来保证其安全。

数据加密技术是保护传输数据免受外部窃听的最好办法，其可以将数据变为只有授权接收者才能还原并阅读的编码，其过程就是取得原始信息并用发送者和接收者都知道的一种特殊信息来制作编码信息形成密文。

2. 是否有数据完整性鉴别技术

目前，对于动态传输的信息，许多协议确保信息完整性的方法大多是收错重传、丢弃后续包的办法，但黑客的攻击可以改变信息包内部的内容，所以应采取有效的措施来进行完整性控制，这对于电子档案信息来说至关重要。

报文鉴别：与数据链路层的 CRC 控制类似，将报文名字段（或域）使用一定的操作组成一个约束值。称为该报文的完整性检测向量 ICV。然后将它与数据封装在一起进行加密，传输过程中由于侵入者不能对报文解密，所以也就不能同时修改数据并计算新的 ICV，这样，接收方收到数据后解密并计算 ICV，若与明文中的 ICV 不同，则认为此报文无效。

校验和：一个极简单易行的完整性控制方法是使用校验和，计算出该文件的校验和值并与上次计算出的值比较。若相等，说明文件没有改变；若不相等，则说明文件可能被未察觉的行为改变了。校验和方式可以查错，但不能保护数据。

加密校验和：将文件分成小块，对每一块计算 CRC 校验值，然后再将这些 CRC 值加起来作为校验和。只要运用恰当的算法，这种完整性控制机制几乎无法攻破，但这种机制运算量大，并且昂贵，只适用于那些完整性要求保护极高的情况。

消息完整性编码 MIC：使用简单单向散列函数计算消息的摘要，连同信息发送给接收方，接收方重新计算摘要，并进行比较验证信息在传输过程中的完整性。这种散列函数的特点是任何两个不同的输入不可能产生两个相同的输出，因此，一个被修改的文件不可能有同样的散列值。单向散列函数能够在不同的系统中高效实现。

3. 是否确保信息数据库的安全

一个组织最核心的信息通常以数据库的形式保存和使用，保证数据库安全对于电子档案信息来说有至关重要的作用。

对数据库系统所管理的数据和资源提供安全保护，一般包括物理完整性、逻辑完整性和元素完整性等。物理完整性，即数据能够免于物理方面破坏的问题，如掉电、火灾等；逻辑完整性，能够保持数据库的结构，如对一个字段的修改不至于影响其他字段；元素完整性，包括在每个元素中的数据是准确的。

要实现以上所述对数据库的安全保护，一种选择是安全数据库系统，即从系统的设计、实现、使用、管理等各个阶段都要遵循一套完整的系统安全策略。二是以现有数据库系统所提供的功能为基础构造安全模块，旨在增强现有数据库系统的安全性。

4. 是否有信息防泄露措施

信息防泄露包括信息审计系统和密级控制两方面。所有网络活动都应该有记录，信息审计系统能实时对进出内部网络的信息进行内容审计，以防止或追查可能的泄密行为。为了满足国家保密法的要求，在某些重要或涉密网络，应该安装使用信息审计系统。

由于电子档案信息的密级不同，可以公开的范围也不相同，可以根据信息保密级别的高低划分公开范围。并对用户划分访问权限，进行分组管理，并且是针对安全性问题而考虑的分组。也就是说，不同安全级别的信息有不同的公开范围，而每一等级的用户只能访问与其等级相应的系统资源和数据。

5. 是否有防抵赖技术

防抵赖技术确保用户不能否认自己所做的行为，同时提供公证的手段来解决可能出现的争议，它包括对数据源和目的地双方的证明。常用方法是数字签名，数字签名采用一定的数据交换协议，使得通信双方能够满足两个条件：接收方能够鉴别发送方所宣称的身份，发送方以后不能否认他发送过数据这一事实。比如，通信的双方采用公钥体制，发方使用收方的公钥和自己的私钥加密的信息，只有收方凭借自己的私钥和发方的公钥解密之后才能读懂，而对于收方的回执也是同样道理。另外，实现防抵赖的途径还有：采用可信第三方的权标、使用时戳、采用一个在线的第三方、数字签名与时戳相结合等。

（五）系统安全评价指标

1. 是否有系统操作日志

系统操作日志：指每天开、关机，设备运行状况等文字记录。系统操作日志详细记录了系统操作状况，以便事后分析和追查系统损坏的原因，为系统提供进一步的安全可靠性。

2. 是否进行系统安全检测

计算机系统的安全性取决于系统中最薄弱的环节，应及时地发现系统中最薄弱的环节，最大限度地保证系统的安全。对计算机和网络进行安全检测可及时发现系统中存在的漏洞或恶意的攻击，从而实现动态和实时的安全控制。系统安全检测工具通常是一个系统安全性评估分析软件，其功能是用实践性的方法扫描分析计算机或网络系统，检查报告系统存在的弱点和漏洞，建议补救措施和安全策略，达到增强网络安全性的目的。

3. 是否有操作系统防破坏措施

操作系统紧贴裸机，形成人机界面，它集中管理系统的资源，控制包括用户进程在内的各种功能进程的正常运行。它是计算机系统赖以正常运转的中枢，它的安全性将直接影响到整个计算机系统的安全，而当前操作系统最大的缺陷是不能判断运行的进程是否有害。操作系统应当建立某些相对的鉴别标准，保护操作系统本身在内的各个用户，制约有害功能过程的运行。

我们常用的 NT 服务器，其缺省状态的安全性很低，为了提高其安全水平，必须按照一定的程序对缺省配置进行修改，使之成为更安全的环境。

4. 是否进行系统信息备份

日常备份制度是系统备份方案的具体实施细则，应严格按照制度进行日常备份，否则将无法达到备份方案的目标。此外，还要认真完成一些管理工作，例如：定期检查，确保备份的正确性；将备份盘保存在异地一个安全的地方（如专门的磁盘库）；按照数据增加和更新速度选择恰当的备份数据。系统备份不仅备份系统中的数据，还要备份系统中安装的应用程序、数据库系统、用户设置、系统参数等信息。另外，对上网的电子档案信息系统，还需要对服务器甚至整个网络进行数据备份，预防灾难发生。

5. 是否有灾难恢复系统

虽然我们采用各种方法来提高系统的安全性，但在实际工作中并不存在百分之百的安全，难免会遇到各种各样的问题。当系统因人为或自然因素受到破坏时，我们应使它能够尽快地恢复正常工作，把损失控制在最小范围。为此，我们要采用备份和恢复系统。

备份和恢复系统不仅能在系统硬件发生故障或人为失误时，尽可能快地全盘备份并恢复运行计算机系统的数据和系统信息，也能在入侵者非授权访问或对网络攻击及破坏数据完整性时起到保护作用。

三、权重的确定

（一）权的定义

用若干个指标进行综合评价时，其对评价对象的作用，从评价目的来看，并不是同等重要的，指标重要，权的数值就大，数值小就认为不重要。

从权的属性来看，可以分为以下几类：

1. 从含信息的多少来考虑

有关的信息多，权数就大，有关的信息少，就将权的数值取得小。

2. 从指标的区分对象能力来考虑

所谓综合评价，就是将评价对象给以区别，并排出先后的次序，所以一个指标从区别这些对象的性质来看，能力强的就应重视，能力弱的，就不应重视，这种权又称为敏感性权。

当然，从不同的角度考虑，可以有种种办法，例如指标数值的质量如何，也就是数据的可信度的程度差异，质量好的权是否应该大一些，质量差的权就小一些。又如从统计的观点看，相关性大的指标反映的实质上是同一个内容，不相关指标反映了真正不同的内容，所以在赋权时要考虑这些差别。

总之，指标的权就是体现在综合评价时，对该指标重视的程度，这是定性的描述什么是权。

（二）权重确定方法的理论基础

权重表示各指标在指标体系的相对重要程度，或表示一种效益替换另一种效益的比例系数。可见，权重是综合评价的重要信息，应根据指标的相对重要性，即指标对综合评价的贡献确定。权重关系到评价结果的可信程度，对权重的确定应特别慎重。

四、综合评价方法

综合评价是指对被评价对象所进行的客观、公正、合理的全局性、整体性评价。综合评价的研究对象通常是自然、社会、经济等领域中的同类事物（横向）或同一事物在不同时期的表现（纵向）。目前对评价问题的研究大致可以分为两类：一类是对评价指标体系的研究；另一类是对综合评价方法的研究。

前者主要是解决（某类）个性问题，后者则针对评价中的共性问题。评价方法的科学性是客观评价的基础，因此对综合评价方法的研究具有广泛的意义。

近年来，许多学者针对综合评价问题还提出了一些新的研究思路，综合起来大致有以下几类：系统模拟与仿真评价方法、信息论方法、灰色系统理论与灰色综合评价、智能化方法、物元分析方法与可拓评价、动态综合评价方法、交互式多目标的综合评价方法、交合分析法、基于粗糙集理论的评价方法等。

综上所述，可以用作综合评价的数学方法很多，但是每种方法考虑问题的侧重点不尽相同。鉴于所选择的方法不同，有可能导致评价结果的不同，因而在进行多目标综合评价时，应具体问题具体分析，根据被评价对象本身的特性，在遵循客观性、可操作性和有效性原则的基础上选择合适的评价方法。

第七章 医院档案灾害预防

第一节 档案灾害的产生原因

控制档案灾害风险是档案机构不可忽视的档案灾害管理工作之一，能否将档案灾害风险最小化是衡量一个档案机构防灾水平高低的重要指标，而档案灾害风险控制机制的构建能够很好的为档案机构提供风险应对模式。对大多数档案保存机构来说，档案管理人员是档案灾害防治的主体，灾害类型及灾害风险危害程度等都是影响控制实施的相关因素，只有档案管理人员清楚地掌握档案灾害成灾的本质及灾害构成才能更好将档案灾害与风险控制机制融合，所以以现实为依据，将档案灾害风险控制机制的设计实现与档案灾害的本质结合，能更好地发挥其现实作用，更好地体现其应有的价值。

实际档案管理过程中，档案管理人员应该了解并掌握档案灾害的组成因素，这是应对档案灾害风险控制的第一步具体措施，也是开展风险控制工作的基础，只有深入了解到档案灾害的本质组成才能更好的发现风险问题解决问题。档案灾害的孕灾环境、致灾因子和灾害承灾体三个因素是档案灾害的形成过程的必备因素，三个因素之间的共同作用形成了档案的险情，最终形成了档案灾害。

档案灾害风险转变成为档案灾害的可能性往往是受到长时间或者短时间的限制，当限制因素受到破坏被解除时，档案灾害风险就很有可能转变为档案灾害。档案灾害风险是一种潜在的危险状态，当状态受到影响突破受限因素时，转变为使档案受到严重损毁的档案灾害，我们所构建的档案灾害风险控制机制其实也可以看作是档案灾害风险的限制因素，将这些风险控制机制受作用于档案灾害风险上，使其减缓或彻底消除向档案灾害转变的趋势，切断档案灾害风险转变路径，将灾害风险转变度降至最低，更准确的说，档案灾害风险控制机制就是在档案灾害风险转变路径上的限制阻碍，机制的充分作用将降低灾害发生的可能。

为了更好发挥档案灾害风险控制机制的作用，首先应了解档案灾害的本质组成。档案灾害是一种自然、社会现象，档案灾害可能来自自然，如地震水灾等，也可能来自社会，如人为操作失误战争等。灾害的产生都是由于一定的因素相互作用而形成的，总的来说，与档案灾害的产生息息相关的因素包括，风险因子，风险环境与承灾体，三者相互作用的最终结果便是形成档案险情。风险因子是触发档案灾害形成的因素，是档案灾害的源头，如水灾因子，火灾因子，生物因子等。一个地区，特别是在环境极为敏感的区域，往往存在着多种致灾因子，这些致灾因子很有可能并存并发，对区域内的自然社会系统的可持续发展构成极大威胁。档案风险环境是档案灾害发生的环境，如档案馆、城市、国家等。承灾体即是档案馆和档案这一遭受档案灾害作用的物质本身。所有的档案灾害都是三个因素相互作用而产生的，因素缺一不可，例如，由于大气层因素导致某市连降暴雨，而档案馆建筑的防雨指标过低，导致雨水渗入档案库房，最终浸湿档案造成档案受灾。这就是档案灾害三个因素共同作用的结果，如若在此灾害过程中，档案馆的建筑防雨指标很高，能够有效阻止雨水的进入，那么即便有风险因子的作用，也不会形成水灾档案灾害。

在具体的档案管理活动中，分析档案灾害的组成因素不仅是开展档案灾害风险控制的前提因素，也是更好进行宏观把控的条件，所以在构建档案灾害风险控制机制时，灾害因素分析应该成为构建基础，也是整个机制构建的根基。

第二节 档案灾害的种类

一、档案灾害种类

（一）根据灾害来源分类

1. 来自库房外部的灾害

从实际工作角度看，来自库房外部的灾害主要包括有害天气、工业事故两种。有害天气则包括有台风、洪水、地震、雷灾、沙尘暴、山崩、塌方和泥石流等。工业事故则主要是指爆炸、工厂污染和核事故等。

2. 来自馆内和管理问题的灾害

由于馆内和管理问题引起的档案灾害主要有火灾、水灾、偷盗、虫鼠灾和霉菌感染等。持续高温、电路老化、易燃化合物、消防设施不合格、馆藏中非稳定材料的险情以及大型机械设备运转不灵都会引起火灾的发生；水管破裂、水管及排水系统和空调系统出错以及离开时未关紧水龙头则会引起水灾；火灾、水灾、偷盗、虫鼠灾和霉菌感染等灾害会使档案安全存在危险。

3. 个人或团体冲突引起的灾害

个人或团体冲突引起的灾害包括有纵火、电力破坏、故意破坏和武装冲突。

4. 计算机系统安全危机

计算机及相关设备障碍、病毒感染、数字文献长期保存的安全问题以及人员误操作都会使计算机系统出现问题，从而导致数字档案的安全危机。

（二）根据灾害起因分类

1. 自然灾害

通常把以自然变异为主因的灾害称之为自然灾害，主要有地震、海啸、洪水、台风、火灾、雷灾、强磁场、强电子脉冲等。

2. 人为灾害

将以人为影响为主因的灾害称之为人为灾害，如责任心不强、泄密、操作失误、非法联网、人为引起的火灾、交通事故和酸雨等。

3. 环境因素

环境因素有电源质量差、温湿度不适应、无抗静电、抗磁场干扰、虫灾、鼠灾、霉菌等。

4. 网络安全

网络安全事件有黑客攻击、病毒传播、恶意信息增删以及密钥、口令被盗等。

5. 社会安全

社会安全事件有战争、国内动乱、恐怖袭击事件等。

二、档案灾害的影响因素

（一）自然档案灾害诱发因素分析

自然档案灾害的诱发因素很多，主要由自然界自身造成，人的因素占很小一部分。人对地球及天体的了解还很有限，对于地球运动及内部运动、天体运动造成的自然灾害预测有难度，如海啸、地震、星球碰撞、台风及火山爆发等，多与极端的气候条件有关；人的因素主要是战争、核活动、开发矿藏、环境污染、滥用化学产品等，造成水旱灾害、沙尘暴、山林崩塌、滑坡、泥石流、森林、草原火灾和重大生物灾害等自然灾害。能量的释放虽是在一瞬间，但能量的集聚、转移是需要时间的，这就给规避灾害留下了空间，人类通过一定措施、手段能够找出解决的办法转移、保护国家档案。

（二）档案事故灾害诱发因素分析

1. 人的原因

档案工作人员及相关人员的不安全行为是档案事故灾害发生的重要原因：（1）缺乏基本档案管理安全知识和经验；（2）对信息技术不够了解、认识，非法连接互联网、将电子档案上传外网，导致重要档案信息泄密；（3）不法分子为获取重要档案的信息，利用网络安全漏洞，对电子档案进行窃取；（4）注意力不集中，操作时心不在焉，失误发生；（5）工作态度不端正，责任心不强。

2. 物的原因

物的不安全状态有以下几种：（1）存在危险物和有害物；（2）工作场所有缺陷，如档案馆墙壁坚实度、档案馆布局设计等；（3）安全防护装置失灵；（4）缺乏防护用具和服装或防护用具存在缺陷；（5）档案的摆放、整理有缺陷；（6）档案馆库房内部构造系统老化，如库房渗水、电路老化、短路、水管爆裂等。

3. 管理的原因

管理方面的缺陷主要有：各级档案管理部门对档案馆的人、物、事缺乏统筹规划，没有制定统一的指导要求、规范，没有认真实施灾害事故防范措施，缺乏安全知识和认知度，对工作人员的选择、培训缺乏长效培养机制。

4. 环境原因

不安全的环境，通常是指环境的异常，如地质、水文、气象等恶劣天气的变异；温度、湿度、照明、采光、虫灾、鼠灾、霉菌等方面的缺陷。

（三）突发公共事件诱发因素分析

由于各方面、各主体的利益冲突引发一系列国际纠纷、社会矛盾和冲突，导致战争、国内动乱、恐怖袭击等突发事件的发生。这些突发公共事件给整个社会发展带来不安定因素，严重威胁公众利益，造成各种资源包括档案信息资源的损失。

三、档案灾害造成的后果

灾害一旦发生，无论是天灾，还是人祸，都会对档案造成危害。

（一）档案遭到污染，寿命缩短

档案遭受灾害，严重的会被损毁，轻者也会造成不同程度的损坏，甚至会遭受污染。档案遭受灾害时，各种污染（地震后的砖头屑、石灰土、雨水、害虫、细菌等）和档案掺和在一起，档案被直接污染。档案一旦受到污染，就像被催化剂催化一样，档案加速老化、自毁、损坏过程，严重影响档案"寿命"。

（二）档案遭到彻底损毁

档案遭受到重大灾害，其后果是档案彻底损毁。档案损毁，将造成社会历史记忆缺失。档案是原始历史记录，是人类社会记忆的延伸，具有唯一性、不可替代性特点，如果记录历史的档案资料被毁掉，将会给历史带来无法弥补的损失，在一定意义上说，就是毁掉了历史，历史必然会出现空白。

（三）档案遭到破坏性损坏

档案一旦遭受如洪水、大地震等破坏性强的重大灾害，可能会受到重压、暴晒、水泡、细菌等危害，其结果也许造成档案损毁，也许造成档案损坏，支离破碎，如纸质档案破碎、撕裂、字迹模糊、录音录像档案信号失真、图像模糊、载体粘连、无法阅读等情况。

（四）档案可能失密

档案，尤其涉及国家政治、经济、军事的档案，大多数属于秘密、机密，受灾时由于其环境复杂，档案失去了起码的安全条件，防范能力减弱，档案信息秘密安全面临严重威胁，要严加防范，确保档案信息安全。

第三节 档案灾害的预防机制

一、档案灾害预警级别和预警响应

（一）档案灾害的预警级别

档案灾害应根据紧急程度、危害大小、涉及范围以及需要调动的人员、资金、资源等情况，将档案灾害预警级别划分为"一般"（Ⅳ级）、"较重"（Ⅲ级）、"严重"（Ⅱ级）、"特别严重"（Ⅰ级）四个级别，并依次采用蓝色、黄色、橙色和红色加以表示。

预警级别由承担档案灾害处置的档案馆（室）依照所确定的预警等级提出预警建议，并报国家档案局批准。

一般或较大级别的预警，由提出预警建议的档案馆（室）按照有关规定，组织对外发布或宣布取消。重大或特别重大级别的档案预警信息发布，需报请国家档案局主要领导批准，由档案馆（室）统一对外发布或宣布取消。

各档案馆（室）要密切关注灾害进展情况，并依据灾害变化情况，适时调整预警级别，并将调整结果及时通报各档案馆（室）。

（二）档案灾害的预警响应

1. Ⅰ级档案灾害预警响应

国家档案局领导、各省市档案局领导进入一线工作岗位，指挥预警工作，实行24小时值班；各馆（室）与上级主管部门保持密切联系，随时进行会商；有关人员立即取消休假和外出，就地待命；及时收集预警信息，并做出分析；每3小时提供一次档案灾害演变情况。每3小时向应急机构和上级主管部门汇报档案灾害分析情况，提出决策建议。

应急机构接到Ⅰ级档案灾害预警报告后，视情况启动相应级别的档案灾害应急预案。组织有关部门协助各馆（室）做好档案灾害预警信号发布、档案灾害信息收集工作，履行相应的职能。

2. Ⅱ级档案灾害预警响应

国家档案局领导、各省市档案局领导进入一线工作岗位，指挥预警工作，实行24小时值班；各馆（室）与上级主管部门保持密切联系，随时进行会商；有关人员立即取消休假和外出。每6小时向应急机构和上级主管部门汇报档案灾害分析情况，提出决策建议。

应急机构接到Ⅱ级档案灾害预警报告后，视情况启动相应级别的档案灾害应急预案。组织有关部门协助档案馆（室）做好档案灾害预警信号发布、档案灾害信息收集工作，履行相应的职能。

3. Ⅲ级档案灾害预警响应

档案馆（室）值班负责人进入工作岗位，做好预警准备工作，实行 24 小时值班；及时收集预警信息，并做出分析；每 12 小时提供一次档案灾害演变情况。每 12 小时向应急机构和上级档案部门汇报档案灾害分析情况，提出决策建议。

组织有关部门协助各馆（室）做好档案灾害预警信号发布、档案灾害信息收集工作，履行相应的职能。

4. Ⅳ级档案灾害预警响应

档案馆（室）值班负责人进入工作岗位，做好应急准备工作，实行 24 小时值班；及时收集预警信息，并做出分析；每 24 小时提供档案灾害演变情况。每 24 小时向应急机构和上级主管部门汇报档案灾害分析情况，提出决策建议。

组织有关部门协助档案馆（室）做好档案灾害预警信号发布、档案灾害信息收集工作，履行相应的职能。

二、档案灾害预警系统的构建

（一）预警信息采集系统

在各种灾害发生之前，应该从各角度、从各方面加强对灾害的监测与预警信息的收集。如何准确地预防灾害与危机的产生，最为关键的程序是要全面、完整的收集和扫描各种事件、问题及其相关的各种信息，进而确定各种灾害与危机对档案灾害管理的影响程度、影响因素，以及各种灾害对档案灾害防范的潜在影响，从而能够积极有效地防范和疏导引发各种灾害的可能信息，档案部门据此能够争取把灾害消灭在萌芽状态，或将灾害造成的损失减少到最低限度。是否能够准确掌握灾害信息是档案管理成效的直接影响因素。

各档案部门要及时关注政府相关部门发出的预警信息，并积极收集各新闻媒体反馈报道的预警信息。现如今新闻媒体的类型比较多，包括有广播、电视、报刊、网络等，而且各新闻媒体都较活跃，对新闻、信息的敏感度强，能够快速捕捉到及时信息。政府各部门都有门户网站，专业机构更是有安全专业网站，重要信息都会从各网站发布。因此，各级档案部门获取灾害预警信息的渠道比较广泛。档案部门应设立专门的信息机构，并配备人数合适的信息收集人员，做好日常信息收集、整理、汇报工作。要有专门领导负责此项工作，现阶段中，中国地震信息网，主要有地震方面的预警信息；中国气象局，主要发布天气预报；中国地质环境信息网，发布地质灾害气象预警信息；国家海洋环境预报中心，主要发布最新风暴警报、最新海啸警报。这些信息源都是档案预警信息系统应予以重点、高度关注的。

档案部门也要加强自身的安全系统建设与管理。例如消防设施与电路设施、监控系统、档案信息资源网络系统和报警系统等，要设置专门技术人员负责检查，发现安全隐患及时排查并上报，做好记录工作。

（二）预警信息分析系统

预警信息分析系统的主要将从各方收集到的信息、情报进行整理、分类，对大量相关信息进行深层次的思维加工和分析研究，并形成有助于问题解决的新信息。这是灾害管理预警信息分析系统的核心。预警信息分析系统需要在档案灾害信息数据库的基础上进行信息分析。数据库提供的数据越是全面，信息分析的结果才能准确。根据档案灾害信息数据库提供的数据，对收集的信息进行分析评估。同时，可以组织以档案技术专业人员、灾害专业技术分析人员、实施抢救技术人员等为主要成员的专家组，结合灾害信息数据库，对已发生的灾害级别较高的重大灾害进行分析，分析灾害发生的原因、过程，对灾害造成的损失进行评估。并对错误虚假信息和干扰信息进行排除，同时建立专门系统记录，为以后灾害信息分析起到警惕作用。虚假信息的产生有多种原因，在整个信息传递过程中，从信息源到信息通道再到信息宿，都有可能导致错误信息的产生，可以通过对信息传递过程中的各个环节进行审查和判断来识别。经过对信息的判断、识别和分析后，灾害管理预警信息分析系统就掌握了较为真实、全面的信息。最后通过对分析结论的总结，形成快速反应的信号，并发出指令，为整个灾害管理系统做好决策准备。

（三）预警决策制定系统

依据预警信息分析系统对信息分析评估得出的结果数据，同时根据档案灾害管理系统的预警体系指标，包括档案库房的库藏量、信息化建设的各数字化硬件设备数量和备份设备数量等，判定灾害警报的级别，并决定是否发布警戒指令。按照灾害的性质、严重程度、可控性和影响范围等因素，档案灾害预警级别分为4级，警级越高，对档案信息安全造成的影响就越大。预警识别标志用红色、橙色、黄色、蓝色表示。在具体决策中，系统根据信号或指标的水平判断灾害预警的级别和是否发出灾害警报。

第四节 档案灾害的应急处理

一、突发事件的应急处置预案

档案行政管理部门、档案馆（室）应建立严格的档案工作突发事件（一下简称突发事件）防范和应急处置责任制，制定相关工作预案，切实履行各自职责，保证突发事件应急处置工作有序进行。

突发事件应急预案的制定，应当遵循国家法律、档案行政法规的规定，以档案安全工作为基础，防范突发事件的发生。突发事件应急预案的内容主要有：

第一，编制和实施预案的有关危机情况和背景。

第二，应急处置工作的目标、要求和具体措施。

第三，应急机构的建立及人员组成，应急处置工作队伍的数量、分工、联络方式、职能及调用方案。

第四，有关协调机构、咨询机构及能够提供援助的机构、人员及其联系方式。

第五，抢救档案的顺序及其具体位置，库房备用钥匙、重要检索工具的位置和管理人员。

第六，档案库房所在建筑供水、供电开关及档案库区、重点部位的位置等。

第七，向当地政府主管机关和上级档案行政管理部门报告联系方式。

第八，预防突发事件、救灾应注意事项。

应急预案的相关内容还包括：档案管理部门应当有专门机构或人员负责突发事件的日常监测工作，建立突发事件预警机制，及时收集有关政府机构、气象部门发出的预警信息。在监测过程中发现潜在隐患以及可能发生的突发事件，应及时启动有关预案，采取果断措施进行处置，防止危害和事故的发生。

制定应急预案后，档案馆（室）还应对相关人员进行知识教育培训，增强防范意识和提高应对能力，组织救灾演练；定期检查所属防灾、救灾设备设施。

二、突发事件应急处置方案的实施

（一）实施的方法与步骤

实施突发事件的应急处置方案，应当注重以人为本，减轻危害，采取统一领导、分级负责、社会动员、协调联动的方式，实行属地先期处置和专业处置的原则，力保迅速高效的工作效率。

在方案实施过程中一般有以下重要步骤：

1. 接警与初步研判。

2. 先期处置。

3. 启动应急预案。

4. 现场指挥与协调。

5. 抢险救援。

6. 扩大应急。

7. 信息沟通。

8. 临时恢复。

9. 应急救援行动结束。

10. 调查评估。

（二）实施的过程管理

突发事件应急处置需要依据突发事件发生、发展的过程，分阶段实施有效的事件管理，一般可分成：事前预案制定、事中应对处置、事后灾后恢复三个部分。处置过程应当对整个突发事件进行及时的评估与反馈。

1. 事前预案制

事前的管理和准备工作是突发事件应急处置的前提，体现"以防为主，防治结合"的方针。

突发事件的预防是应急处置中的重点工作，也是应急处置过程中最为经济有效的方法和措施。做好突发事件的预测、预警工作，对事件信息及时发现，及时发布，是突发事件紧急应对的触发端。使事件应急工作提前进入，掌握主动权。

事前的安全管理包括：加强档案工作突发事件的常态化安全管理；事件处置方案与实施的教育、宣传、培训；监控事件发生源，排查事件潜伏因素，消除安全隐患；事件风险预测、评估、分析；组织实施事件预防性建设项目。

事前的准备工作包括：发布预测、预警信息；组织应急演习培训；部门之间达成共同防御事件与事故的计划、相互关联性；突发事件应对的有关人员、装备、物资。

2. 事中应对处置

突发事件的"事中应对"是突发事件预警信息发布并有效启动事件应对机制以后，到事件结束这一过程中对事件的应对处置。突发事件是由于一种或多种致灾因子所造成的环境短期变化并带有破坏性后果的特殊状态，往往持续时间短，破坏性强。如果在这一相对短暂的紧急时刻能够做出有效的决策并进行有效的应对，则必然会降低事件的破坏程度。对事件的响应速度是决定减灾效果的重要因素之一。

事件发生过程中的处置工作包括：实施紧急处置和救援；协调应急组织和行动；向社会报道有关事件发生的情况以及采取的应对措施；指挥、控制信息的传递；社会救援力量的募集。

3. 事后灾后恢复

事件紧急应对阶段结束以后，并不意味着突发事件应急处置任务宣告完成。应急处置只是进入了一个新的阶段—事件后的影响消除。如果突发事件应急处置的前两个阶段出现失误和疏漏，在这个事后恢复阶段至少可以提供一个弥补部分损失和纠正应急处置流程中不足的机会。在事件结束以后，应该立刻进入评估恢复重建阶段。

事后的抢救修复工作包括：启动恢复计划和措施；进行档案馆（库）建筑重建、恢复；受损档案的修复；对事件应对过程进行评估分析，改善应对计划。

（三）突发事件的分析、评估与反馈

对事件应对过程中的评估与信息的反馈是一个机遇。正确对待和看待事件，把握事件的契机，分析事件产生的原因、事件过程，并总结事件的经验和教训，在技术.管理、组织机构和运作程序上进行改进，完善突发事件应对工作，提升档案馆（室）事件应对处置的能力。

四、突发事件处置机制的完善

（一）健全社会预警体系

健全社会预警体系，加强应急管理工作。档案工作突发事件发生前的预防是政管理部门应健全监测、预测工作，及时收集各种信息，并对这些信息进行分析、辨别，有效觉察潜伏的危机，对危机的后果事先加以估计和准备，预先制订科学而周密的危机应变计划，建立一套规范、全面的危机管理预警体系，明确各政府部门的责任，对危机采取果断措施，为危机处理赢得主动，预防和减少自然灾害、事故灾难事件对档案造成的损失，保障档案安全。

档案馆建立危机管理机制，配套建设危机保障体系，制定档案危机的管理方案和实施计划，实行危机的决策指挥责任制；制订涉及组织、制度、方法、设备、信息平台和危害判定等的危机预警机制，及时监控、预测风险和掌控风险。

（二）加强协调

档案部门加强协调，对档案工作突发事件迅速做出反应。档案行政管理部门应该建立突发事件应急反应机制，第一时间对危机做出判断，迅速反应，政令畅通，各级档案部门协调配合，临事不乱。各地区档案部门要树立大局意识和责任意识，不仅要加强本地区本部门的应急管理，落实好自己责任范围内的专项预案，还要按照总体应急预案的要求，做好纵向和横向的协同配合工作。

按照科学性、实用性、可操作性和权威性要求，建立应急处置机制，及早发现、及时控制、有效化解突发事件的危害性。

（三）健全法治

加快档案应急管理的法治建设。档案工作突发事件的不确定性，在采取措施时没有相应的法律条款来支撑，可能对应急管理形成障碍，使情势不能得到及时遏止，因此，要把档案应急管理纳入规范化、制度化、法治化轨道，使法律跟上档案工作突发事件的发展要求。还要高度重视运用科技提高应对档案突发公共事件的能力，加强档案应急管理科学研究，提高档案应急装备和技术水平，加强档案应急管理信息平台建设，形成档案公共安全和应急管理的科技支撑体系。

第八章 医院档案资源开发利用

第一节 医院档案资源的服务和利用

一、以服务为中心提升医院档案利用效果的意义

（一）有利于满足利用者不断增长的利用需求

现阶段，医院各个部门对于档案资源的利用需求不断提升，医院档案资源的价值也随之彰显出来。在这种背景下，只有立足于服务开展档案管理工作，才能更好地满足医院相关部门在工作查考、学术研究领域中的需求，进一步挖掘医院档案资源的价值。因此，以服务为中心来研究群体档案利用需求，则更加有现实意义。

（二）有利于提升医院档案的保存价值和作用

档案资源具有明显的社会属性，能够为医院带来经济效益和社会效益。强化服务意识，进一步实现医院档案管理者与利用者之间的交流与互动，能够更好地发挥档案资源的导向作用，实现医院档案利用工作转型升级。同时，只有不断做好医院档案服务工作，才能避免医院档案管理边缘化，提升医院档案的保存价值和作用。

（三）有利于医院档案的鉴定工作

档案资源的价值会随时间的推移以及医院工作的变化而发生变化，这就决定了医院有必要对档案资源进行鉴定，及时剔除无效的档案资源。一方面，保管期限长、利用率高的档案资源，即使到了保管期限，也应当延长其保存期，充分发挥它的利用价值；另一方面，对于失去时效、利用率低的档案资源，则应当及时予以剔除，避免档案资源的堆积。由此可见，档案鉴定为其利用提供了基础性平台。反之，利用的实际效果是日后档案鉴定的依据。

二、现阶段医院档案利用中存在的主要问题

（一）档案服务意识不足

总体而言，现阶段部分医院仍然较为重视医疗业务工作，对档案服务工作的重视程度不高，难以实现规范化、科学化以及高效化利用的目标。一方面，部分医院仍然存在"重管理，轻利用"

的档案管理思想，对档案利用工作缺乏主动的服务意识；另一方面，部分医院忽视档案利用价值的信息反馈，档案管理人员缺乏与时俱进、改革创新的意识和能力，缺乏主动开发利用方式的积极性。

（二）利用平台发展不均衡

现阶段，部分医院开始通过档案管理网站、档案管理系统等平台对档案资源进行利用，但并没有充分将互联网技术的优势发挥出来。一方面，部分医院对于手机媒体、微信公众号等新媒体工具没有足够重视，使之在档案利用领域的快速查阅、便于携带等资源共享优势未能得到发挥；另一方面，医院的官方网站只重视发布医疗信息、医院重要新闻事件等信息，而医疗法规、医院历史、医院人文建设等信息匮乏，不利于打造一体化的档案利用平台，以及医院整体品牌形象的树立和医院文化的传播。

（三）档案数字化建设不完善

大数据时代，档案数字化建设对于医院档案利用工作的重要性不言而喻。但是，部分医院数字化建设滞后，忽视技术更新以及设备更新。一方面，部分医院尚未将微缩相机、高速扫描仪应用到档案数字化建设当中，影响纸质档案资源的数字化转化与录入工作；另一方面，部分医院对于档案的数字化软件投入较少，仅采用档案管理软件对档案条目检索，而在办公自动化（OA）系统建设时未将档案管理工作纳入统筹考虑范畴，造成重文件流转环节，轻归档管理环节，无法实现对档案资源生命周期的全过程监控。档案数字化建设滞后势必会影响档案资源的使用，不利于后期全文数字化检索、档案安全管理、档案专题编撰等工作。

三、以服务为中心提升医院档案利用效果的途径

（一）努力开发档案利用的信息资源，增强服务功能

第一，档案管理人员要转变观念，增强服务意识，立足于服务中心开展各项工作。档案管理人员要深化与医院各个科室的联系，了解各个科室对于档案利用工作的建议和需求，有指向性地开展档案服务工作，应收必收，丰富档案室藏量。第二，档案管理人员要树立跟踪服务的理念，确保项目完成时间较长的科研课题和基建档案资源中各项内容的完整性，提升档案利用价值。也就是说，档案管理、档案服务要与相关科室工作同步，优化档案收集流程，提升归档质量，夯实档案服务的基础。第三，档案人员要整合档案资源，善于对档案资源进行编研和利用，发挥档案价值。为此，档案管理人员可以分别从医院沿革、组织机构任免、重大变更、专家生平等方面出发，编制相关专题的档案编研材料，为档案需求主体提供更精确、全面的档案服务。

（二）以服务为中心，加大新媒体技术的应用

医院档案管理人员要进一步树立创新意识、新媒体意识，实现新媒体技术与档案利用工作的深度融合，发挥新媒体工具在档案利用中的优势。第一，医院档案管理人员可以开通相应的微信公众号平台以及微博平台，为相关主体提供在线查档咨询服务，延伸档案服务的领域和渠道。第

二，医院可以将新媒体平台与档案管理系统中的数据资源进行数据关联，进一步提升检索效率，丰富新媒体平台中的查档用档功能。第三，医院可以探索开发服务个性化的档案资源服务。一方面，通过新媒体平台来开发档案专题查询功能，集中档案资源进行利用；另一方面，通过新媒体平台开展档案共享，深化与市卫生健康委员会及其他医疗机构的联系，进一步彰显档案服务的社会价值。

（三）开展档案数字化工作，提高利用效率

医院要进一步推动档案数字化建设工作，减少纸质档案资源所占用的物力空间，实现对纸质档案的数字化处理，增强档案检索速度、档案周转率。总体而言，医院可以从以下几个层面开展档案服务工作：第一，医院应选择性能良好、功能齐全的档案管理系统，有效减少档案管理者的工作量，为档案服务创新提供基础。第二，医院要将办公自动化系统与档案管理系统进行数据关联和业务关联，给予档案管理人员相关的管理权限，确保档案管理人员可以及时通过一个平台来收集、归纳、利用并处理相关的信息资源。第三，医院要进一步加快档案全文数字化建设，通过档案全文检索来查询不同类型档案资源中的内容，为档案需求主体提供更精准的档案服务，实现档案利用现代化。

（四）建立科学的档案利用体系，明确档案利用重点

第一，医院要进一步建立科学的档案利用体系，明确档案公布的形式、档案利用者的权利与义务、档案保密内容、档案利用的权限与程序、档案开放的范围和时限，为档案利用工作提供明确的指引和依据。第二，档案管理部门要重视档案利用意见收集工作，及时听取档案需求主体对当前档案利用过程的反馈意见，立足于医院工作实际和对档案检索速度、所需内容的全面性、准确性等需求，不断改善档案服务工作的方式和程序，实现闭环制管理，保证优质服务的可持续发展。第三，档案管理部门要对医院院务查考、就医痕迹、基建设计、编史修志等多方面档案服务评价、档案周转率以及档案利用率进行综合分析，主动寻找当前档案利用工作中存在的不足和缺陷，根据档案工作最新规范和当前发展形势，有指向性地采取措施，如完善相关制度流程、合理判定档案价值、规范各平台媒介利用权限等，本着"规范、安全、便捷"的原则，满足资源共享需求，进一步节约档案利用过程中的人力、物力以及财力。

第二节 医院档案编研和汇编

一、档案编研工作的内容

档案编研工作是以藏档案为主要对象，以满足社会利用档案为主要目的，在研究档案内容的基础上，汇编和出版档案史料，编制参考资料，参加编史修志，撰写文章和著作，为社会主义现代化建设和科学研究服务。

从我国现有实践和发展趋势来看，档案编研工作的主要内容可归纳为三个方面。

（一）熟悉与研究档案内容，编写参考资料

编写参考资料是一项研究性的工作。这里讲的档案参考资料同一般意义上的参考资料含义和范围不同，它是根据档案内容加工编写而成的一种材料，是档案提供利用的一种方式。用这种方式提供的不是档案原件、复制件，而是档案内容的加工品，是系统的素材。

有了这种系统的素材，利用者可以不必翻阅大批档案，就能满足一定的利用需要，或者找到需要查阅档案的线索。档案参考资料不同于专门的论著，它是按一定的题目综合档案内容，为利用者提供系统的实际材料。它也不同于一般的检索工具，而是直接为利用者提供半加工的、有具体内容的实际材料。

（二）汇编档案文集和编辑专题史料

汇编档案文集和编辑专题史料是档案编研工作的重要内容之一。按照一定的作者、专题、时间或文种等特征，把档案材料选编成册，在一定范围内使用或公开出版，如党政机关的重要文件汇编、政策法令汇编、档案馆的各种专题档案史料汇编等。汇编和公布档案是档案积极主动地开展档案提供利用的一种重要方式。

汇编和公布档案是一项政治性、科学性很强的工作，为了做好这项工作，档案工作人员不仅要有比较高的政治思想、政策水平，还要具有历史学、文献编纂学、目录学等方面的专门知识。同时，要经常注意和收集社会各个方面对档案利用需要的动向，并加强同有关部门的协作联系。这样就可使我们所做的汇编和公布档案符合与适应社会各方面的需要。

（三）参加历史研究和编史修志，撰写文案和著作

档案工作和史学研究虽已各有分工，但作为永久保管档案的基地，作为科学研究和各方面工作利用档案史料的中心，档案馆仍需进行一定的历史研究，利用档案印证一些历史事实，撰写历史论著，参加编史修志。这也是档案编研工作的重要内容之一。

二、档案编研工作的意义

（一）档案编研工作的开展是提高档案馆工作水平的重要途径

切实搞好档案的收集、整理等基础工作，是开展编研工作的基础和前提条件。

编研工作的开展，既对基础工作提出新的要求，又能发现和检验这些工作的优缺点，便于及时发扬和改进，从而推动各项工作的全面发展，进一步提高档案馆的工作水平。

（二）档案编研工作是保护档案原件的有效措施

档案大部分是"孤本"，多者也不过几份，在开展利用工作中总是把原件提供使用，容易损坏，影响档案既为当前服务，又为今后服务。通过编研工作，将档案编辑成册，内部印发或公开出版提供利用，减少对档案原件的重复使用，有利于延长档案的寿命，使其长久保存下去，流传

后世。同时，汇编档案史料发行量大，存放地点多，即使遇有不测，也会此失彼存。我国现存的明代以前的档案原件很少，但出版的档案史料汇编却有许多都保存下来了。

（三）档案编研工作可以扩大档案的影响，促进档案事业的发展

档案馆通过向党政领导和有关部门提供编研成果，能使广大利用者感觉比到档案馆查阅更方便，具体看到了档案的作用，加深了对档案和档案工作的了解，起到了很好的宣传作用，同时加强了档案馆与各方面的联系，扩大了在社会上的影响，从而取得了各方面的重视和支持，促进了档案事业的发展。

三、参考资料的编写

（一）什么是参考资料

从广义上讲，凡是可供人们进行工作和研究问题时参考的文献材料，如书籍、报刊、照片、图片等，都称之为参考资料。档案界所说的参考资料是档案根据一定的题目，将自己所保存的档案材料的有关内容进行综合加工编写的一种材料，为利用者提供较为系统的"素材"。

参考资料与汇编的档案文集不同，不是提供档案原件或制发复制本，而是根据一定的题目对有关档案材料的内容进行综合加工编写而成的系统材料，它已改变了档案原来的面貌，具有问题集中、内容准确、文字精练、概括性强的特点。参考资料与利用档案撰写的科研专著和学术论文不同，专著与论文是在研究档案内容的基础上经过加工提炼，提出自己的观点，反映和说明一定事物的规律性和研究作品。参考资料主要是综合记述档案内容、反映情况、为利用者提供加工的半成品，供研究问题时参考。参考资料也不同于检索工具，它不仅能起到一定的查找、介绍和报道档案情况的作用，还能直接为利用者提供有内容的实际材料。

（二）参考资料的种类

参考资料的种类很多，名称不一，用途广泛，这里仅将档案常用的几种介绍如下。

1. 大事记

大事记就是一个机关、一个地区、一个时期、一项运动所发生的重大事件，按时间顺序的先后，用简明的文字记载下来的书面材料。它系统扼要地记录一定事件的历史发展事实，揭示重要事件和活动的发生、发展的过程以及它们彼此间的关系，从而便于人们研究史实发展的规律。

大事记的用途：第一，可以帮助各机关领导同志和广大干部回顾过去的工作，了解本单位、本地区、本系统的工作活动、发展变化情况，便于考察工作，总结经验，研究问题时参考；第二，大事记对历史研究人员研究国家和地方历史及编史修志也是很重要的参考材料。第三，大事记是对群众进行宣传教育的有力工具。

我国档案目前编制的大事记主要有：①机关工作大事记，记载一个机关在一定时期内的重要活动；②国家或地区大事记，记载全国或一个地区在一定时期内的重要活动。③专题大事记，是按照一定专题记载国家一定地区或一定机关在一定时期内某一方面的重大事件；④年谱，记载某

些著名历史人物的生平事迹和重大活动。

大事记的内容主要由时间和大事记述两部分组成。还可以根据大事记的编写目的、对象、篇幅大小、年限长短等因素，设置前言、材料出处、注释等。

大事记述是大事记的主要组成部分，通过对许多重大历史事件的记述，反映历史发展的概貌和规律。所谓大事是指事件涉及的范围较广，对社会的影响较大、较深，在工作和历史发展中起重要或决定作用。反之，局部性的，只有一般意义的事件和活动都是小事。大事和小事是相对而言的，受一定时间和空间的制约。比如，一个机关的大事，在全市、全国就不一定是大事；这个地区的大事，在另一个地区也不一定是大事。所以，在选材范围上，坚持历史唯物主义观点，一切从实际出发，不能大事小事一样罗列，也不能遗漏大事。

编写机关大事记，可以从下列内容中选择大事记的素材：①党代会和人代会以及全会各种重要会议；②以机关名义制定的路线、方针政策、法律、法令、法规，重大决定、决议、规划；③本机关的成立、撤销、隶属关系、职权范围、机构的变动；④本机关主要领导成员的任免、奖惩；⑤上级机关和上级领导对本机关的重要指示或上级领导同志来本机关检查工作的重要活动情况；⑥报纸、刊物发表的本机关的经验介绍、教训和批评的有关报道和重要新闻等。

大事记的时间也是大事记的重要组成部分。时间的持续性和顺序性反映了事件发生、发展的过程，任何历史事件都是在一定的时间内发生的，时间对历史研究有重要意义。因此，对每件大事必须写明时间，即某年某月某日，有的甚至还有确切的时、分、秒，如果重要事件没有时间或时间不够准确，应尽力进行考证。

编写大事记的要求：取材真实、准确，文字简明扼要。一般应一件一事，不能一件多事。每件大事涉及的时间、地点、人物。

2. 组织沿革

组织沿革是系统记载一个机关、一种参考资料，内容包括地区概况、权范围、性质任务、隶属关系、领导人任免、编制的扩大与缩小、内部机构设置等情况。

组织沿革的主要用途，是为了便于机关领导人员、各部门及有关方面查考和研究本地区、本机关、本系统的组织机构、人员发展变化情况。组织沿革也为研究国家机关史、地方史、革命史和专业史提供所需的参考材料。对档案来说，它为编写立档单位历史考证提供了系统的材料，对于整理、鉴定档案价值，熟悉、了解立档单位的情况都有一定的作用。

组织沿革的种类，大体有下列三种：①记载一个机关的产生发展及其内部组织机构的演变、工作情况；②记载一个地区内（省、地、市、县、区、乡）所属党、政、群各组织的设置、行政区划、人口、建制沿革的发展变化；③记载一个专业系统（如工业、商业、文教卫生系统等）所属组织的设置和变化。此外，还有按一定地区和一定专业系统结合起来编写的。

3. 会议基本情况简介

会议基本情况简介，又称会议简介，就是利用会议文件材料，将会议的全过程简短、扼要地加以叙述，反映出每一次会议基本情况的一种参考材料。召开各种重要会议决定大政方针，商议大事，是我国党政机关、群众团体进行领导活动的重要方式。筹备各种会议，广大机关干部必须查阅会议方面的档案材料。因此，编写会议基本情况受到了机关领导和业务部门的欢迎。

会议基本情况简介，主要有党代会、人代会、政协会议、工代会、妇代会，以及这些会议的全体委员或常委会议、重要的专业会议等。简介的主要内容有会议的届次、召开的时间、地点、主持人、参加人（代表名额分配情况，列席范围）、会议的开法和议程、讨论与决议事项、选举结果。

机关单位可以编制机关党委常委、全委扩大会议或行政办公会议的基本情况简介。编制方法是将这些会议的记录按日期或次数的先后，把每次会议的内容、议题、决议事项等依次编出。可以一年一编，也可以随时积累逐渐形成。

4. 基础数字汇集

基础数字汇集是以数字的形式反映一定地区或某一方面基本情况的参考材料。它的产生是由于人们在日常工作中研究问题、开展和指导工作、总结经验、制订计划以及进行科学研究都需要了解和掌握一定的数字，作为分析、综合的依据和参考。但是，这些数字分散在各种统计报表、总结报告、计划等文件材料中，不便于系统地提供利用。因此，通过编写基础数字汇集，把分散的数字集中起来，成为系统的材料，满足利用者多方面的需要。

基础数字汇集具有内容集中、简单明了、形式灵活、利用方便的特点。汇集的形式有文字叙述和表格簿册形式、用图表示意形式，可以自由选择。基础数字汇集的内容有综合性的汇集和专题性的汇集，涉及的范围可以是全国的、地区的、一个机关、一个系统的，一个年度或若干年度的。

编制基础数字汇集最重要的是材料必须准确可靠，对统计报表、调查的数字要认真核对，征询业务部门的意见，请他们参加核实，最好使用统计部门的材料。因此，编写基础数字汇集，可与统计部门、有关业务单位合编，以保证各种数字的完整性、准确性，提高汇集的质量。

5. 专题概要

专题概要是以文章叙述的形式，简要地说明某一方面的工作、生产或其他社会现象和自然现象的产生、发展变化的参考资料，如"历年自然灾害情况""历年工农业发展基本情况"。

第三节 医院档案资源开发利用能力建设

档案信息资源的开发利用是档案工作的出发点和归宿。做好档案信息资源的开发利用工作是实现档案信息资源价值、发挥档案信息资源效益的根本体现，是档案工作紧密围绕党和政府的中心工作和服务社会的迫切需要，同时也是档案事业适应时代发展要求的必然选择，更是档案工作真正实现有为有位的必由之路。以笔者拙见，要做好新时期新阶段档案信息资源的开发利用工作，应突出抓好以下几方面工作。

一、切实增强档案馆的综合实力

随着时代的进步和社会的发展,对档案工作也提出了新的更高的要求,要求各级国家档案馆必须适应新时期新阶段档案事业发展的需要,切实加强自身的综合实力建设,为加快档案信息资源的开发利用工作创造有利条件,为深刻挖掘档案资源的潜在价值,充分发扬档案信息资源的经济效益和社会效益提供基础。档案馆的综合实力集中体现在以下三个方面:一是对档案资料的占有程度;二是对各级各部门档案信息资源有效的调配和管理;三是具有良好的档案基础设施和管护条件。因此,各级国家综合档案馆要依法加强档案的接收工作,把属于接收范围的档案资料及时、完整地接收进馆,并根据形势发展,适时调整接收范围,真正把全面建设小康社会进程中产生的各种新型档案和同人民群众各方面利益密切相关的档案纳入接收范围。加强对企业、社区和"三农"档案的管理,同时注意收集散存在社会上的各种珍贵档案。加强档案管理模式改革工作,增强档案部门在管理档案中的主体地位,增强其对各部门档案信息资源的调配能力,更好地发挥档案信息资源服务社会的作用。增强档案馆基础设施建设,按照"三个体系"建设的要求建设现代新型档案馆。

二、提高档案馆公共服务能力

加快档案信息资源的开发利用与提升档案馆公共服务能力是相辅相成的,实质上也可以说是一个问题的两个方面。从档案工作业务环节的角度来说,是档案信息资源的开发利用;从档案馆建设的角度来说,就是档案馆公共服务能力建设。

从新时期档案工作实践中可以看到,档案馆只有更新观念,树立正确的服务理念,才能提升档案馆公共服务能力,才能更好地做好档案资源的开发利用工作。为此,我们要不断拓展服务领域,创新服务机制,提高档案人员的服务意识和服务水平,变被动服务为主动服务。加快档案信息资源的开发利用,提高档案馆的公共服务能力,已成为经济社会发展的内在要求和组成部分。各级档案部门要充分发挥馆藏档案信息资源的优势,围绕改革开放和经济建设的热点难点,为党委和政府提供决策依据,为各部门工作提供有效服务。要进一步增强服务大众的意识,加大档案向社会公众开放的力度,真正把档案馆建设成档案安全保管基地、爱国主义教育基地和档案信息服务中心,多途径、多形式、多方位、多层次地满足社会公众对档案信息的需求。

三、做好现行文件利用工作

政府信息公开既是当代民主政治发展的重要成果之一,也是现代政府管理的基本发展趋势。政府信息公开和档案信息资源开发利用之间存在着良性互动关系,档案信息资源中的大部分都属于可公开的政务信息,政府信息公开对档案信息资源开发利用工作提出了客观要求,而加快档案信息资源的开发利用,反过来又促进了政府信息公开工作。

开展已公开现行文件利用工作,是当前加快档案信息资源开发利用的重要措施之一,是档案工作坚持立党为公、执政为民、从群众需要出发的具体体现,它为全面加强执政党建设,推进科学执政、民主执政、依法执政,密切党和政府与人民群众的血肉联系,促进政府政务公开,维护

医院档案管理与实务

人民群众合法权益，开辟了一条新的便捷的信息通道，赢得了公众的广泛赞誉，成为体现档案馆公共服务能力的重要窗口，进一步体现了档案工作服务于党、国家和社会的理念。

四、大力推进档案信息化建设

快速发展的社会信息化，要求我们必须加快档案信息化建设的步伐，随着科学技术的发展，档案载体正面临着一个更新换代的重要历史时刻，传统的管理模式已不再完全适用，新型管理模式正在以意想不到的速度和规模进入档案工作领域。各级档案部门必须迎接挑战，着眼于档案工作的可持续发展，探索符合自身发展的档案信息化建设道路。我们要加强多形式多层次共享平台建设，推进服务机制创新，全面提升档案信息资源开发利用工作的保障环境，建立档案信息化的长效发展机制。可以通过以下几种措施加强档案信息化建设工作，一是建立内部办公业务网，支持办公和档案管理业务，实现办公和档案管理自动化、网络化；二是与地方政府机关内部网加强横向联系，实现信息共享；三是建立本单位公众信息网，通过与因特网互联，实现档案部门与外部的信息交流，为社会公众提供档案查询服务；四是加强档案管理现代化知识培训，培养造就合格的专业人才队伍。通过档案信息化的建设，可以大大提高档案资源开发利用和传递档案信息的力度和深度，使档案工作进入良性循环之中。

五、抓好档案人才建设

抓好档案人才建设是做好档案信息资源开发利用工作的重要保障。档案部门的领导同志，一定要有强烈的人才意识，切实做到有爱才之心，识才之智，容才之量，用才之艺，把政治素质高、业务技术精、奉献精神强、专业技术人才和管理人才凝聚到档案战线上来，为发展档案事业贡献力量。各级档案部门，要大胆使用人才，并不断优化工作环境，为档案工作人员施展才能、实现理想抱负提供舞台；要关心爱护人才注重培养年轻人才，对他们既要热情关心，又要严格要求，积极创造条件让他们在各自的岗位上锻炼成长。要积极为档案人员解决工作、学习和生活中的实际困难，以"事业留人、感情留人、适当的待遇留人"，努力创造有利于档案干部队伍稳定、优秀人才脱颖而出，健康成长的良好环境。

第四节 医院档案资源开发利用与保密

医院档案管理是对医院人事、设备等文档资料的记录与归纳，具有较强的隐私性，且部分档案资料内容较为敏感属于医院内部保密资料，这也就要求医院对档案管理进行保密处理。医院档案管理保密工作对医院的发展具有重要意义，且伴随着信息技术的不断发展，医院档案管理工作呈现信息化趋势，这也就要求档案管理人员要强化对档案管理保密工作的重视，通过相关措施，切实落实医院档案管理工作。

医院档案管理保密是在档案管理工作的基础上新增的保密性能，医院档案保密能够保障医院内部资料的安全性，对医院的发展具有积极作用。信息技术的进步使得当下医院档案管理逐渐迈入数字化管理阶段,这也就对医院档案管理保密工作提出了新的要求。数字化档案管理主要依靠网络技术,但网络具有开放性,这也就影响着档案数据的安全,对此,为保障医院档案管理工作的保密性,档案管理人员应当不断探索档案管理途径。

一、医院档案管理与趋势

（一）医院档案管理

医院档案主要是对医院医疗设备、医疗护理人员资料、医疗技术攻克等相关技术的资料记录,对于医院具有极高的资料价值,是促进医院发展的重要基础。医疗设备是医院不可或缺的治疗手段,对医疗设备进行档案管理能够帮助医院对设备的详细信息进行管理,包括设备的使用年限、批次号等,能够对医院资源配置起到积极作用。因此医院档案管理工作具有重要意义,且不同类型的档案管理工作对医院发展的作用各不相同,但其共同致力于医院的发展。从档案数据来讲,医院档案管理均为真实信息,在医院发展过程中,真实的信息数据能够为医院相关决策提供保障,医院要加强对档案管理与保密工作的重视。

（二）医院档案管理新趋势

数字化档案管理。数字化档案管理是基于信息技术背景下档案管理工作的新趋势。数字化管理将传统的纸质资料转为数字化资料,更加方便资料的调阅与保存,数字化档案资料管理能够最大化保障档案搜索的自由性与灵活性,能够满足快节奏工作背景下的工作需求。另外数字化管理方便档案数据的保存,实现了档案资料的有效备份,减少了因环境导致的档案资料保存不当现象。

智能化档案管理。智能化是在数字化的基础上实现的档案管理发展趋势,智能化档案管理具有较强的人性化发展趋势。智能化档案管理主要得益于大数据技术的支持,在档案查找人员输入相关指令后,大数据技术能够根据指令分类自行对档案资料进行推送,这也就有效的提升了档案管理工作质量,实现了医院档案资料管理的智能化。

精细化档案管理。为保障档案信息的实用性,当下大部分医院开始对档案信息进行精细化管理。档案精细化管理能够实现档案管理工作的细致开展,对提升档案价值具有积极作用。档案价值主要体现在档案信息的利用中,精细化管理能够实现档案信息资源的有效利用。档案信息的精细化管理是未来档案资料管理的主要趋势。

二、医院档案资料保密的重要意义

（一）帮助判断档案资料信息的原始性

部分档案资料要求手写,这也就为后期资料信息的真实性提供了一定的印证,为此对医院档案资料进行保密能够帮助判断档案资料信息的真实性。文字档案资料一般包含资料撰写者的笔迹、个人印章等私人性特点,后期在出现问题的情况下,可对此类档案资料进行调阅对比,以对相关事件进行定夺。对档案资料信息进行保密能够保障档案在封存期间的完整性与真实性,减少档案人为的损坏与刻意更换。对档案资料信息真实性进行判断往往是在医疗学术成果出现纠纷等情况下所采取的鉴别措施，对此档案管理人员要重视档案资料保密工作的开展。

（二）杜绝档案的流失

医院档案资料包含一定的医疗研究成果与技术，对此为保障医院学术研究的价值与技术成果的隐私性，医院要绝对重视档案资料的保密工作。现阶段医疗档案资料的管理主要包含数字化管理与文字档案管理两种形式，无论哪种档案管理方式，档案管理人员均要保障信息的保密性。医疗研究成果与技术等档案数据对医疗研究具有重要的意义，且此类数据也是保障医疗研究人员个人利益的基础，相关数据一旦被人窃取，会造成医疗争议与法律纠纷，对此为减少此类不良事件的出现，医院要重视档案管理保密工作，以杜绝档案资料的流失。

（三）保障医生与患者个人隐私

医院档案资料管理内容具有多样性，其中大部分档案资料为办公室档案资料与临床患者资料，这也就意味着对档案数据进行保密能够保障医生与患者的个人隐私。医疗档案信息能够保存相关患者的治疗信息，为后续的医疗工作提供借鉴，在此类信息得不到保密的情况下，患者个人隐私难以得到保障，这也就很可能导致患者资料外泄，会造成患者权益的损害，损失医院名誉，不利于医院的持续发展，这也就要求档案管理工作人员需要对档案管理保密工作进行强化。

三、医院档案管理保密工作现状

（一）档案管理人员保密意识不强

档案管理人员是开展档案管理的主要途径，档案管理人员保密意识不强会增强档案信息数据流失风险。档案管理人员保密意识不强，会导致其对信息档案保密的重视程度不高，进而导致档案管理保密工作缺乏质量。档案管理人员保密意识不强会严重影响档案管理质量，使得档案保密管理措施难以落实，档案信息无法落实严格保密理念。信息技术发展背景下，部分医院采用信息化技术对档案数据进行保存，但受信息技术自身安全风险的影响，医院档案管理工作存在一定的风险，同时受档案管理人员保密意识的影响，这也就导致医院档案管理保密工作安全性不强。

（二）档案信息保密机制不健全

为保障档案信息的安全性，医院要健全档案信息保密机制，但部分医院尚未对档案信息保密机制进行重视。机制措施是衡量相关工作质量的主要因素，在无法完善档案信息保密机制的背景下，档案信息保密工作难以强化落实。档案信息保密机制能够加强档案管理人员对档案信息保密工作的重视，且能够对档案数据的保密提供相关的途径与措施，在缺乏档案信息保密机制的前提下，医院档案管理人员存在着一定的岗位压力，难以实现档案信息的绝对保密，甚至会出现档案信息泄露现象，对此医院要妥善对档案信息保密机制进行建立健全。

（三）档案信息保密范围界定不明确

医院档案资料具有多样性，如何划分档案信息保密范围是当下开展档案信息保密工作的重中之重。不同档案信息之间所承载的信息类型具有差异性，受信息内容的影响档案保密程度具有差异性，一般来讲档案信息保密工作的开展具有一定的等级性，保密等级越高的档案其信息价值越高，保密质量要求越高。医院存档内容较多，部分档案资料属于公开性档案信息，另外部分档案资料较为敏感，档案保密范围无法划定，这也就对档案管理工作造成了一定的困扰。因此医院要根据自身的发展理念与档案信息保密原则对保密范围进行界定，以帮助档案管理人员更好的开展档案信息保密工作。

四、强化医院档案信息保密工作的有效途径

（一）界定档案信息保密范围

为强化医院档案信息保密工作质量，首先要对档案信息保密范围进行界定。医院要根据自身的发展对需保存的档案资料进行分类，在分类之后对各类型的档案信息重要性进行等级评定，根据等级划分保密档案范围，进而更好地帮助档案管理人员开展档案信息保密工作。不同档案具有不同的保密要求，对此档案管理人员应当具有针对性地开展档案保密工作，以科学落实档案信息保密工作。

为强化档案信息保密范围的界定，切实落实档案信息保密工作，档案管理人员可定期开展组内会议。档案管理人员在对医院档案信息进行保密处理的过程中，部分档案管理人员往往对保密范围的界定无法清晰地了解，对此为强化档案管理人员对保密范围的了解，档案管理人员可通过小组会议的形式，对其进行探讨，进而以保障各档案管理人员对档案信息保密范围的熟识。

（二）强化档案管理人员档案保密意识

提升档案管理人员档案保密意识能够有效保障档案管理保密工作质量。为强化档案管理人员档案保密意识，医院首先要重视档案管理保密工作的开展，同时医院档案管理部门要对档案管理人员加强指导教育，以确保档案管理保密工作有效性。

强化档案管理人员保密意识的途径具有多样性，主题会议、奖惩制度等均能够有效的强化档案管理人员保密意识与责任意识。以主题会议来讲，会议需要明确档案信息保密的重要意义与必要性原则，并明确档案信息泄露的严重后果，以此增强档案管理人员的工作质量，提升其档案工作保密意识。另外为强化档案管理保密工作的开展，可适当利用奖惩制度，将工作质量与薪酬绩效挂钩，以此提升档案管理保密工作质量。

（三）建立健全医院档案信息保密机制

医院档案信息保密工作的开展需要档案信息保密机制，对此医院建立健全医院档案信息保密机制。为建立健全医院档案信息保密机制，医院要对《保密法》《档案法》等相关文献资料进行阅读与分析，以结合医院发展与档案管理现状对档案信息保密机制进行确定，以更好的落实档案信息保密工作的开展。

为切实落实医院档案信息保密机制，医院需要不断结合档案保密工作对机制进行完善。档案信息保密机制是否健全需要在实际档案管理与保密工作过程中进行观察,因此医院档案管理者要对工作中出现的问题不断进行总结分析,进而优化档案信息保密机制措施与提升档案保密工作质量。

(四)对保密档案进行科学管理

在对保密档案进行科学管理的过程中,档案管理人员要就档案保密期限与档案的日常管理进行明确。从档案保密期限来讲,我国对于不同种类的档案具有不同的保密等级划分,因此档案管理人员在进行档案管理时应重视对档案保密程度的划分,进而以实现对各种类档案的科学管理。另外在日常档案管理工作中,档案管理人员要对档案借阅程序进行严格要求,以保障整个档案管理过程的严谨性。同时档案管理人员要不断就档案环境进行整理,以落实档案管理工作的时效性。

档案管理人员作为档案保密工作的主要人员,为强化对保密档案的科学管理首先要对档案管理人员进行专项培训。保密档案的科学管理能够提升档案保密的工作质量,对档案价值具有较强的保障。部分保密档案在管理过程中,需要对档案的封存、借阅等工作进行科学化管理,进而以实现对相关保密档案信息的科学管理。

(五)重视档案利用过程中的保密工作

部分保密档案受工作内容影响,会出现档案调阅现象,档案管理人员要就档案利用过程中的保密工作进行重视。在进行档案调阅的过程中管理人员要对档案借阅者的身份进行确认,以对借阅者是否符合借阅资格进行确认,在进行确认之后需要询问借阅缘由与借阅时间,在符合借阅资格的前提下将资料提供给借阅者。在借阅者对档案进行利用的过程中,档案管理人员要对借阅过程进行监管,对档案的利用过程进行监督,进而对借阅过程中的现象进行了解。基于此可保障档案利用过程中的保密性与安全性,保障医院档案保密工作的有效落实。

档案利用是档案管理中的常见现象,为保障档案信息的保密性,档案管理人员要对档案利用的过程进行重视,上文中对档案利用工作的措施与途径进行了分析,在保障档案利用过程有效监督的前提下,档案管理人员可逐渐对档案利用过程中的保密措施进行优化,以进一步提升档案利用过程保密质量,优化资源的配置,减少档案管理人员的投入。

(六)对档案管理设施进行完善

为增强档案保密工作质量,医院要对档案室进行保密建设。档案室设施决定了档案室的安全性与档案资料的保存具有密切关系,医院档案室要安装监控系统,确保可以实现24小时无死角监控。另外,要对部分数字化档案资料进行加密处理。数字化资料的保存主要得益于信息技术与计算机技术,为保障数字化档案信息的有效保存,医院要建立档案管理信息化技术体系,进而保障数字化档案管理工作质量,减少因硬件设施与网络风险造成的档案泄密现象,增强医院档案信息的保密工作质量。

档案管理设施的完善能够为档案保密工作的开展提供保障,对此医院要加强对档案保密工作的重视程度,不断投入相关资金以升级档案管理设施,使档案管理设施获得技术性升级,不断增强档案保密工作质量。

第五节 新技术在档案开发利用中的应用

一、加强档案新媒体个性化服务平台建设

构建档案信息个性化服务平台已经成为完善档案信息个性化服务模式建设的重要一环，它是用户登录档案馆社会化媒体平台的界面和入口。档案部门应该充分重视。档案馆新媒体个性化服务平台建设是指在原有的档案网站基础上，通过信息的整合、知识管理对档案信息资源进行一定的合理的分类，充分体现以人为本的思想，使公众得到个性化的档案服务。新媒体时代的档案公共服务必须依托媒体化的信息平台，激发公众参与档案事务的热情和活力。

（一）合理推进档案手机 App 的建设

温州市档案馆"档案云阅读"App 推进势头良好，究其原因，是采取了有技巧性的推广方式。温州市档案馆和当地移动通信合作，推出了"安装有礼""温州档案云阅读"移动流量大派送活动，前 300 名安装并注册"档案云阅读"的用户即得流量红包 500M，前 300 名至 3000 名安装并注册用户可得流量红包 200M，安装注册后分享活动页额外得流量 30M。公众下载并注册的热情较高，推广得相对较快。现在档案网站、档案微信公众号的兴起与发展，很大程度上人们单纯的下载档案 App 的做法并不多见。相对于人们对于图书阅读软件的弹性需求，对于档案的利用则更多是刚性需求，对于公众号 App 的建设和维护需要档案部门提供大量的资金支持，因而更需要注重档案 App 的优化建设，使之真正做到有实用性、能有助于档案公共服务的目的，使社会效益高于投入成本。其他省市档案馆可以充分借鉴温州市档案馆"档案云阅读"的成功经验，但也不能盲目地推进档案馆手机 App 的建设，要突出自己的地方特色和个性化服务，切忌不能直接利用档案微信公众号和档案网站的内容，要突出自己的创新点和实在性优势，在相应的档案馆微信公众号和档案网站上加以推广，功能的配置上互补，相辅相成。档案部门可以通过网上调查的方式，了解手机网民的上网行为，掌握手机网民利用手机档案馆服务的需求及行为规律，审慎地确定手机档案馆服务项目的目标人群，是将手机档案馆服务的潜在用户变为实际利用者的重要因素。档案馆手机 App 的建设应该在充分调研资金支持的情况下逐步稳妥地推进，不盲目地跟风建设档案 App，使其具备的个性化能够服务于公众。

（二）完善信息平台，激发公众参与活力

在调查中发现，当前的档案馆媒体化信息平台的建设质量良莠不齐，总体来说，已开发的信息平台中省级和地市级档案机构建设较为全面，基本能够满足档案用户的需求，而县级及以下单位则缺乏实质性的建设，个性化服务平台的建设则少之又少。作为国内首批对外开放的档案馆——辽宁省档案馆，馆藏精品十分丰富，保存的唐代开元年间档案和清代玉牒等已被列入"中国档案

文献遗产名录"。档案部门应充分利用馆藏优势，在满足公众基本的档案服务需求的基础之上，提供个性化、合理化的档案公共服务。可以适当地增加用户的分类，以用户为中心开展良性的互动。允许用户对发布的相关图片、文章等进行评论，表达自己的观点。在条件许可的情况下尽可能地扩大与新媒体合作的范围，拓展与当下流行的新媒体合作的广度和深度，通过媒介的平台有针对性地提供有实用性、有价值的档案公共服务，开发档案馆新媒体信息平台的智能功能。

中国知网具备个人数字图书馆功能，用户可以在知网上创建一个自己的个人数字图书馆，订制自己感兴趣的信息，享受实时推送的功能。档案部门可以在条件允许的范围内建立用户的个人档案数据库，从总体的档案资源中了解用户浏览利用频次较高的档案信息，再结合著录的用户背景、专业、喜好等，通过智能化的软件和用户的指定邮箱等为用户有针对性地推送大致符合用户的潜在需求和价值较高的档案信息，为用户提供多元化的个性化的档案公共服务。还应注重用户反馈机制的建设，可以对其提供的档案服务是否满意进行回访，或者在用户离开档案网站或档案公众微信号时进行系统调查等，问题的设计应尽可能全面而简洁，充分注意用户情感的把握。不断完善已开发的档案信息平台，激发公众参与的活力。

二、明确新媒体档案信息平台的功能定位

由于大数据环境下网络信息传递十分发达，多种媒介融合共同发展的趋势增强，如浙江省档案馆紧跟时代潮流，开通了档案网站、档案微信公众号、档案微博，甚至手机档案App，可以说档案与新媒体的结合十分紧密。新媒体的交互发展，往往给我们的生活更多的选择性，在利用新媒体参与档案事务中，应该明确每一种新媒体对于档案的实际功用价值，再按照媒介的优势和特殊性，有针对性地提供档案公共服务。大数据时代的档案公共服务，不仅仅是简单地以档案事务参与媒介平台的数量来衡量，应着重考虑新媒体平台参与档案公共服务所带来的积极效益。对于档案机构来说既合理地支出了档案事务运营经费，又有效地提供了相应的服务。

（一）档案微信公众号的宣传性与文化性

档案公共服务离不开档案的宣传与利用。微信应用最广泛，档案微信公众号的建设与运营十分必要。根据我们对关注的省级档案公众微信号的调查，发现天津市档案馆、江苏档案等都着重推送该地区的相关档案文学、档案故事等方面的信息，有一定的文学性和吸引力，对于档案的宣传起到了很强的作用。天津市档案馆、南开区档案馆等推送的着重反映档案文化习俗，宣传地方特色的推送信息都有着极高的阅读量，公众也有评论和点赞等互动。凡是关注档案微信公众号的公众，都能够享受账号主体以私信的方式将档案信息推送到个人聊天页面或订阅号页面，公众对于信息的获取十分便捷，推送的信息被阅读和浏览的概率较大。可见，利用档案公众微信号重点开展档案文化的宣传是有一定的可取之处的。

（二）档案微博多功能化

微博互动性强、可发布信息多样化，同时微博较简短有一定的字数限制，这就要求档案微博

的信息力求生动简洁，一目了然，可配之以一定的图片和视频，提高公众浏览兴趣。不应是政策性信息的堆砌和简单介绍，还应注重发布贴近公众生活和现实的信息，因而档案微博的功能应是让公众了解档案馆的服务，宣传档案和档案工作，推送最新档案信息，促进档案机构与公众的交流。微博相对于微信和档案网站，与用户的交流和互动特征更明显，因而更应该注重档案微博与档案用户的信息反馈。具体来说，可分为事前反馈、事中反馈和事后反馈。事前反馈就是档案微博在发布微博之前就应该预想到微博发布后会产生的影响，如湖南省档案馆4月21日发布的津市市档案馆为参保群众服务的微博，就应该积极做好公众到馆查档的相应准备工作。事中反馈应该是档案微博提供信息服务时，关注留意用户对微博的查看评论或回复转帖等行为，及时回复用户的提问和评论，有效地与用户交谈和沟通，针对档案信息服务过程中设计的问题及时做出改善和相应的调整。事后反馈是指档案机构应以一定的时期为界限，全面分析和总结档案微博提供的档案信息服务，如发布微博的主题情况的统计，公众参与度的研究，分析对比出用户感兴趣的或有实际服务价值的主题和热点，还可制作简洁实用的调查问卷，并以私信的方式发放给关注的用户，明确今后档案公共服务的重点和走向。总之，档案微博的设置应是加强与用户的沟通反馈，为档案网站服务、为档案馆服务的。

（三）档案网站的综合性与服务性

档案网站涵盖的信息较全面，给人的感觉是较权威，除提供常规性的政务公开信息、馆藏信息外，还应该提供各种具体的档案查询和利用服务、特色化的档案信息服务等。内蒙古档案信息网的3D展厅功能可谓是别出心裁，十分先进。该功能能够将内蒙古自治区内部结构全方位展示，档案局大厅、档案陈列室、档案展览室的分区都清晰可见，网站浏览者可以跟随网站地图和鼠标在线游览档案馆展厅，还可以点击鼠标查看展览内细节、前言图片等，极具人性化和个性化色彩，给人身临其境之感，做到了使公众足不出户就可参观档案馆。上海市档案信息网的开放式档案一站式查询，重庆市档案信息网的全国档案共享都有着明确的查档性质。档案网站的建设应该有明确的功能定位，能够使公众很快发现网站主要提供的特色服务。档案网站在一定程度上是档案机构的"门面"，网站内容应该力求全面和准确，切切实实为公众在线查档、提供利用、解决问题的服务。

三、完善档案公共服务制度体系

不以规矩，不成方圆，没有规范性的制度约束，档案公共服务的能力和效果就会大打折扣。档案公共服务能力影响着档案资源价值的发挥，档案部门服务水平的高低，公众对档案部门及档案认识得好坏。档案公共服务直接贯穿于档案和用户之间，各级政府和档案管理部门要高度重视档案公共服务的立法和制度建设工作，按照超前性、系统性和协调性要求，使档案公共服务的制度体系和相应措施上升到国家法律层面，努力形成档案公共服务工作在法治基础上述权利与义务的统一，使档案公共服务的发展指标依法得到保障和落实。通过媒介参与的档案公共服务，尽管服务的环境和方式有所改变，但为社会服务、为公众服务的使命依旧存在。为适应现阶段的新趋势，确保公众得到应有的相应的档案服务，提升档案部门的公共服务能力，制定完善的档案公共服务体系必不可少。

当前，想要真正地为公众提供完善的档案公共服务，实实在在地提升档案公共服务的能力，在服务理念上，应该树立"服务民生"、亲民、便民、利民的服务意识，对以前档案公共服务中不合理的规定加以改善。档案部门应该加快制定公众关心的、符合公众切身利益的档案公共服务制度体系，完善相应的档案服务制度，使公众了解馆藏档案资源开放的范围和方式。就档案公共服务的制度体系来说，结合大数据时代的环境，应该明确地做到以下几点：一是档案公共服务框架化：具体地提出档案公共服务应该做到的服务目标，尽最大努力满足用户合理化的档案需求。明确服务对象，规定针对档案需求应提供的档案服务的方式。二是档案公共服务的流程制度化：制定规范化的档案公共服务流程，如服务时限的确定，明确规定对于用户提出的咨询性问题和服务要求在多长时间内回复，服务人员的分工包括专人对档案网站、档案微信公众号等用户需求的服务，服务流程的规定。三是建立档案公共服务奖惩机制：建立档案公共服务监督激励机制，权责到人，可根据用户的服务反馈和档案工作人员的工作业绩对服务态度端正、工作成果突出的人员进行适当的奖励。绩效考核，合理测评，做到档案机构内部的良性竞争，激发档案工作人员服务意识。四是档案公共服务组织机构制度化：对于组织机构的设置应该遵循精简高效的原则，加强对档案工作人员的培训，提升业务能力和服务能力，尤其是加强其使用新媒体设备和利用新媒体进行档案公共服务的能力。明确专人对档案微信、档案网站、档案微博等的更新运营与维护，对于档案服务提供必要的经费支持。

完善档案公共服务制度体系，为公众提供档案服务有了明确的规定和原则，不仅提高档案部门自身的工作效率，为公众提供更高效便捷的档案服务，实现档案价值的同时有力地保护了公众的档案使用权益。大数据时代对档案公共服务制度的完善，有利于从根本上的制度层面提升大数据时代档案公共服务的能力。

总之，档案作为珍贵的原始记录，面向公众社会服务是它的责任和使命。档案公共服务水平关系重大，近年来，国家层面对档案公共服务越发重视，大数据时代的快速发展为档案公共服务提供了一个很好的契机。借助新媒体推进档案公共服务促进了服务方式的革新、受众范围的扩大、信息的共享。档案微信、档案微博、档案App等在现实生活中发挥着重要的作用，然而在实际工作中，档案公共服务的推进与新媒体的结合还是存在一定的问题，如新媒体运用水平在档案公共服务中参差不齐，反馈机制不畅通，信息的碎片化趋势明显。应当充分把握大数据时代推进档案公共服务的优势，针对大数据时代结合档案公共服务存在的问题，提出有效的提升大数据环境下档案公共服务能力的方法，尤其应该注重新媒体个性化服务平台的建设，辅之以完善的档案公共服务制度体系。大数据环境下档案公共服务能力的提升需要长期坚持，不能一蹴而就。

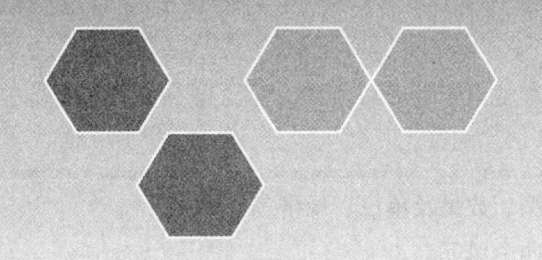

第九章 医院档案实务

第一节 档案的著录标引及检索

一、档案著录

（一）档案著录的含义和作用

档案著录是指在编制档案目录时，对档案的内容和形式特征进行分析、选择和记录的过程。内容特征是指档案的主题，表现为档案的分类号、主题词、摘要等；形式特征是指档案的标题、作者、形成时间、档号、文种、载体等。

著录是形成档案目录的基础。档案目录是按照一定的顺序排列的，指出案卷或文件的内容和形式特征以及存址，供人们查找的名目，如案卷目录、卷内文件目录等。

档案目录本身是一个档案信息线索查寻体系，它是由许多档案条目组成的。档案条目是组成档案目录的基本单元，它是对单份文件或案卷的内容和形式特征所做的一条记录。而档案条目又是由著录项目组成的，每一个著录项目都揭示了档案内容或形式方面的一个特征。

（二）档案著录规则

为了保证档案著录方法的规范，我国制定并颁布了《中华人民共和国档案行业标准——档案著录规则》（以下简称《档案著录规则》），作为档案著录的应用标准。这个规则主要包括如下内容。

1. 著录项目

著录项目是指用以揭示档案的内容和形式特征所需要的记录事项。根据《档案著录规则》，档案著录项目包括以下各项：

题名与责任说明项，该项包括正题名、并列题名、副题名及说明题名文字、文件编号、责任者、附件六个单元。

稿本与文种项，该项包括稿本和文种两个单元。

密级与保管期限项，该项包括密级、保管期限两个单元。

时间项。

载体类型及形态项，该项包括载体类型、数量及单位、规格三个单元。

附注与提要项，该项包括附注、提要两个单元。

排检与编号项，该项包括分类号、档案馆代号、档号、缩微号、电子文档号、主题词或关键词六个单元。

在这些项目中，正题名、责任者、时间、分类号、档号、缩微号、电子文档号、主题词或关键词为必要著录项目，其余为选择著录项目。

2. 标识符号

标识符号是表示不同著录项目和著录含义的标志。根据《档案著录规则》，著录项目和一些特定的著录内容使用标识符号，而不是传统的文字指示的表示方式。指明各著录项目、单元及内容的标识符号及其位置如下所述：

"—"置于下列各著录项目之前：稿本与文种项、密级与保管期限项、时间项、载体类型及形态项、附注项。

"="置于并列题名之前。

"："置于下列各著录单元之前：副题名及说明题名文字、文件编号、文种、保管期限、数量及单位、规格。

"/"置于第一责任者之前。

"；"置于多个文件编号或多个责任者之间。

"，"用于相同职责、身份省略时的责任者之间。

"+"置于每一个附件之前。

"[]"置于下列著录内容的两端：自拟著录内容、文件编号中的年度。

"（ ）"置于下列著录内容的两端：责任者所属机构的名称、责任者的真实姓名、责任者职责或身份、外国责任者国别及姓名原文、中国责任者的时代，以及历史档案中的朝代纪年、农历、地支代月、韵目代日转换后的公元纪年。

"？"用于表示不能确定的著录内容，一般与"[]"号配合使用。

"–"用于下列著录内容之中：日期起止、档号、电子文档号、缩微号的各层次之间。

"…"用于表示节略内容。

"□"用于表示每一个残缺文字和未考证出时间的每一数字。未考证出的责任者及难以计数的残缺文字用三个"□"号表示。

3. 著录格式

著录格式是著录项目在条目中的排列顺序及表达方式。《档案著录规则》规定，一般始用段落符号式的条目格式，实际工作需要也可以使用表格式条目格式。

段落符号式是指将著录项目分为若干段落，每个项目之间用符号分开的著录格式。在这种格式中，每一著录项目的字数不受限制。

使用表格式条目时，其著录项目应与段落符号式条目相同，排列顺序亦可参照段落符号式条目。

采用"段落符号式"卡片著录，卡片的规格为12.5cm×7.5cm；著录时，卡片四周均应留出1cm空隙。如果卡片正面未著录完，可在背面接续著录，并在正面右下角采用"（接背面）"的方式加以注明。

4. 著录用文字和著录信息源

《档案著录规则》要求：著录时使用的文字必须规范化。汉字必须是规范化的简化汉字；外文与少数民族文字必须依照其书写规则。文件编号项、时间项、载体类型及形态项、排检与编号项中的数字一律使用阿拉伯数字。图形及符号应照原文著录，无法照原文著录的可改为其他形式的相应内容，并加"[]"号标识。

档案著录的信息来源于被著录的档案。单份文件或一组文件著录时主要依据文头、文尾；一个或一组案卷著录时，主要依据案卷封面、卷内文件目录、备考表等；被著录档案本身信息不足时，可参考其他有关档案材料。

5. 著录级别

按照《档案著录规则》，档案著录级别可以是单份文件、一组文件、一个案卷或一组案卷。一般说来，档案室（馆）对价值较大或珍贵档案应主要采用文件级著录，辅之以案卷级、一组文件或一组案卷的著录。对于内容比较单一的案卷，可以采用案卷级著录；对于反映同一问题的案卷以及由内容基本相同的文件组成的案卷，可以以一组文件为单位著录；对于相同题名的若干案卷，可作为一组案卷著录。

（三）著录项目细则

1. 题名与责任者说明项

题名又称标题，是表达档案中心内容、形式特征，并使其个别化以区别于其他档案的名称；责任者是指对档案内容的创造负有责任的团体或个人。

正题名：是档案的主要题名，一般指单份文件文首的题目和案卷封面上的题目。正题名照原文著录，题名中的各种符号亦不应遗漏。单份文件无题名的，依据其内容拟写题名，并加"[]"号。单份文件的题名不能揭示其内容时，原题名照录，并根据其内容另拟题名附后，加"[]"号。例如："通告[××县人民政府关于春季封山育林的通告]"。

并列题名：是指以第二种语言文字书写的与正题名对照并列的题名，必要时并列题名与正题名一并著录；并列题名前加"="号。

副题名及说明题名文字：是指解释或从属正题名的另一题名。必要时照原文著录，其前加"："号。例如："加强档案馆工作建设，为四化服务：××同志在全国档案馆工作会议上的报告说明。"题名文字是指在题名前后对档案内容、范围、用途等的说明文字，必要时照原文著录，其前加"："号。例如"：根据录音整理，未经本人审阅"。

文件编号：是文件制发过程中由制发机关或个人赋予的顺序号，包括发文字号、科技实验报告流水号、标准规范类文件的统编号、图号等。文件编号照原文字和符号著录，其前加":"号，例如":中发[1980]1号"、":J6-021-001"。联合发文有多个文件编号时，一般著录立档单位的文件编号。

责任者：当责任者只有一个时，照原文著录，其前加"/"号，例如："/山西省劳动局"。责任者有多个时，著录列居首位的责任者；立档单位本身是责任者的必须著录，其余的视需要著录。责任者之间以"；"号相隔，例如："/国家计委；财政部；商业部等"。职责或身份相同的责任者之间用"，"相隔，例如：中共北京市委办公厅，北京市人民政府办公厅"。

少数民族个人责任者称谓各民族有差异，应按少数民族的署名习惯著录。

外国责任者应著录各个历史时期易于识别的国别简称，其后著录统一的中文姓氏译名，必要时著录姓氏原文和名的缩写。国别、姓氏原文的缩写前均应加"0"号，例如："（美）尼克松"。

文件个人责任者为别名、笔名时，均照原文著录，但应将其真实姓名附后，并加"/"号，例如："/胡服（刘少奇）"

未署责任者的文件，应著录根据其内容、形式特征考证出来的责任者，并加"[]"号；经考证仍无结果时，以三个"□"代之，著录为"□□□"。

2. 稿本与文种项

稿本是文件的文稿、文本、版本的名称，依实际情况著录为正本、副本、草稿、定稿、手稿、草图、原图、底图、蓝图、原版、修订本、影印本等，其前加"—"号。

文种是指文件种类的名称。文种依实际情况著录为命令、决议、指示、通知、报告、批复、函、会议纪要、原始记录、说明书、协议书、鉴定书、任务书、判决书、国书、照会、诰、敕、奏折等，其前加":"号。

3. 密级与保管期限项

密级是指文件的机密程度，依国家标准《文献保密等级代码与标识》（GB/T7156-2003）划分为公开、国内、内部、秘密、机密、绝密六个级别。密级一般按文件形成时所定密级著录，公开、国内两级可不著录；对已升、降、解密的文件，应著录新定密级，其前加"—"号。

保管期限一般按案卷组成时所定保管期限著录，其前加":"号；对已更改保管期限的案卷，应著录新定保管期限。

4. 时间项

时间项视不同著录对象，分为文件形成时间和文件起止时间，其前均加"—"号。以单份文件为对象著录一个条目时，著录文件形成时间；以一组文件、一个案卷、一组案卷为对象著录一个条目时，著录文件起止时间，其中最早和最迟形成的文件时间之间用"—"号连接。

时间一律用八位数字表示：第一位至第四位数表示年，第五位至第六位数表示月，第七位至第八位数表示日，例如："20030501"。

5. 附注项与提要项

附注项是著录各个项目中需要解释和补充的事项，依各项的顺序著录。项目以外需要解释和补充的列在其后。附注项前加"—"号；每一条附注间均以"，—"号相隔。

提要项是对文件和案卷内容的简介和评述，应力求反映其主要内容和重要数据，一般不超过200字。

6. 排检与编号项

排检与编号项是目录编排和档案室（馆）业务注记项。

分类号依据《中国档案分类法》和《中华人民共和国国家标准档案分类标引规则》的有关规定著录，置于条目左上角第一行。

档案馆代码依据《编制全国档案馆名称代码实施细则》所赋予的代码著录，置于条目右上角第一行。档案馆代码在建立目录中心或报道交流时必须著录。

档号是指档案室（馆）在整理或管理档案的过程中对档案的编号，通常包括全宗号、案卷目录号、案卷号、件号或页号。某些科技档案可著录有检索意义的专业号、工程号、专题号、产品型号等编号。档号著录于条目左上角第二行，与分类号齐头，各号之间用"-"号相隔，例如：21-3-57-6。

电子文档号是档案室（馆）管理电子文件的一组符号代码，著录于条目第二行的中间位置。

缩微号是档案缩微品的编号，著录于条目右上角第二行，与档案馆代码齐头。

主题词或关键词：主题词是揭示档案内容的规范化名词或词组；关键词是揭示档案内容的未经规范的词语。主题词参照《中国档案主题词表》《文献主题标引规则》及本专业、本单位的规范化词表进行标引。

主题词或关键词著录于附注与提要项之后，另起一行齐头著录；各词之间空一格，一个词不得分为两行。

二、档案标引

档案标引是指在档案著录中对档案内容进行分析和选择，并赋予其规范化检索标识的过程；标引的目的是提供检索途径。

档案标引包括分类标引和主题标引两种类型；其中赋予分类号标识的过程为分类标引；赋予主题词标识的过程为主题标引。

（一）档案标引的标准文件

1.《中国档案分类法》

《中国档案分类法》主要用于档案分类标引和组织档案分类目录，它适用于我国各个历史时期所形成的各类档案。其体系结构包括如下几个部分：

编制说明：是对分类法进行基本的、全面的介绍。它包括编制目的和适用范围、编制原则、基本类目的设置及次序安排的理由、对各种分类问题的处理方法、标记符号、注释以及分类法的管理等。

"中华人民共和国档案分类表":适用于类分1949年10月1日中华人民共和国成立以后形成的档案,由主表和辅助表(综合复分表、世界各国和地区表、中国地区表、中国民族表以及科技档案复分表等)组成。

"新民主主义档案分类表":适用于类分中国共产党领导的新民主主义革命斗争时期形成的档案,由主表和辅助表(综合复分表)组成。

"民国档案分类表":适用于类分1911年至1949年民国时期形成的档案,由主表和辅助表(综合复分表、民国时期世界各国和地区表、民国时期行政区划表、民国时期民族表)组成。

"清代档案分类表":适用于类分清代档案,其一级类目还适用于类分清代以前各历史时期的档案。分类表由主表和辅助表(清代档案综合复分表、清代时期世界各国和地区表、清代行政区划表)组成。上述四个分类表的结构大致相同,由基本大类、主表所组成。例如:"中华人民共和国档案分类表"设有19个基本大类,涵盖53个专业,类目总量达10万余条。主表是分类表的主体,是档案分类的细目。在主表中,各个大类一般都设立四级类目,有的还设立了五级类目,个别的只设立了三级类目。

《中国档案分类法》采用汉语拼音字母和阿拉伯数字相结合的混合号码制;用一个字母表示一个基本大类,根据需要有些二级类目采用了双字母制。

在字母之后采用了阿拉伯数字表示下属类目的划分并顺序编号。数字的数位一般表示类目的级位,基本上遵循层累制的编号原则。

为了使号码适应类目设置需要,在号码的配备上采用了两种办法。第一,当同位类目超过10个并在16个以内时,采用八分制,即同一类目的号码由1到8,以后用91、92直到98。号码设置一般不用第二,当同位类目超过16个时,为避免号码冗长,采用双位制表示各同位类,即用11、12直到19,再从21、22直到29,以此类推,可以容纳81个同位类。在编号时,应注意为以后扩充类目留有一些空号。

2.《中国档案主题词表》

《中国档案主题词表》是一部由反映档案内容的主题词和词间关系组成的规范化词典,共收录主题词25891条,其中正式主题词21785条、非正式主题词4106条。它是进行档案主题标引和主题检索的词语控制工具,主要供档案部门及文书处理部门标引和检索档案、文件、资料之用。这部词表具有比较突出的专业性,在揭示档案、文件的主题内容上具有较强的表达能力。该词表对科技档案中的专业词汇收录较少,明清时期的专业名词基本未收。专业主管机关的档案部门可参照该表体例,编制各专业的档案主题词表。

《中国档案主题词表》的体系结构。《中国档案主题词表》主要由主表及其词族索引、范畴索引、首字笔画检字表和附表、附录组成。

主表的基本单元是主题词款目,由款目主题词及其汉语拼音、范畴号、注释、词间关系项等组成。款目主题词依照首字音序、调序结合汉字字型笔画排列，款目主题词首字相同者依第二字音序、调序、字形笔画排列，以此类推。

注释是对主题词所做的简要说明，分为限定注释和含义注释两种类型。限定注释指明该主题词的使用范围，用圆括号注在款目主题词之后，作为该主题词的组成部分；含义注释是说明该主题词的特定内容，用圆括号注在款目主题词之下，不作为主题词的组成部分。

范畴号是款目主题词的范畴分类类目代号，标识于款目主题词的右侧。通过范畴号可以在范畴索引中查寻与该主题词同属一类的有关主题词。词间关系又称参照系统，用来说明款目主题词在语义上的等同关系、属分关系和相关关系。词族索引是将主表中具有属分关系、包含关系和整体部分关系的正式主题词按规定属分级别展开全显示的一种词族系统。这种索引是在标引和检索中提供查词和选定标引词辅助工具，在机检系统中是实现自动扩检、缩检、上位词登录及满足族性检索的重手段。

范畴索引是将主表中的全部主题词按照既定的类目分类排列以便按类查词的一种辅助工具。《中国档案主题词表》的附表包括人名表和机构名表两种，收录的是人名和机构方的词目。设置附表的目的：一是控制主表的词量；二是方便利用者查找人物和机构方面的主题词。

《中国档案主题词表》的附录包括《档案著录规则》《中国历史纪年表》《韵目代日表》《干支次序表》和《化学元素周期表》，供标引、检索档案时使用。

《中国档案主题词表》的使用方法如下所述：

按汉语拼音音序、调序、字形笔画参照天头提示，从主表或附表中查找标引用主题词，或按笔画笔顺从词目首词笔画检字表中检出主题词的首字，再按该字所在的页从主表中查找标引用的主题词。

按分类类目从范畴索引中查找标引用的主题词，必要时再从主表中查阅该词的间关系项，以选定更恰当的主题词。

所选词是主表、附表或范畴索引中标明属非正式主题词者，应转换为正式主题作为标引词。

在主表中查到的主题词，如果不能恰当反映文件主题，可参考该词的词间关系进行校正，也可按该词的范畴号或族首词在索引表中查选更恰当的词。

从词族索引中查找属性相同的一族词，从中选定最专指的主题词。必要时，再从主表中查阅该词的其他词间关系，以定更恰当的主题词。

应用计算机进行标引、检索时，可利用计算机机读主题词表中的词族索引进行上位登录和自动扩检、缩检，以提高标引速度和查全率、查准率。

（二）档案标引的步骤与方法

档案标引步骤主要包括主题分析和概念转换两个方面。档案分类标引和主题标引都要按这两个步骤进行。

1. 主题分析

主题分析是确定被标引档案主题概念的过程。正确的主题分析是保证档案标引质量的重要因素；主题分析的误差必然会导致检索标引的误差，从而直接影响档案的检索效果。

主题的类型。主题分析的主要内容是确定主题的类型和构成因素。主题的类型依据档案的内容可以分为单主题和多主题。单主题是指一件（卷）档案只表达一个问题。根据主题概念语义性质的不同，单主题中又分为单元主题和复合主题。单元主题是指用一个单元词即可表达的主题，如《关于聘任的若干规定》，用"聘任"一个单元词即可表达其主题。复合主题又称多元主题，是指用若干个单元词组配或直接采用复合词表达的主题，如《中国人民银行调整储蓄利率的公告》，需要用"储蓄"和"利率"两个单元词组配才能表达其主题。多主题是指一件（卷）档案记述两个以上的问题，需要分别给予标引。

主题分析的步骤和方法。档案主题是通过对文件的内容和形式特征的分析而得到的，内容特征是其根本依据，形式特征是其辅助依据。采用主题分析的步骤和方法是：第一，阅读与理解文件或案卷标题。文件或案卷标题是其形成者或整理者对其内容的概括，一般能够反映其主题。但也有些文件或案卷的标题对其主题揭示得不够准确或不够完整。因此，文件或案卷标题是主题分析的重要依据，但不是唯一根据。

第二，阅读文摘、简介、前言、领导人批语等，从中往往可以发现标题中未予表达的内容；但不是所有文件都有这些组成部分。

第三，浏览正文。通过浏览正文可以了解文件的大致内容，对于揭示文件主题特别是揭示隐含的主题具有重要作用。一般情况下，除了内容单纯明确的文件之外，仅依据标题来确定文件主题是不够的，还需要浏览正文才能确定。

第四，查阅文件的外部特征，如作者、时间、密级等，有助于明确文件的形成背景和作用范围，对确定文件主题具有一定的帮助。

在主题分析时，不仅要分析档案本身的特征，还要注意考虑利用者的需求方向和查寻角度，使确定的主题因素尽量与利用者的需要吻合。

2. 概念转换

在确定了文件的主题概念之后，我们应将其转换为检索语言，并且做出标引。

分类标引概念转换的基本做法是：根据主题分析的结果，查找档案分类表，将相应类目的分类号作为检索标识，标于著录的条目之上。

主题标引概念转换的基本做法是：根据主题分析的结果，查找主题词表，将相应的主题词作为检索标识，标于著录的条目之上。对单主题文件的概念转换，只要赋予相应的一个分类号或一至若干个主题词标识即可；对多主题文件则需要先分解为单主题，再分别赋予其分类号，或再采用主题词分组组配的标识方式。

3. 审校

审校是标引的最后一道程序，是确保标引质量的重要环节。审校的内容包括：

档案的主题是否提炼得准确全面；主题概念是否准确恰当；是否遗漏了隐含的主题；所标主题是否具有检索意义。

是否存在过度标引或标引不足的问题。

分类标引是否符合分类标引规则；主题标引是否符合主题标引规则和组配规则。

标引的类号、主题词是否充分、完整、准确，书写是否正确无误。

对同一主题的标引是否前后一致。审校的程序分为自校、互校和总校。

自校：标引人员对自己的标引结果进行校对，发现主题分析有误、归类不当、前后不一致、符号错误等，及时纠正。

互校：标引人员对标引结果互相进行校对，纠正因个人理解不同而引起的错误，保持不同人员标引的一致性。

总校：在自校、互校后，必须选派熟悉业务、通晓目录工作的人员担任总校。通过总校，可以进一步消除档案主题分析与标引过程中的误差，保证标引工作的整体优化；同时，可以对标引工作中所遇到的问题进行综合分析，统筹考虑合理的解决方案。

三、档案检索工具的种类

（一）按编制体例分

1. 目录

是指将通过档案著录标引工作编制成的条目按照一定的次序编排而成的检索工具，如分类目录、主题目录、专题目录等。

2. 索引

是指将档案的某一内容或外部特征及其出处按照一定的原则和方法排列而成的检索工具，如人名索引、地名索引、文号索引等。

索引与目录没有严格的界限，一般说来，目录是对档案内容和形式特征进行全面、系统的著录，项目比较完整；索引则是对档案中的某一部分特征进行著录，如文件中涉及的人名、地名等，著录项目比较简单，有的只有名称（人名、地名、文号）及出处（档号）两个项目。

3. 指南

指南是以文章叙述的方式综合介绍档案情况的一种检索工具，如全宗指南、专题指南、档案馆指南。

（二）按检索范围分

1. 全宗范围的检索工具

即以一个全宗的档案为著录或介绍对象的检索工具，如案卷目录、案卷文件目录、全宗指南等。

2. 档案馆范围的检索工具

即以一个档案馆全部档案为著录或介绍对象的检索工具，如全宗目录、分类目录、主题目录、档案馆指南、人名索引、地名索引等。

3. 专题范围的检索工具

即以档案馆内有关某一专题的档案为著录或介绍对象的检索工具，如专题目录、专题指南、专题性人名索引和地名索引等。

4. 若干档案馆范围的检索工具

即以全国或某一地区若干个档案馆内的全部或某一专题的档案为著录或介绍对象的检索工具，如综合性或专题性联合目录、馆际档案史料指南等。

（三）按功能分

1. 馆藏性检索工具

馆藏性检索工具是反映档案实体整理体系及其相互关系的检索工具，如案卷目录、全宗目录、案卷文件目录等。馆藏性检索工具的主要功能是：固定和反映档案整理顺序，帮助档案管理人员了解和分析馆藏情况，便于按照档案整理顺序查找档案。其缺点是：目录组织方式受档案整理顺序的限制，检索途径单一；检索范围一般不能超出一个全宗，检索深度不够。

2. 查检性检索工具

查检性检索工具是脱离档案实体排列顺序，从档案的某一内容或形式特征的角度来提供检索途径的检索工具，如分类目录、主题目录、专题目录、人名索引、地名索引、文号索引等。查检性检索工具的主要功能是：建立多种检索标识，提供多种检索途径；可以打破全宗、案卷等档案实体管理的界限进行检索；可以选择多种检索深度。

3. 介绍性检索工具

介绍性检索工具是指以文章叙述的形式介绍和报道档案内容及其有关情况的检索工具，如全宗指南、专题指南、档案馆指南等。介绍性检索工具通常不记录档案的检索标识，不建立排检项目，因此，它不能起到直接检索档案的作用，只是一种间接性的检索工具。介绍性检索工具的主要功能是：全面概括地介绍档案的情况，客观评述档案价值，发挥宣传报道的作用，向利用者提供一定的档案线索。

（四）按载体分

1. 卡片式检索工具

卡片式检索工具是以单张卡片为单位，每张卡片上著录一个条目，并将卡片按照一定顺序排列成查找体系的检索工具。其主要优点是具有较大的灵活性，便于增减条目和调整条目之间的顺序；利用其各个条目相对独立的特点，可以编制其他形式的检索工具；由于卡片纸质较好，比较耐翻检。其主要缺点是：卡片数量和体积较大，不便于管理；不便于传递和交流，一般只适用于在档案室（馆）内使用；手工检索速度较慢；成本较高。

2. 书本式检索工具

书本式检索工具也称簿式检索工具，是将著录条目连续排列并装订成册的检索工具。其主要优点是：体积小，便于管理；可以出版，便于各档案室（馆）之间进行交流和馆外查询；编排紧凑，便于阅读；手工检索速度较快；成本较低。其主要缺点是：缺乏灵活性，编制完成后不便于增减条目和调整条目之间的关系。

3. 缩微式检索工具

缩微式检索工具是以缩微摄影方式制作的以胶片为载体的检索工具。这种检索工具用于手工检索时可使用缩微阅读器放大阅读，也可用于计算机检索。缩微式检索工具的主要优点是：密集存储，节约空间；体积小，便于携带和交流，便于复制；耐久性较好，便于长期保存和使用。

4. 机读式检索工具

机读式检索工具是以数码形式存储在磁性材料上，供计算机识读的检索工具。其主要优点是：存储密度高，检索速度快，可以进行多种途径的检索。

5. 网络检索工具

网络检索工具是档案馆在互联网上公布档案馆开放档案目录而形成的检索工具。目前，我国许多省级档案馆在互联网上建立了馆藏开放档案的目录检索系统。这种检索工具的最大优点是，用户在任何时间、地点，利用任何一台联网的计算机就可以查询已经上网的档案馆的目录，并且还可以向档案馆预约查阅原件的时间，极大地方便了档案用户。

四、常用检索工具的编制方法和使用

（一）案卷文件目录

案卷文件目录也称为"卷内文件目录汇集"或"全引目录"它是将一个全宗内的案卷目录和卷内文件目录汇编成册，使每一案卷中所包含的文件标题都在目录中反映出来，兼有案卷目录和卷内文件目录的双重功能。案卷文件目录使馆藏性目录实现了对案卷和文件的配套检索。编制案卷文件目录的方法是：将案卷目录和卷内文件目录依次打印，复印剪切后装订成册，或者利用计算机编辑整合即可。案卷文件目录是书本式检索工具。

（二）分类目录

分类目录是根据分类法的原理，以分类号为排检项，依据《中国档案分类法》的体系组织起来的一种检索工具。分类目录的主要特点是系统地揭示档案的主题内容，具有较强检索的功能。目前各档案室（馆）的手工检索分类目录大多采用卡片式。编制卡片式分类目录的基本方法如下所述。

1. 填制卡片

应根据《档案著录规则》的有关规范和档案标引的有关要求在卡片上进行著录和标引；可以采用一文一卡、一卷一卡、多文（卷）一卡等多种形式。当一件（卷）档案需标引多个分类号时，应对该档案分别填写多张卡片。

2. 排列

卡片填写完毕后，需要对其进行系统排列，排列方式应以《中华人民共和国档案分类表》为准。一方面，记录不同历史时期档案信息的卡片应分别排列；另一方面，一个档案室（馆）中，记录同一时期不同种类档案信息的卡片应统一排列，构成一个完整的分类体系。

排列时，应按分类号的顺序逐级集中卡片。具体做法是：先按字母顺序排列，同一字母的卡片集中排放在一起，然后再逐级按阿拉伯数字的大小排列；类目排列顺序应与《中华人民共和国档案分类表》相一致。

在同一类目内，卡片的排列顺序可以根据档案以及利用特点采用不同的做法，但在一个档案室（馆）内应保持方法的一致性。常见的排列方法有按年度、发文级别、责任者、时间、地区、全宗等。

3. 设置导卡

将全部分类卡片排列完毕后，由于卡片的数量大，为了便于查阅，需要在卡片盒中设置导卡。导卡也称指引卡，是一种上端带有耳状突出处的卡片，使用时在突出处标明各类目的分类号和类目名称，便于检索者迅速准确地查找到所需卡片。

4. 编制分类目录说明

分类目录说明是对本档案室（馆）分类目录的介绍，由两部分组成：第一部分是分类一览表，即将档案室（馆）分类目录中所包括的类目按分类表体系顺序列出；第二部分是类目说明，即将归类原则以及每一类中档案的内容加以概要的介绍，特别要对交叉类目以及一些经过特殊归类处理的类目进行说明，以便于使用者了解类目的含义。

（三）主题目录

主题目录的编制方法是：根据主题法的原理，对文件进行主题分析，确定主题概念，然后将其转换为规范的主题词，并标明文献出处的一种目录。主题目录可以采取按字顺排列的方法组织。主题目录的主要特点是能够集中地揭示有关同一事物的档案的内容，具有较好的特性检索功能。主题目录的优势在计算机检索中可以得到充分的发挥；将每份文件的主题词输入计算机后，能够以任何一个词作为检索项，查检出有关该主题词的全部文件。

（四）专题目录

专题目录是集中、系统地揭示档案室（馆）有关某一专门事务、专门内容档案的检索工具。专题目录多采用卡片式，其编制方法如下所述。

1. 选题

在编制专题目录时必须要进行选题，以保证编制出的专题目录针对性强、查检频率高。选题的原则是：第一，选择能够反映馆藏特色，并具有一定研究意义的专题。因为这类专题比较受利用者的欢迎，有较高的利用率；第二，不能选择与分类目录重复的专题，避免造成浪费。

2.选材

专题目录是跨越全宗界限的检索工具，在提取信息时会涉及许多的全宗和类别。因此，需要对材料进行选择，以确定著录的对象。首先，要根据专题的内容详细地了解和确定与专题有关的全宗、类别、时间所涉及的档案的范围；其次，将有关的案卷调出直接阅读，逐卷逐件地挑选具有查考利用价值的档案作为著录对象。在选材时，范围可以适当放宽一些，将有关该专题的不同论点的材料尽可能收入，力求给利用者提供全面、系统、完整的材料。

3.填制卡片

填制卡片一般在选材过程中结合进行。卡片的填写形式有一文一卡、一卷一卡、多文（卷）一卡。在一个专题目录中，根据档案的情况，这三种形式都可采用。填写卡片应按全宗和类别进行，不同全宗和类别的文件或案卷不能填写在一张卡片上。

4.排列

卡片式专题目录的排列应打破全宗的界限，按卡片著录档案的内容分类来进行。具体而言，可以采用问题、时间、地区等标准将卡片分类集中。例如：对于具有明显阶段性的某一历史事件的专题，可以采用按照时间标准分类；如果事件涉及的面比较广，可以采取问题标准分类。至于类内卡片则可以按时间、级别、重要程度等排列。为了便于查找，应在类、项、目之间设置导卡。

（五）人名索引

人名索引是揭示档案中所涉及的人物并指明出处的检索工具。它是查找涉及人物档案的有效途径。人名索引的著录项目包括人名和档号两部分，两者对应，即可指出相关档案的所在；利用者通过索引的指示，便可查到记载某一人物的档案材料，人名索引可以分为综合性和专题性两种。综合性人名索引是录入档案室（馆）所藏档案中所涉及的全部人名；专题性人名索引是根据所列专题范围，如任免、奖励、处分等，录入涉及该专题的人名。实践经验显示：专题性人名索引在编制工作量和利用效率方面优于综合性人名索引，所以一般的档案室（馆）以编制专题性人名索引为宜。对于某些内容特殊的档案，如外事档案、人事档案、诉讼档案、公安档案等，由于所涉及的人名大都具有检索意义，可考虑编制综合性人名索引。人名索引可按照姓氏笔画、汉语拼音字母顺序或笔形法排列。排列时，我们应注意区分同姓名而不同人的情况，以免发生误检或漏检。

（六）地名索引

地名索引是揭示档案中所涉及的地名并指明出处的检索工具，它可以为利用者提供查询有关档案的途径。地名索引的著录项目包括地名和档号两部分，一般按照地名首字的字母顺排列。编制地名索引时，我们一定要考察清楚各个地区和机关在行政区划、名称等方面的沿革、变化情况，以免出现错误。

（七）文号索引

文号索引是揭示文号和档号之间对应关系的检索工具，它提供了按照文号查询档案的途径。

文号索引一般采用表格的形式，通常称为"文号、档号对照表"。也有的档案室编制项目比较全面的文号目录。文号索引比较适合于单位的档案室和地、县级档案馆，省级以上的档案馆一般不需编制文号索引。

文号索引应按年度、发文机关分别编制，即将同一年度、同一发文机关文件的文号与档号编制成一张表，然后将所有的表装订成册，就成为一个档案室（馆）的文号索引。

（八）全宗指南

全宗指南又称全宗介绍，是以文章叙述的形式揭示和介绍档案室（馆）收藏的某一全宗档案的内容、成分和价值的一种工具书。全宗指南的主要作用是介绍和报道某一全宗的基本情况，如立档单位的历史、全宗的形成历史、全宗的内容和成分等，从而使档案利用者和管理者能够比较全面地了解有关全宗的情况，提供查询档案的线索。全宗指南的内容如下所述。

1. 立档单位的简要历史

立档单位的简要历史包括：立档单位成立的历史背景，成立的时间、地点，单位的名称、性质、职能、职权范围、隶属关系、内部组织机构设置，立档单位经历的重大事件；如果是撤销机关，还应写明机关撤销的原因和时间。

2. 全宗简要情况

全宗简要情况包括：全宗内档案的起止日期、来源、案卷数量、种类、主要内容、完整程度，档案的接收、整理、鉴定、保管、利用及检索工具的种类等。

3. 全宗内档案内容和成分的介绍

全宗内档案内容和成分的介绍是全宗指南的主体，在介绍时，我们应该依照全宗档案的整理分类体系进行。例如：全宗内档案如果采用组织机构分类法，可按照组织机构的顺序逐一介绍档案的内容和成分；如果采用问题分类法，则可按问题的顺序逐一介绍档案的内容和成分。

档案内容和成分介绍的目的主要是指明档案的来源、内容、形成时间、可靠程度、利用价值等。介绍时原则上以案卷为单位，介绍方法主要有以下三种：第一种，简要介绍。即对案卷的内容综合概括地介绍；其特点是篇幅简短，编写迅速，阅读方便，但是内容比较粗略。这种方法比较适合于那些具有一般价值的全宗。第二种，详细介绍。即对每一个案卷作具体详细的介绍，可以注明出处等；其特点是提供情况全面、详尽，篇幅较大，编写周期较长。这种方法比较适合于具有重要价值而案卷数量又不太多的全宗。第三种，重点与全面相结合的介绍。即对于全宗内价值一般的案卷做简要介绍，而对重要的案卷或文件做比较详细的介绍。这种方法兼有上述两种方法的优点，适用范围较广。

4. 全宗指南的辅助工具

为了便于利用全宗指南，可以编制人名索引、地名索引、目次、机关简称表等，作为辅助工具提供给利用者参考。

（九）专题指南

专题指南又称专题介绍，是按照一定的题目，以文章叙述的形式揭示和介绍档案室（馆）收藏的有关该题目的档案内容、成分的一种工具书。编写专题指南可以在专题目录的基础上进行，这样既便于编写，又便于利用者将两者结合起来查阅。专题指南的选题原则与专题目录相同，其基本结构如下所述。

1. 序言

序言是对所选题目的含义、意义、选材范围、档案价值以及编写方法等的概要说明。

2. 档案内容和成分的介绍

这是专题指南的主体部分，主要介绍档案的来源、内容、起止时间、种类、价值等方面的情况。以专题目录为基础编写的指南，可以按照目录所划分的类别分别介绍，叙述方法可采用简要介绍、详细介绍和重点与全面相结合的方法。

3. 附录

当需要时，可以编制全宗名单、人名索引、地名索引等作为附录，以供参考。

五、建立档案检索体系

档案检索工具的种类很多，每一种检索工具都有自己的特点，在功能上既有互补性，也有重复性。因此，档案室（馆）不需要配齐所有的检索工具，而应根据自身的实际需求，充分利用档案检索工具之间的互补性建立检索体系，这样才能高效率地构建完备的检索途径。档案室（馆）要建立合理的检索工具体系，应符合以下基本要求。

（一）保证有一定数量和种类的检索工具

通常一种检索工具只能提供一种检索途径，满足一种类型的检索需求。为了满足利用者动态的、多方位的检索需求，档案室（馆）需要配备一定数量和种类的检索工具，进行检索工具体系建设。

（二）充分利用检索工具的互补性

在建立检索工具体系时，不能单纯地追求种类的多样化，而应着眼于功能的齐全。因此，对功能上比较接近或部分甚至全部功能可以替代的检索工具，就应该避免重复设置，而应该将互补性作为选择检索工具的条件。

（三）检索工具的设置应与利用需求相吻合

在编制档案检索工具、建立检索体系时，应该考虑大多数利用者的需求，以较为普遍的利用需求和查询规律为依据来设置检索工具，而不必为极少数利用者特殊的查询角度编制专门的检索工具。

（四）馆藏性、查检性、介绍性检索工具并举

在一个档案室（馆）的检索体系中，应同时具有馆藏性、查检性、介绍性检索工具，三者不可偏废。馆藏性检索工具是档案室（馆）必备的检索工具，此外，还需要编制查检性检索工具和

介绍性检索工具,以提供比较完善实用的检索途径,满足其检索需求。

六、如何使用检索工具

在档案室（馆）建立了档案检索体系,各种档案检索工具投入使用之后,无论是档案管理人员,还是档案利用者,都需要掌握一定的利用检索工具查询档案方法,才能顺利地实现检索的目的,查找到所需的档案。

（一）档案检索（查询）的一般过程

档案检索（查询）是通过利用检索工具查检出所需要档案的过程。这一过程一般由档案利用者自己操作,有时也可以由档案工作人员协助或代为完成。

运用主题分析法,明确检索要求,即了解清楚档案利用者究竟需要什么档案,将其需求归结为明确的检索主题概念。

根据档案室（馆）检索系统的设置情况制定检索策略,也就是从利用者已经掌握的线索和档案室（馆）检索系统的情况出发,选择比较有效的检索途径,并将检索主题概念转换为检索标识。

执行检索策略,即从检索系统中进行查检。具体操作是将表达检索主题概念的检索标识与检索系统中的检索标识进行相符性比较。

根据查出的档案线索提取档案,进行甄别、筛选或利用。

（二）检索要求的类型

1. 从检索目的角度划分

检索目的是指利用者是为了解决什么问题来查询档案。利用者的具体查询目的虽然各有不同,但总的来看可以归纳为如下两种类型:

查证型检索要求。查证型检索要求是指通过档案提供证据,解决某个需要证实的情况或问题。这种检索要求的基本特点是针对性强,不可替代,只有查到所特指的原始文件才能解决问题。

研究型检索要求。研究型检索要求是指利用档案作为研究历史、总结经验、探索规律的参考资料。这类检索要求的基本特点是全面性,查询档案的范围较大。

2. 从检索对象的角度划分

检索对象是指利用者需要查检的是什么档案材料,如某一文件、事物、人物、机构、事件、地区、学科领域、工作领域等的档案。检索类型所涉及的检索范围,可以是检索对象的全部档案材料,也可以是检索对象某一部分的档案材料。研究型检索要求大多需要检索对象的全部档案材料,而查证型检索要求大多需要检索对象的某一部分的档案材料。

3. 从利用者对检索对象线索掌握的程度划分

这类大体上可以分为已经确切掌握检索对象线索的、未全面掌握检索对象线索的和对检索对象了解甚少或完全未掌握的三种情况。

（三）检索提问分析

检索提问分析是指在档案检索过程中的主题分析。其目的是调查清楚利用者究竟需要什么档案，以便正确划定检索对象和检索范围，并制定出检索策略。为了正确地进行检索提问分析，我们需要了解清楚下列问题。

1. 检索目的

查清利用者是为了查证某一事实，还是为了研究某一问题。如果是委托档案管理人员代为查询，在不影响利用者保密的情况下，提问应尽量具体。

2. 检索对象

查清利用者所需档案涉及的是某个事件、事物、机构、人物、地区，还是某个专业领域或工作领域。

3. 检索范围

查清检索对象涉及的是全部档案材料，还是部分档案材料；是什么类型的档案材料，如文书档案、科技档案、音像档案等。

4. 利用者掌握相关线索情况

了解利用者掌握了哪些有关线索，如机关的名称、沿革情况，文件的作者、标题、时间、文号，事件的时间、地点等。

（四）检索策略的制定和执行

检索策略是指在分析检索提问、明确利用需要的基础上，根据档案检索系统的具体情况制定的以书面形式表达的检索方案。检索策略的内容如下所述。

1. 确定检索范围

检索范围可以分为核心区和相关区两部分。核心区是指与检索对象关系直接，信息比较密集，必须重点检索的部分；相关区是指与检索对象有间接关系，可以对核心区档案进行补充，有助于扩大和深化对检索对象的认识的部分。

2. 确定检索路线

检索路线是指查询者为实现检索目的所可能选择的检索途径以及查询步骤。某种检索要求可能选择什么检索路线，取决于档案利用者对检索对象线索的掌握程度和档案室（馆）检索系统的设置情况。

检索路线有多条，检索时除了确定主要的检索路线外，还可以有备用的和补充的检索路线。例如：利用者需要检索一份已知文号和主题的文件，那么查阅文号索引为最佳检索路线；但是如果档案室所编制的文号索引恰恰没有收录该文件，就可以利用备用的分类目录或主题目录等进行查找。

3. 确定检索标识

检索标识需要根据选定的检索工具来确定。例如：使用分类目录，就要根据《中国档案分类法》确定分类号；使用主题目录，就要根据《中国档案主题词表》确定检索词。同时，许多查询需求的检索标识不止一个，涉及范围广的检索要求可能需要多个甚至几十个检索标识进行检索，因此，为了保证查全和查准，检索标识要设计得完整和周密。

第二节 声像档案的管理

一、照片档案的构成

照片是运用摄影技术记录人们工作活动情况所形成的图片，目前分为传统照片和数码照片。传统照片是将被拍摄物体成像于感光材料上获得的图像；数码照片则是运用计算机与数码影像技术拍摄物体获得的图像，属于电子文件。在体裁上，照片档案分为新闻照片档案、单位活动现场照片档案、自然现象照片档案、艺术照片档案等。照片档案是通过静态的形象记录活动现场的情况，保留了真切的历史画面，具有能够直观、鲜明、生动地再现历史场景的特点，在帮助人们掌握事实真相、了解历史面貌、提供法律证据等方面具有独特的作用。因此，照片档案是单位和个人记录历史活动情况的一种重要方式，在形式和内容上也成为纸质档案的一种重要的补充。

传统的照片档案主要由底片、照片、文字说明所构成。

（一）底片

底片是照片档案最原始的材料和最重点的部分，分为原始底片和翻版底片。原始底片是照片在形成过程中最初产生的底片，为防止磨损一般不外借；翻版底片是原始底片的复制品，又称复制底片，作用是保护原版底片，用于外借或补充原始底片的缺损。

（二）照片

照片是通过底片洗印而成的图片，它直接再现被拍摄物体的形象，是人们利用照片档案的主体。

（三）文字说明

文字说明是对照片的事由、时间、地点、人物、背景、摄影者等情况的简短介绍性文字，对于档案管理人员和利用者解读照片档案的内容具有重要的作用。因此，照片档案必须编写文字说明，两者相辅相成，是不可分割的整体。

作为档案保存的数码照片，在结构上除了原始的图像及其元数据外，也需要编写说明词，标明照片所反映的事由、时间、地点、人物、背景、摄影者等情况供查考。

二、照片档案的管理

（一）照片档案的收集

照片档案的收集工作应按照国家颁布的《照片档案管理规范》和有关规定，通过例行的档案接收制度和征集办法，将单位在工作中形成的和分散在个人手中的具有保存价值的照片档案集中到单位档案室和各级各类档案馆。

1. 建立照片文件归档制度

为了保证照片档案的完整和安全，应建立照片文件的归档制度，对归档范围、时间和质量要求做出专门的规定，并认真贯彻执行。

2. 明确照片档案的归档范围

照片档案的归档范围应以反映本单位工作活动，具有查考利用价值为原则，具体归档范围应是：

记录本单位主要职能活动和重要工作成果的照片。

领导人和著名人物参加与本单位、本地区有关的重大公务活动的照片。

本单位组织或参加的重要外事活动的照片。

记录本单位、本地区重大事件、重大事故、重大自然灾害及其他异常情况和现象的照片。

记录本地区地理概貌、城乡建设、重点工程、名胜古迹、自然风光以及民间风俗和著名人物的照片。

其他具有保存价值的照片。

如果是传统照片，要求底片、照片和说明文字一同归档；如果是数码照片，则要求原始图像、元数据和说明文字一同归档。

3. 档案室（馆）对照片档案的接收

档案室（馆）应按照《机关档案工作条例》和《档案馆工作通则》的规定接收照片档案。在接收照片档案时，要建立验收制度，注意检查照片的质量，尤其是对于底片应仔细检查，发现问题及时修补或进行补救。同时，为了更好地反映本地区和本单位的历史面貌，对于个人收藏或书刊、画报中的具有历史价值的有关照片，可以组织人员进行翻拍或补拍，以弥补照片档案的不足。

（二）照片档案的整理

按照《照片档案管理规范》的要求，照片档案的底片应单独整理和存放，照片和说明文字应一同整理和存放。

1. 照片档案的分类

底片的分类。底片的分类方法有三种：第一，按规格、尺寸分类；第二，按年度或历史时期分类；第三，按内容分类，如会议、活动、项目、产品、事件等。对于底片数量较少的单位，也可以不分类，按收到底片的先后顺序进行流水编号。

照片的分类。照片一般是以全宗为单位，按年度—内容／专题进行分类；有时也可以与相关的文书档案的分类方法一致。如果单位的照片档案数量较多，还可以从摄影的目的、记载的内容和表现形式等出发将照片分为记录性照片和艺术性照片。

数码照片的分类方法与传统照片的分类方法基本相同，按照年度—内容／专题／事件分类，建立文件夹。

2. 文字说明的编写

照片档案的文字说明是反映照片内容和相关情况、帮助人们利用照片的重要信息，通常应包括事由、时间、地点、人物、背景和摄影者六个要素。单张照片的文字说明置于照片的下方或左右两侧；大幅照片的文字说明可另纸书写，与照片一同保存，成套的数码照片应该编写总说明词，简要介绍活动的情况；所包括的每张照片下则需按照六个要素写明具体情境。

3. 照片档案的立卷

照片档案的案卷一般按照内容进行立卷；照片档案数量较少的单位，一年的照片也可以组合成一卷。卷内照片档案一般按照重要程度或时间顺序排列；成套的照片档案应排列在一起。

照片档案的编号方法是：案卷按顺序编制流水号码；卷内顺序编制页号；每套照片编一个总号；一套中各张分别编号；每张照片档案的底片、照片、说明词应同编一号。例如：一套照片档案的总号为15，其所含各张照片的编号依次为15-1、152、15-3……照片的分类号、底片号、参见号应在文字说明栏中注明，以便于查找。

各类别数码照片的编号宜采取总号—分号的编号方法。如上述××建筑咨询公司2006年"业务研讨会"类的照片编号为20061，"1"为总号，下个层次的文件夹依次为：2006-1-1、2006-12……2006-1-1文件夹中的每张照片的编号依次为：20061-1、2006-1-2……

4. 照片档案的编目

应按照《照片档案管理规范》的要求，填写照片档案案卷的卷内目录、卷内备考表和案卷目录。对底片进行分类、编号后，要对其进行登记。一张底片或一组底片为一个保管单位，编一个底片号。底片号按收到或发出的顺序编号。底片目录登记簿包括的项目有：分类号、底片号、照片号、简要内容、拍摄者、拍摄时间、拍摄地点、底片数量、技术状况、底片来源、收到或发出日期、备考等。

其中底片号为最重要的一个项目，它编写在胶片乳剂面的右上角。由于底片保存在纸袋中，因此，要在纸袋外面同时写明底片号。

（三）照片档案的鉴定

对于形成时间较为久远的照片档案，为了准确判定其内容、背景、人物、事件以及可靠性等，我们需要对其进行考证鉴别工作。考证鉴别的主要途径和方法有：通过文字档案和史料考证鉴别，通过调查走访考证鉴别，实地考察鉴别，以及照片之间进行比较鉴别等。

照片档案价值的鉴定，应遵循档案价值鉴定的原则和要求，参照照片形成的年代、内容、技术质量等因素来判定。

照片档案的保管期限一般划为永久或长期保存比较合适。如果某些照片的内容与本单位、本地区的工作没有直接的关系，只是用于学习、宣传、交流情况，则作为资料保存。

（四）照片档案的保护

照片档案中的底片和照片应分别存放保管；底片单独存放入底片夹，照片与文字说明一起存放。保存底片适宜的温湿度为：温度13℃～15℃，相对湿度35%～45%；保存照片适宜的温湿度为：温度14℃～24℃，相对湿度40%～60%。同时注意防火、防尘、防污染、防霉变。

为了保证照片档案的完整与安全，照片档案数量较多而有条件的单位，应按照《照片档案管理规范》建造专门的库房保管照片档案；照片档案数量较少或不具备条件的单位，也应购置专门的装具保存照片档案，并采取一定的库房温湿度控制、防尘、防污染等措施，为照片档案的安全保管创造适宜的条件。

三、照片档案的提供利用

照片档案提供利用的方式包括借阅、复制、展览与宣传、咨询、编辑画册等。其中照片档案的展览和编辑画册的方法及程序如下所述。

（一）展览

照片档案展览是指根据工作的需要，按照一定的主题，将照片档案进行系统编排、陈列，供利用者参观的一种提供利用的方式。举办照片档案的展览能够充分发挥照片形象生动、场景真实的特点，起到良好的宣传教育作用。对于照片档案，可以根据本单位的条件，与其他档案一起设立长期的展览，陈列本单位保存的珍贵照片；也可以结合本单位和本地区的现实活动，如重要纪念日、庆祝日、重要会议等，举办照片档案的展览。举办照片档案展览的程序主要有选题，选材，进行展示设计，对选用的照片进行放大、缩小、剪裁、标记、装饰等加工工作，编写前言、说明、结束语，展品布置等。

（二）编辑照片档案画册

照片档案画册是按照一定的专题，将有关的珍贵照片集中，并经系统编辑所组成的文献形式，如《毛泽东纪念画册》《北京旧城》画册等。照片档案画册既是宣传教育的一种方式，又是文化传播和交流的一种载体。编辑照片档案画册的基本程序如下：

选题。照片档案画册的选题要适合馆藏和现实工作活动的需要，具有长远的利用价值。

编制编辑方案。编辑方案的内容包括：照片档案画册的主题内容、编辑目的和要求、选材范围、人员分工、时间安排、工作步骤、质量保证措施等。编辑方案要充分征求意见，并经有关领导的审核批准。

选材。照片档案画册的选材要围绕主题，对所选的照片的价值要进行正确的判定，保证选用照片的真实、典型。

加工和编排。加工是围绕题目并根据画册的要求，对所选用的照片进行校对、编写文字说明和对标点进行考订等。

编排是指根据画册的编辑体例和设计要求，对照片逐件排列，固定照片在画册中的位置。

审校。为了保证画册内容的准确无误，应严格做好照片档案画册的审校工作。审校一般分为初步审校、全面审校和最后审校三步进行。经审校合格后照片档案画册即可出版。

四、录音、录像档案的收集

录音、录像档案目前有两种形式：一种是采用录音机和录像机在磁带上记录单位或个人现场工作活动情况所形成的档案；它在形成以后，需要利用音像视听设备才能收听和观看。另一种是采用数码录音、摄像技术来拍摄单位或个人工作活动情况，成像于磁盘上的数字化信息；它属于电子档案，需借助于计算机设备才能收听和阅览。录音、录像档案分为纪实性和制作性两种类型。纪实性录音、录像档案指在本单位工作活动过程中录制的材料。制作性录音、录像档案指经过策划、录制、编辑而有目的地制作的作品。

录音、录像档案的特点是可以再现当事人讲话、现场的各种声音，以及动态的历史活动景象，具有很强的现场感，生动、直观，因此，它是人们了解真实的历史面貌、证明历史事实的可靠凭据。

对于纪实性录音、录像档案，我们应按照归档范围的要求，将反映本单位工作活动、具有查考利用价值的材料随时接收归档，由档案室统一保管。为此，我们要向有关人员说明录音、录像档案收集工作的要求和目的，使其在完成录制任务后，及时将有关的音像资料移交档案室进行审查、鉴定和归档。

对于制作性录音、录像档案，有关的广播电台、电视台，以及记者、编辑等采编人员，应将采访录制、编辑加工的各种音像资料进行登记，填写送审表，并送交有关领导审定。送审表的项目包括节目来源、内容、录音或录像地点、原录日期、复制日期、录音或录像效果、机速、播放时间等；只有经过审批后的材料才能归档。与音像材料有关的文字材料应与其同时归档。

在接收录音、录像档案时，需要进行验收，其目的是检查音像材料的质量。验收的程序和内容是核对录音、录像登记表，检查登记簿的各项内容是否填写完整清楚，手续是否完备；随后，根据登记簿的内容听音或观看，核对录音、录像档案内容的技术状况。为此，单位的档案部门应备有视听设备，以便对录音、录像档案进行技术性能的检查。

五、录音、录像档案的分类与编目

录音、录像档案可以按照内容和时间分类。在分类时，应该将机密录音、录像档案与非密的材料区别开来，将原版、复制版等不同版种的材料区分开来录音、录像档案应装入特制的封套中，并在封套外面粘贴上标签；标签上应注明题目（内容）、讲话人、录制日期、盘（卷）数、编号、磁带长度、播放时间等项目。文字材料随同装入封套内，统一编号。

对经验收并需入库的录音、录像档案，应按收到的先后顺序进行登记；登记的主要项目有：编号、收到日期、录制日期、内容、责任者、录制单位、录制地点、技术状况、播放时间、数量、备注等。

六、录音、录像档案的保护

（一）专用的库房或装具

录音、录像档案的载体材料是磁性介质，其对磁场的干扰比较敏感；如果较近距离内有磁场，会导致磁记录信号的丢失，使录音、录像档案遭到破坏。为此，大量产生和保存录音、录像档案的单位，应该修建专用的防磁档案库房，以彻底隔绝外界磁场对录音、录像档案的干扰。而一般的单位档案室或保存录音、录像档案数量不多的档案馆则应购置专用防磁装具，以存放录音、录像档案。不具备上述条件的单位，亦应避免在录音、录像档案保管场所同时放置电动机、电视机、变压器等设备，或避免将录音、录像档案存放在这类电器附近。

（二）库房温湿度控制

录音、录像档案适宜的库房温度是15℃～25℃，相对湿度应保持在45%～60%之间。库房温度过高易使磁性介质变脆；湿度过大，则易导致磁性装置受潮变形。为此，录音、录像档案库房应备有温湿度测量仪器和调节设备，以便随时记录、监测和调整库房的温湿度，保证录音、录像档案的安全。

（三）存放方式正确

录音、录像档案应避免平放保存，其正确存放方式为竖放，这样可使其受力均匀，避免磁带变形。

（四）定期重绕与复制

长期保存的录音、录像档案，应每隔6个月或在雨季、高温季节对磁带进行重绕，以释放磁带内的压力，并进行定期检查。重绕磁带应注意采用正常转速，卷绕的松紧度要适当，边端要平整，不能出现褶皱、弯曲，防止磁带损坏。

为了使录音、录像档案信息长久保存，还应该根据磁带的保存情况，每隔5年～10年时间，进行信息转录的工作。

第三节 名人档案的建立和管理

一、名人档案的特点

从建档对象、内容、材料、形成四个方面的特点来进行分析，名人档案具有以下特点：

（一）价值的珍贵性

名人档案以著名人物为建档对象，而所谓名人，则是指某些学科或领域有突出贡献和专业才能的人物。这些杰出人物不仅数量少，而且对社会有重要影响和深远作用，会对后人的责任感和荣誉感有激励作用，属于稀缺资源。而那些记录名人经历和功绩的档案材料，更是极其珍贵的文化宝库。与一般档案相比，名人档案也最能反映时代的发展和变化，具有特殊的保存价值。此外，一些名人档案材料属于孤本资料，由于档案的不可再生性，因此弥足珍贵。

（二）内容的丰富性与增补性

首先，其丰富性体现在：宏观来看，名人档案涉及了军事、经济、政治、文化等领域的各类名人，因而，名人档案具有内容的丰富性。微观来看，名人档案是名人一生中所形成的档案材料的集合体，反映了名人的心路历程和实践活动过程。名人档案的材料既有来自家庭生活的原始记录，又涉及在工作单位、社会活动中产生的各种记录。信息量大，覆盖面广。

其次，其增补性体现在，名人档案的建设是一个动态的过程，这是由于时间跨度大以及下面提到的其来源的分散性决定的，使其收集或征集具有持续性的特点，因而其内容增补性强，要注意时常进行名人材料信息的追踪与随时补充。

（三）载体的多样性

此外，名人档案的载体繁杂多样，按照载体类型划分，可以分为纸质档案、实物档案、音像档案、电子档案等。相比于其他材料，传统的纸质材料在名人档案构成中居于主体地位。实物档案是指具有保存价值的档案属性实物，又可细分为荣誉类档案、印信类档案和礼品类档案。荣誉性档案包括名人曾经获得的奖杯、锦旗、证书、匾额等，主要反映名人在各领域的获奖情况。印章类档案包括名人用过的印章、印泥和徽标等。礼品类档案是指由他人或单位赠送名人的纪念品，包括字画、题词、花瓶、工艺品和雕塑等。音像档案包括照片、影片、录音和录像材料，如名人各个时期的照片、采用录音或录像设备记录名人活动以及形成名人口述档案等。随着科技的发展，名人档案载体种类越来越丰富多样，出现了以磁带、磁盘和光盘为介质的电子档案，如名人收到的电子邮件、发布的QQ消息、微信消息等。

（四）来源的分散性

一方面，因为名人档案是名人在社会实践活动中形成的，是名人成长经历的记录，而且名人活动范围广泛，所以材料的分布范围具有分散性的特点。另一方面，名人在其社会交往中也会形成大量珍贵的档案资源，许多材料还存在于其他地域和其他人手里，也使得名人档案具有分散性的特点。

二、名人档案建设的必要性

名人档案建设的必要性主要表现为以下几个方面：

（一）塑造民族精神的需要

名人是不同历史时期、不同领域人民群众的优秀代表，其精神具有突出的示范引领作用，始终带给一个国家与民族鼓舞、向上的力量，这种精神需要不断继承和固化，使之历久弥新。名人档案作为名人一生社会活动的历史记录，名人精神的承载体，是一个国家和民族的宝贵物质和精神财富。建设名人档案能让名人的事迹和精神不因岁月流逝而褪色，榜样的名字永远被世世代代铭记，弘扬名人精神，树立学习楷模，具有突出的教育与激励功效。此外，爱国主义是民族精神的重要内容，而名人档案材料中，保留着不同阶段的抗战事实和历史记录，对于宣传爱国主义思想,有重要作用。

(二)建构社会记忆的需要

第十五届国际档案大会上形成了档案功能的共识——"档案在文化记忆、个人记忆和基因记忆的遗忘、构建、重构和恢复中具有重要的社会功能,是寻找遗忘记忆和发现过去记忆事实真相的重要载体,是知识的存储器,是知识咨询和转换的媒介,是保护过去、记录现在和联系未来的桥梁"。加拿大档案学家特里·库克曾说今天"全世界的档案人员,仍然在建造记忆宫殿"。在一个国家、民族的记忆宫殿中,名人档案是不可缺少的建构材料,它记录着一个国家与民族的骄傲,闪烁着精神光辉,因此,作为社会记忆构建主体的档案部门有责任建好名人档案。

(三)推动经济发展的需要

地方政府和档案机构,除了可以从传统的教育激励角度,挖掘名人档案资源,如名人档案展览和陈列、名人档案纪录片等,还可以从经济的角度,通过名人资源整合,进行名人档案的旅游开发,赋予旅游深刻的文化内涵,促进经济增长。如档案部门可以加强和旅游部门的合作,将地方与名人相关的遗址遗迹,包括名人故居、纪念建筑、博物馆与名人纪念馆、名人墓葬、历史遗址等资源进行整合,运用名人档案资源,打造旅游路线和景观,创建主题景区、举办与名人相关的节庆活动等多种形式,提高公众旅游参观的兴趣,打造地方旅游品牌,为旅游产业注入新活力。同时,这种做法又很好地宣传了自身,提高了地方的竞争力和综合实力,从而最终达到充分运用名人档案资源,拉动地方经济发展的目的。

(四)开展科学研究的需要

名人档案涉及军事、政治、经济等各个领域,在不同历史时期的长期积累下,形成了很多珍贵的科研素材,包括编著、实验笔记、论文、手稿等第一手信息资料,无论是这些科研资料的形成过程,或是科研资料的最终成果,对于当代科研都有较大的研究意义和研究价值。从这些珍贵的历史记录中,既可以了解科研方向的起源,也可以获知科研的成长脉络,对于未来的科研方向有启迪的功效。同时,名人档案材料,体现了科研人员的创新精神和刻苦钻研的态度,是他们一代又一代不断努力和共同坚持的心血集合,从中,可以激发民众学习科研的兴趣,培育吃苦耐劳的科研作风,让更多人认识和接触到科研的内容和精神,为以后科研工作的展开做好铺垫。

三、名人档案建设的可行性

我国名人档案建设的可行性体现在已拥有理论、资源、政策、技术四个方面的良好保障,现分析如下:

(一)资源方面

我国历史悠久,人文积淀深厚,几千年来名人辈出,仅从古代来看,就涌现了孔子、蔡伦、华佗、毕昇、黄道婆等各领域的杰出人物,这些众多杰出人物,不仅对中国的人文发展、历史进程起到关键性作用,而且对世界文明发展进程具有深刻影响。近代出现了无数为中华民族的独立、富强而抛头颅、洒热血的仁人志士，当代更涌现出"道德模范"、"改革先锋"等时代楷模，这些我国不同历史时期、不同领域产生的无数杰出人物，为建立名人档案提供了宝贵、充足的资源。对这笔文化财富绝不能忽视和浪费，档案部门应重视开展名人档案建设，做好名人档案管理工作，利用好不同地域名人档案资源优势，更好地传播名人档案文化。

（二）政策、法规、制度方面

政策对名人档案的建设能起到引导、促进和规范作用，为建设名人档案提供政策支持和保障。党的十九大以来，以习近平同志为核心的党中央高度重视思想文化建设工作，并立足现阶段基本国情，提出了文化强国战略，档案是中华文化的重要承载体，名人档案文化中蕴含着国家与民族的精神力量，能在满足人民的精神文化需求、激发奋进力量方面发挥重要作用，文化强国战略为名人档案建设提供了政策指引。

从名人档案建设的法规环境来看，《档案法》第二章中第八条明确规定，"中央和县级以上地方各级各类档案馆，是集中管理档案的文化事业机构，负责接收、收集、整理、保管和提供利用各分管范围内的档案"，为档案馆开展名人档案管理工作，提供法律支持。同时，各省市也建立了地方档案条例和名人档案管理办法，如黑龙江省、江苏省等都出台了《档案管理条例》，广东省、云南省、黑龙江省、锦州市、唐山市等都出台了《名人档案管理办法》，为名人档案的建设提供了地方性法规。此外，根据统计，31个省市、直辖市、自治区都建立了跟名人档案相关的综合性管理制度，16个省市设立了名人档案专门管理制度。所以，我国的政策、法规、制度给名人档案提供了坚实的后盾和法治保障。

（三）理论基础方面

近些年来，名人档案的理论研究不断深入。根据前文所述，最早的关于名人档案的理论研究始于20世纪80年代，20世纪90年代研究内容不断扩展，有关于名人档案建档意义、名人档案作用、名人档案收集范围的基础理论的研究，有针对高校、企业、公共档案馆等不同建设主体建设名人档案的专门性研究，还有艺术、科学等众多领域名人档案建设经验的总结。这些理论成果，为名人档案的建设提供了科学指导，有助于实践的发展。

（四）技术方面

随着互联网时代的到来，信息技术的发展不仅带来了生活方式的改变，突破了时空的局限，也促进了名人档案资源的发展，可以实现名人档案信息资源的共建共享。数字化技术改变了传统纸质化的存储方式，减轻了名人档案工作者的压力。通过RFID扫描和网络检索技术，能快速地搜索到名人档案相关信息，提高了名人档案管理的效率。更重要的是，名人档案数据库的建立，不仅可以健全名人档案资料，更利于名人档案的查阅、利用和长期保存。另外，计算机技术和网络技术的成熟，也促进名人档案信息的传播。微信和微博等新媒体技术的发展，满足了用户便捷获取名人档案信息的需求，促进了档案馆和用户之间的交流。网上展览功能，提供了方便、快捷、多样化的名人档案宣传方式，提高了档案馆的服务能力。另一方面，新媒体技术也加强了档案馆之间的馆际交流，密切档案部门的关系，有助于名人档案资源的共建共享，也能分享名人档案工作的经验，实现了不同地区档案馆的共同发展。

四、完善名人档案建设的建议

改善名人档案工作，能推动名人档案整体发展，有利于维护档案系统的完整性，也能挖掘和利用好档案信息资源，为国家和人民提供珍贵的历史记录和文化源泉。而着手于名人档案资源建设，既要从宏观角度，做好全局规划，又要从细节着手，完善好每一个细微之处。

（一）增强名人档案建设意识

名人档案建设意识是名人档案工作得以顺利开展的思想保证，因此，应从政府机构、档案馆、民众角度入手，提高其思想认知水平。

1. 政府机构方面

名人档案建设工作的推进，离不开相关政府部门的扶持。政府部门能为名人档案工作提供政策和物质条件的支持，在推动名人建设工作上有巨大的作用。档案部门要通过宣传和与政府机构的频繁沟通，让政府部门从政治的高度、文化发展的角度重视名人档案建设工作。习近平总书记曾说："伟大时代呼唤伟大精神，崇高事业需要榜样引领"，并在不同场合多次强调要弘扬社会主义核心价值观，传承和传播中华优秀文化，而在名人档案中正蕴含着中华民族的优秀文化，"时代楷模"、"改革先锋"是当代名人档案建档对象，建设名人档案有利于传续中华民族的精神命脉。档案部门要进行大力宣传，取得政府部门的认同与支持。

2. 档案部门自身

档案馆是名人档案的建设主体，在档案建设活动中，档案馆可以建立激励机制，鼓励档案工作者和用户开展名人建档工作，激发档案工作者和用户的积极性和创造性。与此同时，档案馆也可以加强与名人档案所有者的联系，增加与名人本人、亲属与同事之间的互动，消除与名人档案所有者的认知隔阂。档案馆可以定期走访名人档案所有者的家庭，邀请其到档案馆参观，传播名人建档的知识与价值，输入名人档案的保护意识。在实践中，变被动为主动，取得名人档案所有者的信任。同时，也能为名人建档的预防工作做好基础，提前防止名人档案的丢失和毁坏。

档案馆作为科学文化事业机构的主体之一，在加强文化自信，推动社会主义文化繁荣的进程中，应抓住机遇，找好自己在新时代中国特色社会主义文化建设中的定位，推进名人档案建设工作，宣传名人事迹，促进文化事业蓬勃发展。在满足民众精神文化需求，优秀文化传承方面实现突破。

3. 社会公众方面

社会公众是名人建档工作的验证者和参与者，所以名人档案建设意识的提高也需要民众的参与和支持。而我国的全民建档意识薄弱，不利于名人档案工作的开展。档案部门可以充分利用电视、微博、博客、杂志、微信等多种传播工具，采用App、图书、纪录片等各类形式向公众进行宣传。如档案部门可以设立关于名人档案的博客，在网站或微信公众号设置名人档案专栏，进行周期性的档案推送，通过讲述名人故事、介绍档案馆的名人馆藏和相关活动，完成与用户之间的交流。此外，档案馆还可以和知名的媒体机构合作，举办名人档案节目，吸引用户注意。如北京卫视，曾举办过"档案"系列节目，其中就有一档名人专题，运用档案讲述名人故事。这些新型的传播媒介，具有共享性和交互性的特点，不受时空的限制，能带给名人档案用户直观的感受，提高用户参与名人档案建设的热情。

（二）完善名人档案建设的法规制度

为促进名人档案建设规范化和标准化，应尽快完善名人档案相关法规制度，以便促进名人档案建设的顺畅发展。

1. 出台国家层面名人档案建设的法规制度

国家层面名人档案法规制度的设立，既可以为各地级省市的名人档案工作提供统一的指导，也可以保证档案管理的质量。但是，现在国家层面没有制定总体的名人档案法规。因此，为了使各地级省市档案馆有章可循，增强名人档案工作的规范性，可以将名人档案法规制度的制定排上日程。

国家层面名人档案专门法规制度设立时，要综合各方面因素。首先可以从实践中吸取经验。可以汇集各地级市档案馆档案实践工作经验，掌握名人档案情况，结合档案理论，总结实践成果。其次，档案法规制度的制定需要关注细节，名人档案没有明确统一的标准，存在概念界定不清晰的情况。所以，需要对名人档案的概念和管理范围进行精确的划分，尽量细化。由于名人档案涉及的建设主体元多和材料来源广泛，所以也要在这方面进行明确规定。

2. 建立关于名人档案的地方规章制度

名人档案相关规章制度，还没有得到地方政府和档案部门的高度重视，只有极少数档案馆设立制度。地方档案工作者无法可依，也只能模糊地探索名人档案实践。首先，当务之急是各地方综合档案馆，需参照国家层面档案法律，尽快出台相关制度。此外，在出台之前，要考虑到各档案馆的综合实力，结合地方差异性和各地方名人档案建设情况。在制定过程中，需要听取专家和学者的意见，制定出科学、合理的制度。其次，可以参考其他省市制定的名人档案规章制度。而且一些高校也出台了名人档案管理办法，比如，南京大学制定了名人全宗档案管理办法，东南大学也出台了名人档案管理规定，都具有参考的作用。最后，及时修订规制度内容。随着时代的发展，名人档案的内容和载体也在发生重大变化。所以，制定者也要关注名人档案成分及载体的发展动态，与时俱进，做好修订工作。

（三）制定区域性名人档案建设的全盘规划

目前，名人档案资源共建共享的推进不理想，名人档案数据库建设进程缓慢，可以通过统筹区域规划，规范标准，以及运用先进计算机网络技术，搭建平台，来制定名人档案全盘规划。

1. 统筹区域规划，规范建设标准

名人档案建设的全盘规划，是以实现名人档案资源共建共享为目标，而这又离不开各档案馆的规划与合作，但目前区域性名人档案信息资源受多方因素影响，处于封闭的状态，使用的信息系统和标准各不相同，对实现全盘规划留下了隐患。因此，为了名人档案工作有序的开展，应当将统筹名人档案区域规划，列为建设的重点。档案部门应当统观全局，尽快出台名人档案资源建设的近期规划，加强名人档案建设的宏观管理，使区域性名人档案建设工作有规律地开展起来，实现名人档案工作可持续性发展。管理部门也应对区域性名人档案工作中的责任和义务达成共识，共同遵守，协调好名人档案问题，做好区域性名人档案建设的前瞻工作。

此外，区域性名人档案工作需要循序渐进，是一个长期的过程，必须制定名人档案建设标准，规范名人档案建设，提供建设依据。各档案馆需按照统一的标准，在范围内，对名人档案资源进行整合。在此基础上，实现档案资源的区域共享。一方面，档案部门要制定业务标准。对名人档案的操作流程，包括著录规范、共享利用、服务质量等，解决名人档案业务操作统一的问题。另一方面，档案部门要制定管理规范，包括安全管理标准、系统管理标准、用户管理标准等，约束档案部门和用户的行为。从而，形成完整的标准体系。

2. 提供技术保障，搭建良好平台

随着信息化的发展，无论是档案网站维护，还是档案部门日常电脑办公，都需要技术支持。此外，电子文件也大量产生，很多档案资源以数字形式存在，而整个数字资源的管理流程，从收集到利用，都需要运用技术，技术程度高低直接影响电子文件的管理。所以，区域性名人档案建设，离不开以技术的支持。

技术保障，主要可以分为数据存储技术、目录检索技术和安全技术。首先，随着信息膨胀时代的到来，档案信息资源也越来越多，加上中华人民共和国成立之前累积的历史档案，使得各档案部门存储的档案数量也随之增加。因此，面对如此浩瀚的档案，在进行区域名人档案资源共同建设时，采用怎样的存储方式成了技术面临的重要问题。而档案数据存储，可以长期保存价值高的名人档案，所以应当作为档案存储的最佳选项。此外，由于WORM磁带成本低、容量高和稳定性强，降低了数据存储的风险，也延长了存储介质的寿命，所以可以作为区域录入和存储档案数据的介质。其次，目前传统档案的目录检索功能尚佳，但档案网站和公众号等检索功能尚未完善，界面自定义检索功能薄弱。所以，为了增强区域名人档案资源内容索引功能，以及方便用户体验，需要改善现有的目录检索技术。第一步是增加检索层次。在检索功能建设中，在原有的结果中检索形式上，即二次检索上，增加截词检索、跨库检索等，实现更高一级的检索。第二步是增加提示功能。目前，档案网站的在线查询，可以通过档号、题名、起始时间和终止时间等关键字，对名人档案进行在线查询，但如果输入的信息不规则时，就会出现无效检索的状况。所以，在区域名人档案网站建设中，可以增加提示功能，自动出现下拉菜单，匹配相关关键词，帮助用户快速找到相关信息，减少检索的失误和误差。第三步是完善检索结果。对已查询的结果，可以进行超链接处理，跳转到其他有关的网页。查看方式，可以通过用户需求，进行多途径浏览。对于已查到的名人档案信息，可以进行下载、分享和格式转换等功能，完善名人档案的检索功能，保证网站的高速运行。

最后，要实现名人档案的全盘规划，离不开数字资源的建设，而数字资源存在于开放性和流动性的网络环境中，具有不安全性。因此，提升安全技术是建设档案资源的关键因素。而目前安全技术有防火墙、入侵检测技术和身份认证技术等。防火墙技术在保护内部用户使用档案资源的同时，但也给内部用户攻击档案网络提供了机会。而且黑客攻击和外部威胁等入侵手段也能攻击档案文件，其他入侵手段也不能忽视。档案部门使用者，则可以通过用户名和密码的方式，进行身份认证。但非法用户可以通过攻击代码，盗用档案部门身份信息。此外，档案部门所使用的芯片，有些是依赖国外技术，这些都是潜藏的安全隐患。因此，加大安全技术的研发和投入，才能为区域档案资源规划创造良好的网络环境。

（四）强化名人档案的收集工作

名人档案收集工作，是名人档案管理工作的开始环节，没有收集工作，也就没有健全的名人档案。因此，名人档案收集工作至关重要。

首先，档案馆应采用多样的收集途径。档案部门要经常主动联系名人、亲朋和家属以及开展相关宣传工作基础上，档案部门应采用灵活的技巧，争取完成收集目标，留下珍贵的文化遗产。在征集方式上，应以捐赠原件为主，以寄存或带保管为辅，最后是复制等形式。名人档案记录了名人的荣誉和生平，材料既特殊又不可多得，但这些档案却属于私人所有，所以在档案工作中，不能强制收集，应以协商、鼓励捐赠为主，对于积极捐赠的个人和单位，颁发证书和给予物质奖励。其次，对于不愿意上交名人档案的个人或机构，可以耐心听取所有者意见，说明所有权归属，保证保管环境，动员所有者将名人档案资料寄存在档案馆，或交给档案馆代为保管。并签订名人档案寄存协议，确保所有者权益，充分尊重名人档案所有者的合理要求。最后，对于实在不愿意捐赠，又不想寄存的名人档案所有者，可以在征得其同意后，复制名人档案资料。

其次，注意收集档案的完整性。第一，明确名人档案的归档范围。名人归档范围应当详细，包含名人生平的所有材料，比如，生平简历，工作成就、荣誉材料等。第二，由点及面收集。名人在生活和社会中，与其他人物有不同的联系。所以在收集名人档案的时候，除了关注名人本身，还要有发散思维，向名人家属、亲人、朋友、同学、同事等沟通和交流，全面收集名人档案资料。第三，需要分类收集。一方面，根据名人的状态，进行分类收集。对于已故的名人，由于其档案材料涉及面较广，需要联合其他省份的档案馆、协会和组织等，进行多渠道收集。对于现存在世的名人，由于档案材料在不断更新，要着重于收集材料的连续性，及时补充名人档案材料。另一方面，对于不同属性的名人，进行分类收集，比如，军政名人，体育名人、艺术名人等。每个名人产生的社会价值不一样，定位也不同，所以可以根据对社会所做的贡献来进行收集。第四，扩大收集的档案载体形式。除了纸质档案之外，还要注重影像档案，电子文件等其他载体形式的档案。随着微信，QQ，微博使用的人数逐渐增多，使用网上社交工具的名人也随之增多，所以新型的名人档案载体形式也层出不穷。因此，出于名人档案的完整性考虑，档案部门要注意收集各种形式的档案。

（五）改善名人档案的保管环境

做好档案工作，既可以维护名人档案的完整性，又可以减少其他因素给名人档案带来的损害和丢弃，延长名人档案使用寿命。

首先，档案部门应建立名人档案专库。由于名人档案具有极大的珍贵价值，涉及材料广，所以档案部门可以设立专门库房和数据库进行单独管理。例如，广东省、江苏省、山东省等，均已成立实体名人档案库房，而类似东莞市档案馆等，也已成立网上名人档案数据库。所以要鼓励档案部门，尽早建立名人档案专库，加快名人档案专库智能化建设。此外，还可以建立名人档案知识库，系统地和有序地存储名人信息，使得档案长久保存下来。档案名人知识库，还可以通过挖掘档案信息资源，查找信息之间的联系，建立名人之间的网络联系，发现潜在的名人档案价值。而且，在实践中，档案部门可以引进先进设备，比如，智能密集架、RFID设备、电子门禁等，并通过计算机系统对名人档案的环境进行监控，对名人档案实施科学管理。未建立的省份档案部门需要参考其他已建立的省份，吸取实践经验。档案部门可以学习名人档案的库房管理手段，积极去其他档案馆参观和交流。

其次，健全名人档案保管制度。传统的库房管理主要依靠档案人员进行日常保管，从档案出入库、库房巡查和温度检测等，都需要档案工作人员手动检测和完成。此外，实体档案的位置，也需要人工浏览和查找。所以工作效率依赖于档案人员的工作水平。而随着名人档案建设的不断发展，数量和质量要求也会越来越高。所以在设立名人档案保管制度的时候，要先考虑到保管档案的人员。对人员进出库和日常检查进行规定。在进出库之前，做好出入库登记和安全责任登记。将责任落实到个人，明确好责任范围。并且要求工作人员进行库房和名人档案状况的定期检查，同时也要注意存储于电脑的数据的安全，防止数据遗失或被篡改。

（六）加强名人档案的开发和利用

档案馆是名人档案的开发和对公众利用进行服务的主体，但是由于档案部门在进行开发和开展利用服务过程中，涉及名人档案资源的整合、编研能力、新媒体运用能力等难题，因此，还需要采取以下方法：

1. 增强地区、部门联合

首先，要增强馆际之间的合作。由于名人的活动范围不仅限于本省市，所以很多名人档案也会保存于其他省市的档案馆。因此，在做好名人档案收集工作的基础上，开展馆际之间的合作能有利于名人档案资源的完整性，提高名人档案的流动性和利用率，继而提升档案馆的社会地位，让各档案馆在交流中，取长补短，相互进步。同时，也能促进名人档案资源的共享和信息化进程。而馆际之间的合作主体也非常多，既包括国家档案馆、地方档案馆、高校档案馆等公共档案馆，

医院档案管理与实务

也包括企业档案馆等私人档案馆。而且，可以通过开展跨省异地档案机制和服务，进行名人档案查阅利用，以及在档案网站设置与其他档案馆之间的链接，加强各档案馆之间的联系，突破空间局限性，方便公众利用。

其次，实现与其他单位之间的合作。除了档案馆之外，图书馆、博物馆、出版社等也是开发利用名人资源的主体机构。通过与这些机构的合作，可以提高名人资源的整体开发水平，有益于文化事业的建设。在合作中，先要扩大共同建设的范围，提高与其他档案合作的层次。然后可以进行试点工作，让有条件的地区优先发展，积极探索，集中建设，为日后的联合开发汲取经验。

2. 拓展名人档案开发利用方式

档案部门在进行名人档案开发和利用时，可以采用公益性开发和产业性开发两种相结合。名人档案公益性开发工作，是非营利为目的，免费向用户提供名人档案信息。一是探索编研新形式。首先要结合公众兴趣，从需求出发，编研一些通俗易懂的名人书籍。例如，在生活中，有关于名人的小故事，情节生动，引人入胜。这样的素材，既利于名人档案传播，又能很好地宣传名人思想和精神。其次，也需要结合地方特色编研。地方特色对民众有深刻地影响，所以，结合地方特色开发名人档案，能拉近与公众的距离，让公众感受到名人档案的独特魅力。最后，除了出版名人档案实体编研产品，要关注网上编研。网上编研，与虚拟平台相结合，成本低，容量大，能与名人档案直接互动。并且，能根据档案用户意见，实时修改。此外，可以和影视公司、电视媒体合作，共同拍摄名人电视片。二是改进档案展览方式和增加活动次数。首先要改进名人档案的展览方式，运用视觉特效和技术手段等，增加现场体验度。值得一提的是安徽省名人馆在这方面为档案部门提供了很好的经验。安徽名人馆是全国首家地方籍名人展馆，拥有全国最大全息多媒体展厅，而且是全国唯一声光电高科技场景博物馆。馆内收藏丰富，展出的安徽历史名人全部采用蜡像制作，有的还运用采用场景式布置，通过电影美术手法和声、光、电、多媒体激光全息等最高科技手段，给受众以浸入式体验。三是可以开发与名人档案相关的文化产品，比如，说字画仿制品、名人图鉴等。四是档案部门可以多举办名人档案主题活动，比如，名人学术讲座、咨询活动、名人专题展等。而且，可以和学校等单位合作，邀请其到名人档案展示厅和名人档案馆等参观，这样做可以传播名人档案知识，在潜意识中培养名人档案理念。

名人档案产业性开发，是指围绕名人档案产生的经济行为，包括物质和精神等形式。档案部门虽然是公益性质的单位，但也可以寻求商业上的行为或模式。这样可以带动名人档案建设的活力，补充名人档案经费。档案部门出于投入的考虑，可以考虑与杂志社等出版机构合作，出版名人档案专题的刊物，或图册。同时，可以和电视台等机构合作，制作纪录片电视片等，也可以自主发行音像制品，如磁带、录像带等。而且，也可以和旅游机构合作，开发名人档案的旅游价值，运用主题公园和节庆等模式，展示名人实物和文献资料。

档案部门在传承和弘扬优秀文化方面拥有最珍贵最丰富的资源，其中，名人档案承载着中华历史上杰出人物的智慧、品格的光辉，记录着中华民族对世界文明发展的贡献，对于增强民族自信、文化自信具有重要价值，在名人档案的开发利用过程中要将传统文化、革命文化、社会主义先进文化有机融合，开发高品质的文化产品，坚定文化自信，弘扬以社会主义核心价值观，为国家文化强国战略的全面落实和高效推进提供强有力的支持。

3. 提高工作人员服务水平

档案工作人员承担接待用户的职责，是名人档案与用户之间沟通的桥梁，也是完善名人档案利用的重要途径。因此，为了提高名人档案利用的质量，要做好名人档案人员的服务水平，并切实安排好档案人员做好咨询服务等工作。与此同时，档案部门也要尽量简化名人档案查询步骤，让用户更方便地参与到名人档案的利用中来。

第四节 医院基建档案的管理

随着医院各种类型的工程项目的增加，相对应的，医院的各种工程档案资料也逐渐增加，单纯地依靠人力已经无法适应工程档案管理要求。数字化技术的优势，能够帮助医院解决工程档案整理困难的问题。而且，当今时代信息技术高速发展，信息化数字化更是时代发展的趋势，各行各业都应用到了数字化的技术。

一、数字化管理对医院基建档案管理的意义

医院基建档案本身具有一定的特殊性和不可复制性，它是对医院工程项目建设过程的记录，当这些真实数据丢失之后，将不可能再次复原，具有不可复制性和不可再生性。医院基建档案对于医院今后的发展具有重要的意义，它不但是工程项目建成后在使用过程中维修、改建、扩建的依据，也是医院其他工程建设的参考资料。医院基建档案管理，对施工的安全具有重要保障。医院基建档案包括大量的文字、图片、视频以及影像资料，对这些档案资料进行保存和管理具有一定的难度。

当今时代信息技术高速发展，各行各业的档案管理中都加入了数字化信息化的管理方式，对于提高行业生产和管理效率具有重要的意义。在医院基建档案中加入数字化的管理方式，具有巨大的优势，能够改变原来人工管理档案的方式，从而极大地节省人力、物力和财力资源；可以实现更加准确、细致的记录，避免出现一些细微的错误，使医院基建工程档案的准确性得到极大提高；医院基建工程档案经过了数字化的处理之后，查找起来就比较方便，可以便于档案利用者查阅。

二、医院基建档案管理实现数字化面临的问题

（一）传统档案存储方式尚未改变

就实际情况来说，医院基建档案管理实现数字化普及仍然面临着不小的难度，人们对人工纸质记录医院的基本工程具有一定的习惯性，传统档案存储方式依然是人们考虑的首要选择，所以

传统档案存储方式在现实工作中依然较为常见。但是依靠人工纸质来记录信息，并不利于长时间保存；纸质资料具有不易保存的特性，许多文字和图案经过时间的流逝，就没有办法辨认了，影响后续的资料利用。另外，纸质资料的规格大小不一，不利于放在一个档案袋中保存，往往会对尺寸较大的纸质资料进行折叠，更加不利于这些资料的保存。总体来说，传统档案存储方式在对档案的保护上具有诸多不利。

（二）数字化基建档案管理体系难以建立

当今时代，虽然经济和科技发展都较为迅速，但是数字化在各行各业的全面普及也具有一定的难度。人们对于传统的信息记录方式具有一定的习惯性，面对一些难以制作的表格首先就会选择纸质记录，数字化难以普及在人们生活的方方面面。而且，就算是医院基本工程建设中一些数据的记录应用了数字化管理，也做不到将方方面面的事项记录都应用数字化管理。比如一些建筑材料，人们就没有将其数字化管理的意识。总体来说，当今时代虽然科学技术飞速发展，但是还没有将人们生活的方方面面进行数字化管理的能力。

（三）数字化管理下网络安全存在诸多隐患

数字化信息管理依然存在许多隐藏的风险，当今时代的网络完全是亟待解决的难题，人们的隐私在这个时代是透明的。数字化的信息管理具有众多的优点，能够长时间地保存信息，还可以实现资源共享，为人们查找资料提供了极大的便利，也为信息的整合提供了极大的便利。但是，在当今时代，互联网上面的信息也出现了良莠不齐的状况，一些较为机密的文件容易被黑客盗取，造成较为严重的经济损失。

三、数字化管理模式下的医院基建档案管理实践

（一）转变认识，加深对数字化管理的理解

将医院的一些基本建筑或者工程项目的信息实现数字化管理，依然面临着重大的困难。人们对人工纸质记录医院的基本工程具有一定的习惯性，传统档案存储方式依然是人们考虑的首要选择，但是纸质的资料并不利于保存。面对这个困境，应该积极转变人们的思想观念，让人们认识到数字化管理的优点。故此，社会各界应该加强对数字化的宣传，加深人们对数字化的理解，开展一些关于数字化的培训课程，为今后各行各业的数字化管理打好基础。

（二）依托数字化管理技术实现医院基建档案信息化管理的全覆盖

数字化难以普及在人们生活的方方面面，就算是医院基本工程建设中一些数据的记录应用了数字化管理，也不可能将方方面面的事项记录都应用于数字化管理。针对这个困难，应该依托数字化管理技术，实现医院建设和工程项目档案信息化管理的全覆盖，真正迎来全面信息数字化的大时代。

（三）实现医院基建档案管理的规范化

在医院基建档案数字化管理中依然存在着许多问题，面临着网络安全隐患以及数字化管理混乱的问题，因为缺乏规范性管理，导致了医院基建档案信息较为紊乱，查找利用较为困难。想要解决此问题，首先就要按照一定的顺序将医院基建档案进行整理，改变各种档案杂乱无章、毫无顺序的状况。其次，对于医院不同种类的基建信息和档案，要进行不同格式的保存，对一些表格和图形的格式要尤为注意，避免出现识别不出来的情况。最后，对于重复性的医院基建信息和档案进行甄别，一份文件不能够重复保存，即使有价值的资料，保存多次之后，也会出现信息和资料混乱的情况。总而言之，要对医院的各种基建信息和档案进行规范性的管理，使各种基建档案井然有序，让人能够一目了然，为人们查找资料提供便利。

当今时代科技飞速发展，在医院的一些基本工程中逐步使用了数字化信息化管理方式，从而促进了医院建设工程的创新和进步。医院利用数字化管理建立基建档案，也为医院基建档案管理提供了极大的便利，同时也是医院资源管理现代化的体现，促进了医院机构信息的管理和整合。档案数字化发展是大势所趋，在医院基建档案管理中应用数字化技术，有利于医院基建档案管理的健康、高效发展。

第五节 科技档案的管理

科技档案工作的基本任务是保管和开发科技档案信息资源，保管是科技档案工作为人类积累科技文化财富的具体措施，开发利用科技档案信息资源是为了发挥保管工作的效益，进一步促进科技档案工作的发展。虽然二者相伴而生，但是由于科技档案信息资源的开发利用，要以科技档案资源的积累为基础，这项工作的发展则滞后于科技档案的资源积累。然而。当代得天独厚的社会信息环境，又促进了科技档案编研工作突飞猛进的发展。

科技档案信息资源的开发利用工作的发展可分为三个层次。第一个层次，是以方便利用者查找为目的的信息开发工作，即科技档案部门编制检索工具，为利用者及时、准确地找到所需要的科技档案原件创造条件，并且通过不断完善检索工具的功能，形成科技档案检索体系，使库藏的全部科技档案都能够被利用者认识，进而使科技档案信息资源得到广泛地利用。第二个层次，是以协助利用者利用科技档案为目的的信息开发工作，即科技档案部门对科技档案信息进行加工，为档案利用群体提供系统、优质的科技档案信息，以节省利用者查找、鉴别相关科技档案的时间，提高科技档案的利用效益。第三个层次，是以参与利用者的信息研究为目的的信息开发工作，即科技档案部门从单纯地为档案利用者提供适宜的科技档案信息，发展为有针对性的向利用者提供，作为决策信息支持的相关科技档案信息的综合研究成果。这时的科技档案编研人员已经从单纯的科技档案信息的提供者，变成了科技档案信息的提供与利用者。这三个层次体现了科技档案信息开发利用工作渐进发展的过程，也是科技档案工作不断完善其功能的过程，对现代科技档案工作具有重要的意义。显然，后两个层次与科技档案编研工作紧密相关，应该是当前科技档案编研工作深入发展的标志。

一、科技档案编研工作

科学技术档案编研工作简称科技档案编研，是中国档案界根据其工作内容概括的一个专业概念。即在科技档案信息研究的基础上，按照一定的主题将相关科技档案信息集中，把它们加工成各种形式的科技档案信息产品，有效地向社会提供优化、系统的科技档案信息的一项科技档案信息资源的开发利用工作。因此，科技档案编研工作具有以下特征。

（一）科技档案编研工作以科技档案信息为主要工作对象

信息是人类社会活动的重要条件，伴随着社会信息能力和信息数量的增长，我国的信息管理方面分别形成了图书管理、档案管理和情报管理的社会分工。在各自长期的管理活动中，逐渐积累了一定规模的管理对象，并且针对它们的特点展开了各自的信息研究与加工各种。在图书和情报部门这项工作被称为情报或信息研究工作，档案部门则称其为编研工作。在图书、情报和档案工作"三足鼎立"的情况下，深入开发各自的信息资源，是全面、合理开发国家信息资源的客观要求。

坚持以科技档案作为科技档案编研主要的研究、加工对象和信息源，是科技档案编研能够持续发展的前提。首先，长期、持续地积累使科技档案部门拥有大量、丰富的科技档案信息资源，以科技档案信息作为开发研究的主体，发挥了科技档案部门的优势。其次，科技档案具有较强的专业性，开发科技档案信息资源需要编研人员具备相关专业的基础，科技档案工作者长期从事科技档案管理工作，熟悉科技档案信息的特点开发科技档案信息资源更为得心应手。特别是科技档案部门开发自有的档案信息资源，还能为档案所有者创造一定的经济效益，不会引起知识产权纠纷，必然受到各方面的支持。如果本末倒置，忽视了对自有科技档案信息资源的研究，而热衷于开发外部信息，岂不是"种了别人的地，荒了自己的田"，将造成国家档案信息资源开发的重复与空白。

以科技档案信息为开发主体，并不是一概排斥其他信息，而且必然要求适当吸收相关科技信息。科技档案编研是以集中相关科技档案信息的形式为利用者服务的，为此，一方面，科技档案编研为了保证提供信息的实用性，必须适应科技活动的延续性和动态性特点，及时补充相关的科技信息；另一方面，还要考虑利用者的客观要求，将他们关心的相关信息补充进来。这就要求在编研过程中，要特别注意将相关科技对象或活动的最新信息，如，继续形成的相关科技活动的信息、相关技术或产品的市场反馈信息以及同行业相关科技信息等，及时收入编研成品之中。

（二）科技档案编研以主动满足一定规模的利用需求为目的

科技档案编研是开发科技档案信息资源的一种方式，是针对大量和系统的利用需求，积极提供高质量的科技档案信息服务的具体措施。强调编研的目的性，在当前要求编研工作满足一定规模的实际需要,这是协调科技档案编研与其他各种科技档案利用方式的重要依据。而且,随着信息化的发展,必然将更加注重编研工作的效益。科技档案编研是一项智力生产活动,与其他提供原件利用方式相比生产成本较高,必然要求获得同样高的利用效益,这项工作才能生存与发展,而满足一定规模的利用需求,就成为保证科技档案编研工作效益的重要前提。

(三)科技档案编研以档案信息研究为基本手段

科技档案编研是一项科技信息的再生产活动,与其他科技档案工作相比,突出特点是对科技档案信息的智能控制。其他科技档案工作多以档案实体为对象,如科技档案的整理、立卷、保管、调卷等工作,虽然都是专业性档案技术操作,但是它们毕竟很少涉及对科技档案信息的研究,而编研工作要实现其预期的目的,必须以科技档案信息研究为手段,离开了对科技档案信息的研究,任何一项编研工作都将寸步难行。因此,信息研究成为科技档案编研工作与其他科技档案工作相区别的显著标志。

(四)科技档案编研以提供高质量的档案信息服务为标志

科技档案编研的根本目的是进一步发挥科技档案信息的作用。为此,科技档案编研提供了易用的科技档案信息及其新的载体形式,以其创造的信息产品缓解了科技档案利用的矛盾,较好地满足了利用者对科技档案信息系统利用的要求。为此,编研工作不仅要求每个编研成品信息的高质量;而且还要求编研成品交流的高效率,在此意义上,提供科技档案编研成品具有其他档案利用形式无法比拟的优越性。

(五)科技档案编研工作是一项开放性的科技档案工作

科技档案编研成品价值的实现以其交流为前提,首先,由于科技档案信息具有广泛的利用需求,不仅在档案所有者内部,而且在其外部也是如此。根据信息扩散原理,科技档案信息势必向相对稀少的空间流动,因此,在科技档案所有者以外,存在着更加强烈、广泛的信息需求,因此科技档案编研工作自始至终都着眼于社会的广泛利用。其次,由于编研成品的生产成本较高,为保证其正常的投入产出比,也必须要充分实现编研成品的价值。因此,科技档案编研成品进行广泛的交流,是科技档案编研工作的内在要求。这种要求恰恰适应了科技档案工作改革的需要,成为科技档案工作的对外窗口。

二、科技档案编研工作的内容

为了适应经济建设、科学技术事业和信息经济的发展的需要,实现科技档案编研工作的目的,科技档案编研工作应该由编研技术工作和编研管理工作两部分组成。编研技术工作是指围绕一个编研课题或项目,所经历的程序化编研作业过程;编研管理则是为保证编研工作的持续发展对其过程的控制与协调。因此,科技档案编研工作具体包括以下内容:

（一）科技档案编研技术工作的内容

1. 科技档案编研成品的选题和选型

科技、生产活动是人类社会基本的实践活动，由于它的目的、内容、方法和要求各异，对科技档案信息的需求也是多角度、多层面的。为实现科技档案编研应有的效益，首先要根据科技、生产及其管理活动与社会其他工作对科技档案的利用需求，有针对性地确定编研项目的主题；为了提高科技档案编研成品的利用效果，还要求进一步确定最适宜表现编研信息主题的编研成品类型。这样才能实现编研工作的目标，进而为编研任务的顺利完成奠定基础。

2. 科技档案编研材料的选择与核实

充分占有相关科技档案材料是科技档案编研工作的基础与优势。受科技档案的形成规律的制约，科技档案信息虽然丰富，但是同类科技档案信息却散存于各套档案之中，科技活动的相关性和渗透性，使相关科技档案信息在科技档案实体中的分布更加离散。而符合编研成品主题和类型要求的编研素材，必须经过对科技档案材料的查找、鉴别加以确定，以便使科技档案编研工作具备信息加工的对象。因此，鉴别与选择编研素材既是编研成品高质量的物质保障，又是开展科技档案编研的关键步骤。

此外，为保证科技档案编研成品的权威性，首先要求入选的所有科技档案材料必须与其原文一致，这就要通过核实加以验证。由于入选科技档案材料的多样性和编研成品的现实性要求，核实不仅要保证入选档案信息的客观性及其静态质量，还要担负考察入选材料的相关性和保证其动态质量等任务。对于核实中发现的失实、失真等问题，则要通过订正的方法加以改正。

3. 科技档案信息的加工

档案信息加工是指按照既定的要求，通过对入选科技档案材料的综合、归纳、提炼与改编，形成科技档案信息单元的编研作业过程。信息加工一方面是为了使科技档案信息的表达更加准确、扼要，来提高其易用性；另一方面，是为了明确或揭示科技档案信息之间的关系，进一步提高入选信息的整体价值，充分方便利用者，为实现科技档案信息的价值创造条件。

针对科技档案信息的状况和编研的目的与要求，科技档案编研的信息加工分为文字信息、数据信息、图样信息、图像信息等多种加工方式，成为科技档案编研工作中最具特色的"技术活动"，也是科技档案编研最为繁重的作业过程。

4. 科技档案编研成品的后期制作

科技档案编研成品是系统揭示相关科技档案信息的载体。必须根据一定的结构和体例形式，将加工的信息单元有机的组织起来。按照信息交流的要求，还要编写有关的辅助部分，经过排版将选择、核实、加工形成的单独的科技档案信息，组成便于流通和使用的科技档案编研成品。如果将编研工作内容，形象地比喻为工业产品的生产过程，那么，信息加工就是"零、部件的生产过程"，编排与后期制作就是"整机装配过程通过这个过程，形成了科技档案编研成品的初稿。

5.科技档案编研产品的校核与审定

科技档案编研成品的校核,是对编研成品进行整体的检查与修改。科技档案编研产品的审批,指在对编研成品初稿进行审查批准的基础上,做出有关该编研成品制作、交流的一系列决定。虽然校核和审批都是对编研成品进行最后的把关,但是它们的任务与责任是不同的,校核是保证编研成品质量的重要措施;审定则体现了科技档案编研成品法人对其法人或职务作品知识产权的认定。

6.科技档案编研成品的交流

科技档案编研工作是实现科技档案信息价值的一个完整过程,因此决不能仅把完成编研成品当成这项工作的终极目标,必须通过对编研成品交流的组织与控制,使其迅速、有效地传输到相关利用者手中,为他们的科技、生产及其管理活动,为社会需要提供高效的科技档案信息服务,科技档案编研任务才能最终完成。因而,重视编研成品的流通,是现代档案信息开发与传统信息加工的重要分野。

组织和控制编研成品的交流,必须以现代信息理论与技术为指导,结合信息形式、信息价值、信息安全和知识产权要求,从交流模式、流通途径、载体形式、控制手段、利益机制等方面进行综合运作。特别要协调好充分发挥科技档案信息的价值,与保证科技档案信息所有者合法权益的关系,这是科技档案编研工作健康发展的基本保障。

(二)科技档案编研组织管理工作的内容

科技档案编研工作是一项长期发展的科技档案业务工作,必须实行科学管理才能使它真正成为科技档案工作新的生长点。加强编研工作的组织管理,不仅是科学、高效地开展科技档案编研工作的客观要求,也是科技档案编研工作顺利发展成为信息服务机构的必要条件。具体包括:

编研的计划管理,即运用现代管理与市场经济的理论与方法,组织、协调与指导本单位及所属单位科技档案编研项目的选题与编研作业。

编研的人员管理,即根据科技档案编研工作的要求,对编研人员进行合理的组织与培养,提高他们的积极性与编研技术水平,从根本上保证科技档案编研工作顺利进行。

编研的作业管理,即从控制编研成品质量为目标,对编研作业实行全过程的科学管理,不断提高科技档案编研工作的效率。

编研成果的管理,即进行编研成果的申报、评价及编研档案的管理。

上述科技档案编研工作的内容,虽然都是相对独立的编研作业过程,具有各自特定的要求和任务,但是,各作业过程又是密切联系,前后贯通的,它们共同构成科技档案编研工作。在完成具体科技档案编研项目(课题)时,应该树立系统观念,加强各作业过程之间的组织、协调,争取编研工作的最佳效益。

三、科技档案编研工作的必要性

（一）现代化建设的客观需要

现代化是一个相对的观念，各发展时期都赋予其不同的内涵。建立和完善社会主义市场经济体制与加速国民经济信息化，是现阶段我国社会主义现代化建设的主要标志，也是我国赶超世界科技潮流的重要步骤。现代化使国人体会到了全球竞争的意义，市场机制的核心是竞争，而赢得竞争的前提是获取充分的信息，这足以说明信息在市场经济中的重要地位。微观市场活动是这样，宏观调控更是如此。获得信息、分析信息、发布信息，既是政府制定宏观技术经济政策的基础，又是政府进行政策引导的手段。在市场经济条件下，谁重视获取和运用信息，谁就掌握了进入市场的主动权。

当前世界经济的发展状况是，传统工业生产方式的重要地位逐渐为以信息技术革命为代表的知识经济所取代。知识经济是建立在知识和信息的生产、分配与使用基础上的经济。它是以高科技发展为主导因素的新的经济形态和以高新技术与知识密集型服务业为主体的新的经济结构。在发达国家知识密集型的信息产业已经占据了国民经济的主导地位，后起的高技术公司超过传统的"石油大王"、"汽车大王"，一跃成为美国经济巨人的事实，就是对知识经济最形象的写照。

知识经济的崛起导致现代竞争的优势从企业的制造技术转向企业的科技创新，致使无形资产在企业资产总值中的比重显著上升。现代企业"主要关注的对象是信息、知识、人才，而不是原料、设备和劳动力"，并且"将物质生产过程视为一种信息的获取、存储、处理、传输、控制的信息流动过程，从而在人机、机机以及机器与劳动对象之间，以数字化作为共通的桥梁，建立起自动化系统"。进而形成了更适合于企业信息流动而不是物体置放的企业组织形式和管理方式，使信息成为现代企业管理的主要对象。

知识经济的崛起强化了社会的信息需求，也向人类昭示了信息加工产生知识的重要作用，这不仅对企业档案、情报等传统信息工作的发展产生了重大影响，而且刺激了新兴信息产业的诞生。使代替别人管理信息或对数据进行处理，即以信息产品为基础的新兴信息服务业迅速发展。在美国已经出现了专门为企业保管和开发档案，并使其增值的企业"历史工厂"，至于以信息为依托形成的各种数据库业、信息咨询服务业，更是令人眼花缭乱、耳目一新。

在现代企业内部，信息在资源配置中的基础作用及其在科技创新中的能动作用日益显露出来，科技档案信息作为一种战略资源、经济资源、企业资源的意识逐渐深入人心。知识经济的增长方式使现代企业重新认识了档案信息资源，科技档案工作者已经深切感到现代企业的档案信息需求在规模、质量和角度等方面的变化，"大力开发信息资源"、"活化科技档案信息"，已经成为科技、生产及其管理活动的直接要求，这些要求已经难以通过提供科技原件来满足。改善科技档案信息服务的质量与方式，是科技档案部门的唯一选择，开展科技档案编研工作就成为满足现代信息需求的有力措施。

（二）高效保护科技档案信息的历史要求

持久地保存有价值的科技档案是科技档案工作重要的历史责任。随着科技档案的迅速增长，其保管任务日益艰巨。我国历史证明，通过对原始科学技术信息的编纂，为后人保存珍贵、典型、系统的科技史料，是有效保存历史档案信息的成功之举。

我国古代流传至今的珍贵科技文献，反映了中华民族灿烂的科技文化，为民族科技的延续与发展做出了重要贡献，在世界科技发展史上占有显著的地位。比如，先秦时期的《考工记》，记述了数十种手工业生产的设计规范和制造工艺"是这一时期手工业技术规范的总汇"。北魏末年的《齐民要术》是我国现存最早的一部完整的农书，它是贾思勰"采捃经传，爰及歌谣，询之老成，验险之行事"，查阅了160余种文献，收集大量农谚，调查访问甚至亲身实践"编著而成的农学著作。唐朝皇帝将《开元广济方》颁示天下和北宋王朝刊印颁发《营造法式》，成为当时"标准化"法典。其中由李诫编成的《营造法式》数据严谨、图文并茂，其"图样"部分完全为古代科技文件的汇集。明末宋应星编撰的《天工开物》，囊括了各种手工业生产技术的实验数据，科学价值较高，被译成多种文字，在世界广为流传，被称为"世界第一部有关农业和手工业生产的百科全书"。

值得注意的是，这些流传至今的珍贵古代科技文献，并不是前人保存下来的原始文献。由于在漫长的历史过程中，档案难以避免自然灾害与战乱的破坏，永久保存下十分困难。但是，将其中最珍贵的文献编纂成册，不仅便于当时科技知识的传播，而且能够使它们长久地流传下去，这条宝贵的历史经验值得记取。在科学技术飞速发展的今天，档案载体和记录方式迅速更新，档案数量增长速度惊人，永久保存科技档案信息的难度更大，将科技档案原件全部、持久地保存下来几乎不大可能。用编研的方式重点地记载与保存珍贵的科技档案信息，是科技档案工作者对社会、对今天和未来应该担负的历史责任，也是科技档案工作者继承中华民族优秀文化传统的具体行动。

（三）现代科技档案工作发展的必然结果

科技档案是人类科技活动的衍生物，伴随社会主义现代化建设的蓬勃发展，形成、积累的科技档案与日俱增，持续地积累不断扩充着科技档案的数量，丰富着科技档案的信息资源。如此浩繁的科技档案典藏，在进一步增加科技档案质量与价值的同时，也带来了许多新问题。

首先，由于数量和种类的迅速膨胀，科技档案的管理变得日益复杂，必然要求加强科技档案实体分类、立卷的科学性，增加了科技档案管理的难度。其次，要求提高科技档案鉴定的准确性，在保证馆藏质量的前提下，尽可能减少保管的数量。再次，逐渐提高的利用频率，加重了科技档案使用中的磨损，对科技档案实体的安全造成了一定的威胁，也加大了其他实体管理活动的工作量。最后，由于科技档案数量的迅速扩展，传统的提供原件利用方式产生了准确调卷的困难；而且科技档案数量和种类越丰富，相关信息的分布就越分散，系统查找就更加耗时费力，进一步激化了科技档案保存与利用的矛盾。

科技档案数量的发展及其对科技档案管理提出的挑战，促进了科技档案工作专业化的发展，科技档案工作者的业务能力随之得到锻炼和提高，科技档案机构因此更加规范、系统；此间，各单位逐渐为科技档案管理部门创造了一定的设备与工作条件，国家科技档案事业有了长足的发展。处于这种状况下的科技档案工作，一方面要研究如何适应形势需要，充分发挥自己的专业职能；另一方面要谋求自身的新发展，以便在信息行业的激烈竞争中保持一定的生存空间。主、客观需要在开发科技档案信息资源方面找到了一致的切入点。

我国科技档案工作者的这一选择，完全符合国际信息工作发展的趋势。知识经济的发展将信息的利用能力提升为决定现代企业生死存亡、成败兴衰的关键因素，掌握信息流、运用数据分析技术成为企业决策的基本手段。在国内外竞争的巨大压力下，现代企业越来越重视对现有信息资源的收集和利用，通过挖掘自己的档案信息资源，对其进行分析、沟通，将发现许多过去认识不够或未被认识的数据关系和现象，帮助企业管理者做出更加科学的决策，不仅大大提高了现代企业的信息利用能力，同时也提高了科技档案工作的地位。

20世纪70年代，发达国家的企业中出现了一个令人瞩目的新职位"CIO"，其英文全称是Chief Information Officer，中文意思为"首席信息官"或"信息主管"，这是一个类似于首席财务执行官（CFO）的高层次管理职位。CIO的职能是："直接对最高决策者首席行政官（CEO）负责，负责企业的高层决策和长远发展规划，实现企业全面信息管理，包括负责开发信息技术、健全企业信息系统、管理信息人员、实现企业内部的信息共享等。"目前CIO已经成为国外企业普遍设置的管理职位，随着企业信息化的实现，CIO们越来越注重信息系统的管理与信息的开发研究。

这种发展趋势，与目前中国科技档案工作信息开发职能的发展与完善不谋而合。我国现代企业建设虽然刚刚起步，国民经济信息化程度与国外企业相比还存在一定的差距，但是这种趋势已初见端倪。信息化一方面为科技档案工作提供了先进的技术手段，逐渐简化着传统的档案管理方法和内容，使实体管理的矛盾趋向缓和。另一方面，促使现代企业对科技档案工作的要求发生了重大变化，要求科技档案工作必须为企业提供全方位、及时的档案信息，特别是支持企业决策的信息。这就意味着，科技档案工作者熟悉的提供原件和一般资料性编研成品的基本服务方式，已经不适应现代企业的信息要求，科技档案工作者必须从科技档案实体的保管和信息的加工者，变为科技信息的管理者、研究者和利用者。开发利用自有的科技档案信息资源的一个重要形式，就是通过科技档案编研工作进一步发掘、认识和研究科技档案信息资源，使它们从分散变为集中，从浩繁变为简约，从庞杂变为精练，从无关变为相关，从无序变为有序，进而提供优化、系统的科技档案信息，及时为科技创新服务，将成为科技档案工作自身发展的新趋势。

四、科技档案编研工作的作用

科技档案编研工作是适应客观需要而产生的，标志着科技档案资源开发利用工作的重大进展，这种形式一经面世立即产生了积极效果，受到社会各方的肯定，充分显示了科技档案编研工作的重要作用。科技档案编研工作的作用源于科技档案编研技术与成果，运用科技档案编研技术对科技档案信息进行分析、研究，通过对科技档案信息进行的一系列编研研究与加工，使科技档案编研成品具备了高质量、高效率满足利用需求的能力。将科技档案编研成果提供给利用者，能够大大节省利用者查找科技档案材料的时间，减少了利用者的一部分劳动，提高了科技档案信息的实用性，并且极大地方便了利用者，使他们能够将更多的时间和精力用于生产技术和科学研究，从而提高他们科技、生产及其管理工作的效率。具体表现为：

（一）科技档案编研工作提高了科技档案的利用效率

1. 科技档案编研创造了便捷的利用形式

利用是科技档案工作存在和发展重要依据，与一切信息服务业一样，方便是其利用的前提。如果利用者感到获得科技档案信息很麻烦，就会放弃这一利用途径，远离该信息系统，而选择使用更加方便的其他信息。科技档案作为一种原始信息，虽然具有极大的利用价值和潜力，但是其信息离散分布的存储形式，与系统查找的利用要求有一定的矛盾；其孤本的特性也不适宜同时满足大规模的利用要求，严重影响了科技档案利用的便捷性。长此下去，将动摇利用者对科技档案部门的信任和依赖感，如果没有人利用科技档案，科技档案工作将失去生存和发展的意义。

编研工作通过对庞杂的科技档案信息进行优化与有序化，集中相同科技档案信息，增强了科技档案信息的针对性，缓解了科技档案利用的矛盾。如果航天档案馆根据基本用户的利用要求，将卫星研制档案中1600多个研制过程的相关技术信息，分别加以系统化，使有关科技档案内容的查找时间从十几天降至2～50秒，而且查全率大大提高。为该档案馆吸引来源源不断的利用者。

2. 扩大了科技档案的利用范围

由于科技档案是科技活动的直接记录，其反映的信息内容十分丰富，能够满足多种目的和不同角度的利用需求。由于科技档案信息的现实作用能够给利用者带来可观的技术经济效益，使得科技档案所有者要求控制对它们的利用，以便保护自己的合法权益，对此国内外档案的利用概莫能外。长期以来，控制科技档案信息的利用，主要通过按时间或内容划定科技档案的保密范围，禁止保密科技档案的利用。这种从整体上控制的方法，在保证档案信息安全的同时，也遏制了其中无须保密的科技档案信息的利用，缩小了它们的正常利用范围，这是提供档案原件的利用方式无法避免的。实际上，即便是保密的科技档案，也应该在一定条件下被利用，否则就违背了保存科技档案的宗旨，其关键在于以何种方式控制或者提供科技档案信息。科技档案编研能够根据保密要求，通过确定不同的选材范围和流通方式，回避保密信息，解决了提供原件利用的这一棘手问题。例如，某特种工程设计院在一种武器库拱门的研究设计中，提出的新的设计理论和依据，具有广泛的推广应用价值。但是该项目的特殊性决定了其工程设计档案的保密性，使具有广泛应用前景的拱门设计信息难以"得见天日"。但是，《拱形门设计数据》这一编研成品，将那些有价值的科技档案信息从其原件中摘编出来，既"解放"了这些信息，相对扩大了科技档案的利用范围；又以其信息的新颖性，提高了科技档案的利用效果。

3. 提高了科技档案信息的质量

科技档案编研工作一方面通过比较、核实、分析，在相同或相似的科技档案信息中排除价值小的突出其最准确、科学的信息；在相同科技档案信息中排除陈旧的保留其新颖的；并且将同类科技活动最新、最优的信息及时提示给其利用者；使他们通过科技档案编研成品，准确掌握最有价值的科技档案信息。另一方面，还要将科技档案信息的原始形式改编成利用者易于接收的信息形式，创造更加便于利用与传播的科技信息载体。如，某省农业科学研究院通过编研工作，将科研人员形成的专业技术文件，改编为我国广大农民一看即懂的科普性读物，直接指导科学种田。这两方面的努力，显著地改善了科技档案的利用效果。

（二）科技档案编研为科学技术的商品化创造了条件

科技商品化或者科技成果价值的实现取决于流通的范围，这些科技成果信息流通得越快越广，被知晓的范围越大，就可能实现更大的效益。科技成果档案信息是一种具有较高技术、经济价值的、实用性强的科技信息，应该成为科技成果交流的重要媒介。但是在以往的档案信息交流中，为了保证档案信息的安全，不允许以档案原件进行交流。编研工作形成了相关科技成果档案的"替身"，并且可以根据需要进行复制，使处于静止、离散状态的原生科技档案信息，变为动态、系统的信息流，为科技成果的交流创造了条件，也进一步完善了国家的科技信息系统。

1. 科技档案编研为现代技术贸易提供了媒介

社会主义市场经济体制为科技成果的转化创造了条件，科学技术市场的形成进一步疏通了科技成果商品化的渠道。科技成果转化对于国民经济发展具有重要意义，是多、快、好、省地提高国家科技水平的重要决策。如果说现代科技推动社会经济的增长是通过新技术成果的广泛应用实现的，那么，新技术应用就离不开市场机制，离不开技术贸易。发达国家国民经济的高速发展无一不是如此。我国在科技成果转化方面还存在很大的潜力。

现代科技档案部门已经成为科技生产系统的组成部分，越来越直接地参与科技成果的推广应用活动，在计划经济条件下，科技活动一旦通过成果鉴定便结题归档，大量科技成果将变成可开发的科技成果档案，这就为档案部门推广科技成果创造了条件。

当代科学技术的进步，促进了科技分工与科研设施的完善，导致技术发明越来越多的出于科技实验室。而信息技术的发展使科技成果的载体形式日益完善，技术发明有可能与其物质形态产品相脱离。上述二者的结合，造就了现代科技贸易以科技信息作为载体的基本形式，使科技文件成为科技贸易的主要承担者，进一步为科技档案部门参与科学技术贸易开辟了新天地。

技术贸易作为特殊的贸易形式，对非物质形态的技术商品提出了特殊的要求，即交易的技术商品（技术文件）应具有创新或先进性、实用性、继承性和垄断性，作为技术贸易主要承担者的技术文件要满足这些要求，必须源于其原始形态的科技成果档案。但是，技术商品出让方不可能直接以自己的科技档案作为技术商品，这是因为，科技档案是科技成果研制活动的"全息"记录，不仅反映了科技成果的最终面貌，而且还反映着与成果相关的其他研制信息，其中包含的某些自备技术、技术诀窍、特殊的制造工艺以及其他中间成果等科技信息，有可能比出让的科技成果具有的价值。这些是科技档案所有者不愿意轻易出售的，至少是不能以这种价格出售的。由于技术贸易的双方不可能直接交易相关科技成果的档案,就要求专门为技术成果交易准备一套技术文件。显然,这样的科技文件必须通过对原科技档案信息的加工——编研工作来完成。

2. 科技档案编研成品为物质商品流通疏通了渠道

在商品经济时代"酒香不怕巷子深"的程式已经成为"明日黄花",其商品交易额不仅取决于商品的信誉和质量,同时还取决于商品的宣传力度。科技档案编研成品在这方面也大有"用武之地"。

(三)科技档案编研工作适应了国民经济信息化趋势

信息基础设施是信息化的前提,包括信息保障、信息设备与设施、信息资源、信息组织和信息人才建设。人们形象地将信息设备与设施称为"信息高速公路"。而一旦建成"信息高速公路",信息数据库建设必将成为信息化的关键。发达国家为了占领现代"信息战"的"制高点",从20世纪60年代起开始科技信息数据库的建设,当前国外的数据库建设,已经从科技信息数据库,发展为面向社会和人民生活的全方位数据库。

(四)科技档案编研工作促进了科技档案工作的发展

纵观科技档案事业的产生与发展可以看出,科技档案工作是适应社会需要而产生的,我国科技档案工作的发展始终与国家科学技术、经济建设的发展同步前进,也必然要随着社会发展,不断地调整、完善自己的工作内容及其重点。科技档案编研工作的发展恰恰适应了这一规律。

1. 科技档案编研工作完善了科技档案工作的职能

虽然,科技档案工作一直担负着保管和利用科技档案的社会责任,并在自己的活动中逐渐形成了"六个环节"的业务内容。但是在科技档案工作发展的各个阶段,围绕各自的主要矛盾形成了不同的工作重心。在科技档案工作的创建阶段,主要矛盾是集中科技档案,否则就没有开展科技档案业务工作的物质基础,因此,长期以来科技档案工作的主要精力,都放在收集和立卷等档案业务建设方面,形成了侧重于科技档案实体管理的传统管理方式。经过40多年的积累与发展,科技档案部门已经成为蕴涵丰富的科技档案资源管理部门,充分发挥科技档案的作用必然成为当前科技档案工作的关键。解决问题的方法是将科技档案管理推向深入,通过科技档案编研活化科技档案信息,实现对科技档案的"智能管理"。这是科技档案工作迈出的关键的一步,这一步突破了传统科技档案管理自我封闭的羁绊,使科技档案管理从实体管理,进入实体与信息管理并重的新阶段。而只有施行科技档案信息的智能控制,科技档案工作的"六个环节"才能更有意义。因此,开展科技档案编研工作,实质上是完善了科技档案开发利用工作的职能,提高了科技档案工作的社会价值。

2. 科技档案编研工作强化了科技档案业务基础

编研工作是在传统的科技档案业务建设的基础上发展起来的,编研工作的开展必须依靠雄厚的信息资源基础,有了种类丰富、内容可靠、分类科学的科技档案典藏,才能顺利地创造出优质的编研成品。为此,开展编研工作必须进一步强化科技档案的基础工作。同时,科技档案编研人员通过利用科技档案，亲身体验了基础工作的具体问题，使他们能够自觉地改进、完善基础工作，进一步提高科技档案管理的科学性。而科技档案编研工作提供的科技档案编研成品，作为档案利用的"替代物"，不仅方便了科技档案的利用；而且，有利于科技档案的交流与保护。科技档案编研成品良好的利用效果，增强了科技档案利用者对科技档案部门的理解和信任，为科技档案工作赢得了广大利用者的支持，创造了科技档案工作发展的良好外部环境。

3. 科技档案编研工作锻炼了科技档案工作者，提高了他们的业务能力

科技档案编研是开发科技档案信息资源的高级形式，是对科技档案信息深层次的加工，因而对编研人员有诸多方面的较高要求。首先，要求编研人员具有强烈的信息资源意识和敏感的洞察力，能够及时捕捉有价值的信息及信息需求，自觉开发科技档案信息资源，其次，这项工作对编研人员有较高的素质要求，包括，政治理论和政策水平、相关专业科技知识、文字能力、外语能力、档案业务能力和科学管理能力等。对于科技档案人员来说，从事科技档案编研工作是一种新的机遇和挑战，迫使他们自觉加强学习，不断充实自我，提高综合业务素质。另外，编研工作的实践促使编研人员走出档案部门；加强与技术业务部门、信息流通部门、信息服务部门和出版印刷部门的联系，开阔了他们的视野，锻炼了他们的组织协调能力，进一步增长了才干。开展编研工作提高了科技档案工作者的素质，形成了一支高素质的科技档案研究队伍，必将对科技档案工作的发展产生深远的影响。

五、科技档案编研工作的性质

科技档案编研工作的性质是科技档案编研工作与其他档案工作区别的显著标志。通过工作目的、内容和方法的比较可以看出，科技档案编研工作是一项具有研究性和服务性的科技档案工作。

（一）科技档案编研工作的研究性

科技档案编研与具有管理性、专业性、服务性的其他科技档案工作相比，研究性是其最突出的特点。

1. 研究是科技档案编研工作的实质，贯穿于整个科技档案编研工作始终

科技档案编研工作的名称，集中反映出其工作特点或基本内容是信息研究。"编研"是档案部门创造的一个复合概念，虽然看上去像是两个简称的组合，实际上"编"和"研"两项内容是密不可分、互为表里的，即科技档案信息研究寓于科技档案信息编辑（加工）之中，研究是编研工作的实质，编辑（加工）是它的表现形式。

科技档案编研是充分发挥科技档案作用的重要措施。那么，库藏中哪些科技档案最有价值？哪些档案最适合以编研成品的形式出现？谁最需要这些科技档案信息？这些信息在什么条件下才能充分发挥作用？所有这些问题都需要编研人员对库藏内容、利用者及其利用需求进行研究后才能得出结论，编研选题就是这些研究的初步成果。进入编研的选材、加工、编排甚至交流等阶段，同样离不开信息研究。入选材料需要在对科技档案内容进行研究后确定具体加工方法和要求体现了编研人员对科技档案信息价值、利用者特点及其利用需求，以及相关信息流通效果的综合研究，

甚至相对简单的材料编排也必须在研究信息特点、应用领域及其最适宜的传播方式与技术的基础上才能做好。总之，研究贯彻于科技档案编研工作的始终，离开了研究，编研工作就寸步难行，研究是科技档案编研工作的本质所在。

2.科技档案编研的特点

（1）研究内容广泛

即科技档案编研的研究对象多、涉及的因素多、综合性强。首先，科技档案的专业性，要求编研人员对科技档案反映的相关科学技术及其活动情况有必要的了解，只有掌握了相关科学技术的原理和基本方法、科技活动的历史背景、发展水平、变化趋势等，才能保证提供信息的针对性，才能为科技活动提供客观的指导和借鉴。其次，除了需要对科技档案信息、信息加工技术和方法进行研究外，为了实现编研成品的价值还必须研究信息传播的理论和技术，研究国家的科技政策、国家或地区实际情况，以便提供的科技档案信息具有先进性和现实性，真正起到促进科技进步的作用。因此，编研工作研究的范围涉及社会科学、自然科学和数学领域，比一般科研人员的研究内容更加宽泛。

（2）科技档案编研的研究方法比较单一

科技档案编研研究与一般意义上的科学技术研究具有一定的差别，一般科学技术研究以物质世界、自然现象和科技活动为研究对象，其目的是揭示客观事物的本质、内在联系和运动规律。一般科学技术研究主要通过研究人员的独立思考、观察、实验、计算分析等方式，其成果往往是发现科学规律、提出新的理论、创造新的技术或成品，直接促进社会技术经济的发展。科技档案编研工作所研究的对象主要是科技档案信息及其相关技术知识，其目的是为科技研究及其管理提供优质、可靠的信息支持；因而，其研究主要是运用逻辑思维的分析、综合、比较和推理等方法，一般不进行试验；其成果主要是各种形式的编研成品，它们是通过利用者间接地为社会服务。

（二）科技档案编研工作的服务性

科技档案编研是一项信息服务工作，具有典型的服务性特征。

就科技档案编研工作的客观效果分析，它主要是以向利用者提供更加便捷、优化的信息产品，为科研生产活动创造条件。科技档案编研工作价值的实现，不仅取决于编研成品的质量，而且必须依靠利用者的信息能力，通过利用者对编研成品提供的科技档案信息的理解、吸收，在他们的科技活动中体现出来。换言之，科技档案编研工作者开发科技档案信息并不是为自己的需要，而是为了协助其利用者从事科技活动，通过为利用者服务达到为科技活动服务的目的，进而实现编研工作的价值。

就科技档案编研工作的社会地位而言，它是社会信息服务业的重要组成部分。20世纪后期世界科学技术的新突破，促进了信息技术突飞猛进的发展，导致了社会财富结构的重要变化。信息不仅成为公认的社会财富，而且还取代了物质财富的优先地位。信息的价值刺激了信息服务业的飞速发展，使他们成为"信息产业"的重要标志之一。信息服务业是我国大力发展新兴的第三产业的一个重点,它既包括咨询业、又包括传统的图书馆事业等所有信息产品开发业。处于发展中的科技档案部门,应当充分意识到,科技档案是国家科技信息资源的重要组成部分,是社会信息不可或缺的成分,具备为社会服务的必要性,自觉地将自己建设成为国家的信息产业部门。有些科技档案工作者对"信息产业"这一概念的理解,仍停留在计划经济的框架之中,认为不能完全向社会开放的档案工作与信息产业无缘。我们不妨借鉴发达国家对信息产业的认识,美国信息经济学家马克·波拉特将信息产业划分为一次和二次信息部门。

一次信息部门包括所有向市场提供信息产品和信息服务的企业。他们的信息可以作为商品交换。第二信息部门包括政府和非信息企业创建的用于自己内部消费的全部信息服务部门。他们是政府和民间的管理部门,它们提供的信息产品和服务,并且没有明显的交换方式发达国家新兴产业的结构尚且如此,处于发展中的中国科技档案工作者,一定要客观分析面临的形势,自觉地与信息产业接轨,以更加适合社会需要的信息服务形式为社会服务,在服务中求得自身的持续发展。

六、科技档案编研工作的原则

(一)存真原则

存真原则,即科技档案编研必须坚持实事求是的科学态度,保持科技档案信息及其传播效果的真实性。存真原则是科技档案工作基本原则在编研工作中的具体体现。科技档案是科技活动的真实记录,其形成、积累的规律和制度,保证了科技档案的历史真实性,编研人员必须对此坚信不疑。信息资源的可靠性,造就了科技档案编研成品不同于其他信息产品的一系列特点,也成为科技档案编研成品的价值基础。由于科技档案编研产品容易交流与保存的优势,其真实性就显得尤其重要。坚持存真的原则,要从以下方面入手。

1. 保证编研材料的真实性

编研材料作为科技档案编研成品的"原料"决定着其价值和作用。强调编研材料的真实性。首先,要求信息来源——科技档案实体必须真实。根据科技档案形成特点,真实的科技档案实体一定是与相关科技活动同步形成的。这些科技文件在形成过程中,不仅经历了严格的科技审查、处理程序,而且经过实践的检验,具有较高的可靠性。其次,要求科技档案记录内容是准确的。一般而言,科技档案实体是真实的,其记录的内容也应该是客观、准确的。但是这并不排除某些档案内容在形成、记录的过程中,由于形成者的局限性,有可能自觉或不自觉地造成一定程度的信息失真。特别是编研过程中还需要利用其他相关材料,对相关科技档案信息进行补充,这些都要求编研人员进行严格地查证,以保证选用的科技档案信息忠实地记录和反映客观历史面貌及其发展规律。

2. 维护科技档案信息的动态真实性

由于科技活动的延续性和科技档案编研成品的现实作用,要求其提供的科技档案信息必须持续地反映相关科技活动的历史面貌,因此,编研材料不仅要真实地反映相关科技活动某一阶段的历史面貌、还要客观地反映其各阶段的发展、变化,特别是近期的状况或状态,这样的科技档案信息才具有较强的现实使用价值。不仅在编辑加工阶段要强调编研材料的动态真实性，而且在科技档案编研成品的流通过程中，仍然要避免信息传播的过程中可能出现的失真现象，最终保证科技档案编研成品的真实性。

3.客观地评价科技活动

在研究和鉴别科技档案信息及其科技活动的历史面貌，必须以辩证唯物主义和历史唯物主义为指导，是客观评价科技活动及其档案信息的科学基础。科技档案编研虽然不像历史文献研究那样，直接和普遍地涉及政治、政策等问题，但是要客观地评价科技活动的政治历史意义，准确评价它们的科技状况和推广应用价值，没有正确的指导思想，没有马列主义的指导，难免出现主观主义、唯心主义、急功近利等问题，就不能客观地研究与有效地开发科技档案信息资源。

（二）效益原则

效益原则，指科技档案编研成品必须适应科技生产、科技管理与社会其他工作的客观需要，通过对科技档案信息的优化，保证科技档案编研信息的先进性和实用性，进而实现其较高的利用效益。这一原则是根据科技档案编研工作的特点，特别是针对科技档案编研工作与社会信息服务接轨，而提出的指导编研工作的组织管理原则。

首先，科技档案编研工作是科技档案信息的智力生产活动，需要较高的投入，包括编研人员的高素质、物质和财力消耗和一定的风险。只有保证科技档案编研成品较高的利用价值和利用效益，科技档案编研工作才具有一定的社会意义。其次，目前我国的科技档案编研工作已经进入自觉发展阶段，社会对档案部门的要求，已经不是能否开发科技档案信息产品，而是如何开发的问题。市场经济条件下，信息服务业面临着激烈地竞争，信息技术的普及使这种竞争更加残酷性，其结果必然是信息服务业的重组。科技档案部门只有提供低成本高效益的信息产品，才能保证自身的持续地发展。显然，高效益已经不仅是对编研成品质量的要求，必然包括科技档案编研工作的要求，即编研工作如何获得合理的投入产出比。这就涉及每一个编研项目（课题）或每一编研作业的科学组织与管理。因此，效益原则也是指导科技档案编研工作集约化、科学化的重要原则。

科技档案编研成品的效益，首先来自一定规模的需求，而这种需求不是抽象或广义的，必须针对具体的利用群体，这是科技档案编研成品效益的客观基础。为此，科技档案编研必须认真研究利用者及其利用需求。其次，根据科技档案利用的特点，编研成品的效益还要依据自身的信息优势，这不仅出于档案信息的真实性，更依赖于编研工作对信息优化的功能，即科技档案编研必须对科技档案材料、信息加工方法、编排体例及其流通方式，进行认真的比较与选择。

编研工作对科技档案信息的优化，一方面，表现为根据不同的服务目的和主题选择科技档案信息。例如，为领导决策服务的科技档案编研成品，应该选择最能反映本质问题、多侧面的、比较精练的档案材料；为保存史料服务的科技档案编研成品，则应选择最原始的、最典型的科技档案材料；为推广技术成果或进行技术贸易服务的科技档案编研成品，就要选择那些适用性强、比较成熟的科技档案材料；主要在内部使用的科技档案编研成品，应尽量选择比较新颖的信息内容，

/199/

甚至要适当选择一些机密性的科技档案信息；如果是为交流而形成的科技档案编研成品，其材料的内容深度、新颖性和机密程度都必须加以控制。另一方面，表现为选择适当的信息加工方法。科技档案编研加工，除了有使科技档案信息更加准确外，还有一个重要的目的，就是要使科技档案信息易于理解，以强化其作用。因此科技档案编研人员必须认真研究档案信息和科技信息加工的各种方式、方法及要求，在存真的基础上使科技档案信息得到升华。优化的方法贯穿于科技档案编研工作的全过程。如，编研主题的优化，即根据比较突出的信息需求选择编研成品的主题；编研成品类型的优化，即确定最适合的形式体例；编研素材的优化，即根据编研目的与编研主题选择、确定适宜的科技档案材料；信息加工方法的优化，即根据利用者的具体情况确定加工的方法与要求；甚至最后确定科技档案编研成品的印制形式和交流方法都需要经过适当的优化。显然，优化是实现编研成品效益的具体手段。

优化科技档案信息的实质是比较与鉴别，其关键在于衡量的标准。在编研实践中，针对科技信息需求的特点，提出了以科技档案信息的先进性和实用性作为衡量其适用性的具体尺度。因为，编研工作提供的科技档案信息，只有反映相关科学技术的新理论、新方法或新成就，才具有较大的吸引力和信息扩散能力。然而，任何技术的先进性都是相对的，一味追求先进性，对其应用环境不加分析，就会脱离实际无法应用，先进的信息只要与实用性结合，才能适合利用者的信息需要，进而真正实现编研成品的现实使用价值。

（三）合法原则

合法原则，即科技档案编研必须遵守与研究、加工和公布科技档案信息的行为有关的法律和法规，维护开发利用科技档案信息各方的合法权益。科技档案编研是一项科技资源的研究开发活动。从选题开始直到编研成果的传播，必然要涉及各种经济和社会关系，难免遇到这样或那样的矛盾，法律是调整各种社会关系的行为规范。社会主义市场经济是法治经济，必须依靠法律调节和保护各种技术、经济行为。我国法律体系的不断完善，给科技档案编研提供了法律保证。编研人员必须树立法律观念，自觉遵守法律、运用法律，以法律指导证科技档案编研工作健康、顺利的发展。

1. 科技档案编研必须符合《档案法》的有关规定

科技档案编研要遵守《档案法》，尤其是利用与公布档案的有关规定，包括公布档案的权限、内容和时间等内容。

（1）关于开发科技档案信息的内容与时间范围的规定

根据《档案法》规定，我国的历史档案已经于1988年10月向社会开放；各类档案馆还将分期、分批地把从形成之日起满三十年的现行档案向社会开放。对各单位保存的档案的开发利用，一般应照此办理。

促进科技档案利用工作的健康发展，必须处理好保护国家和企业的利益与充分利用科技档案信息的关系。为此，《中华人民共和国档案法实施办法条文释义》从公布的内容及其影响两方面，提出了对某些档案开放的具体限制要求。其中与科技档案关系密切的如：涉及国家领土、国防设施、军事要地、军品贸易、军工科研及生产，对社会开放不利于维护国家主权和领土完整、危害国家的战略防御能力的内容；涉及我国科学技术的关键技术、技术诀窍、传统工艺、配方、重要资源，对社会开放会削弱我国经济、科技实力或使国民经济遭受损失的内容；涉及外国在华机构形成的、对社会开放会引起档案所有权纠纷的内容；涉及著作权、发明权、专利权，对社会开放会造成侵权诉讼的内容；尚有法律效力的中外产权、债权档案，对社会开放会引起外事纠纷并有损国家利益的内容；机关、单位和个人移交、捐赠、寄存档案时明确提出不能开放的内容等。在确定开发科技档案信息主题、选择编研材料时，必须以此为依据，杜绝上述科技档案信息在公开流通的编研成品中出现。

（2）关于公布档案权限的有关规定

《档案法实施办法》第24条，明确界定了公布档案，系指通过下列形式首次向社会公开发表："（一）通过报纸、刊物、图书等出版物发表档案的全部或者部分原文；（二）通过电台、电视播放档案的全部或者部分原文；（三）陈列、展览档案或者复制件；（四）出版发行档案史料（全文或者摘录）汇编以及公布出售档案复制件；（五）散发或者张贴档案复制件；（六）在公开场合宣读、播放档案原文。"科技档案编研基本上属于公布档案的范畴。因此应该遵守一般利用者无权公布档案，档案所有者才有权公布自己档案的规定，充分开发自有档案资源；坚持开发档案信息必须经单位领导或档案所有者同意，公开交流的编研成品应该履行一定的审批手续。

2. 科技档案编研应遵守《中华人民共和国保密法》和《科学技术保密规定》

科技档案编研必须处理好开发与保密的关系，在保护国家利益与信息安全的基础上，合理开发科技档案信息资源，促进科技档案信息交流，解放和开发科技生产力。《中华人民共和国保密法》和《科学技术保密规定》对此做出的具体规定，是科技档案编研必须履行的义务。因此，科技档案编研要保证：第一，严禁开发"绝密"和"机密"的档案信息；第二，对编研涉及的"秘密"以下密级的档案信息，必须经过相关权限的批准；第三，对含保密信息的编研成品，必须明确标注其保密等级与利用范围；第四，必须事先使利用者明确，使用含保密信息编研成品的保密的责任与义务；第五，编研人员必须多方面考虑利用后果，尽量避免有关编研信息的传播可能带来的不良影响。

3. 科技档案编研工作应自觉履行《中华人民共和国专利法》（以下简称《专利法》）

《专利法》是保护发明成果的排他性的专有权，即专利权人有利用其发明、创造的独占权。未经专利权人同意，任何单位和个人都不得利用专利发明创造。在科技档案编研工作中遵守专利法，是妥善处理推广应用新技术的有力措施。为此，应做到：

第一，编研具有创新意义的科技成果档案信息要慎重，以免由于过早公布相关科技档案信息破坏了该科学技术的新颖性，影响专利的申请。第二，编研涉及专利技术的科技档案信息，一定要经过相关专利权人的许可。第三，反映专利技术信息的编研成品应该独立成篇（册），而且公开信息的程度要适当。

4. 科技档案编研工作应自觉贯彻《著作权法》

《著作权法》保护人们对自己精神劳动成果享有的合理权益，包括保护作者和其他著作权人的发表权、署名权、修改权、保护作品完整权和使用并获得报酬等权利。《著作权法》对科技档案编研工作具有重要保证和指导作用。

（1）为保护科技档案编研人员的著作权提供了法律依据

《著作权法》明确规定了编辑成果的作品地位，明确了科技档案编研人员应该享有的有限著作权，调动了编研人员的积极性，为科技档案编研工作的健康发展提供了法律保证。

（2）指导编研人员处理好相关著作权关系

《著作权法》第十四条规定："编辑作品由编辑人享有著作权，但行使著作权时不得侵犯原作品的著作权。"告诫编研人员应该处理好与原作者的关系。为此，科技档案编研人员必须要尊重原作者的精神劳动，首先，应该事先告知其形成者准备编研的科技档案内容，有的还需要经过他们的同意；其次，编辑人员不能歪曲科技档案的原意，未与原作者商议，不能擅自对档案原文进行实质性修改；必要时还应该以一定的形式对重要档案的形成者表示感谢等。

（3）规定了科技档案编研成品的性质

根据《著作权法》第十六条规定："公民为完成法人或者非法人单位工作任务所创作的作品是职务作品，""作者享有署名权，著作权的其他权利由法人或非法人单位享有，法人或非法人单位可以给予作者奖励。"第十一条规定："由法人或者非法人单位主持，代表法人或者非法人单位意志的创作，并由法人或者非法人单位承担责任的作品，法人或者非法人单位视为作者。"根据这些条款的规定，科技档案编研成品属于法人作品或者职务作品，这就进一步明确了编研人员相应的权利与义务及其与本单位的著作权关系。例如，编研人员除对职务作品拥有署名权以外，并不具有其他著作权；但是，编研成品的著作权人（单位）必须对科技档案编研人员的智力创造给予认定，如给予奖励或者表彰等。

《著作权法》界定了科技档案编研有关方面的权利与义务，从根本上创造了适宜科技档案编研工作发展的客观环境。科技档案编研人员必须深刻理解其内容，以此规范科技档案编研行为，维护单位与个人的权益，保证科技档案编研工作在法治的轨道上健康发展。

第六节 设备仪器档案的管理

一、概述

（一）标准及其意义

标准是衡量事物的准则，是人们在社会实践活动中为了使管理工作系统化、统一化和科学化而制定出的一种衡量事物的准则。标准的种类在各行业中是不一样的，医学装备分类与代码标准是卫生行业标准中的一种。

标准是在人类的社会活动中逐步出现形成的，是为满足人们的需要而制订的。例如，为适应科学发展和合理组织生产的需要。在产品质量、品种规格、零件、部件通用等方面规定了技术标准。

医学装备分类与代码标准是基础性标准的一种，其制定也有它产生和发展的过程，是在生产经营和使用的管理过程中逐渐形成的。医学装备种类繁多，科学化管理要求必须有一个科学的分类和代码。信息交换又要求有一个统一的标准。

生产厂家在其产品种类逐渐增多时，总想将其划分成几类。经营部门在经营到成千上万种物品时，如果不分门别类地进行管理，也会产生极大的麻烦。对使用单位来说，在进行管理的过程中，如记账、统计、清查等工作，更需要按不同的类目进行管理。

在当代的科学管理中，计算机是必不可少的工具，没有一个科学的物资分类代码，就无法完成应该完成的一系列信息工作和统计运算工作。

对于一个物品来说，无论是在生产领域、商业流通领域还是使用单位，最好都能有一个统一的分类与代码标准。

（二）物品分类编码标准

物品分类编码标准是人们将社会上物品的名词、术语，包括范围、计算方法和计量单位，做出统一规定，按科学原则和方法进行分类，加以编码，经有关方面协商一致，由主管机关批准，发布，作为下属各单位在一定范围内进行信息交换时共同遵守的准则和依据。

我国的物品分类编码体系由四级组成，即：国家标准、行业（部门）标准、地方标准和企业（包括事业）标准。

1. 国家标准

国家标准是供全国范围内使用的标准，它是经中国标准化与信息分类编码研究所技术审查，由国家技术质量监督局批准并发布的物品信息分类编码标准。即《全国工农业产品（商品、物资）分类与代码》[CB7635-87]。其使用范围有四个方面：

一是供在全国范围内，特别是国家、部门、地方之间交换信息使用；

二是供国家综合部门收集和处理信息使用；

三是当国家标准能满足部门、地方和企业的使用要求时，部门、地方和企业可直接作为收集和处理信息之用；

四是制定行业（部门）、地方、企业标准的基础，它们可以依据国家标准进行延拓、细化。

2. 行业（部门）标准

行业（部门）标准是在本行业（部门）内使用的标准，它是由国务院主管部门批准并发布的信息分类编码标准。行业标准必须与国家标准兼容，其使用范围是：

一是供某一行业（部门）范围内交换信息使用；

二是供行业综合部门收集和处理信息使用；

三是当行业（部门）标准能满足下属单位要求时，可直接作为下属单位收集和处理信息之用；四是制定企业标准的基础。

3. 地方标准

是指省、自治区、直辖市、计划单列城市和省辖市制定的标准，它是供某一地方使用的标准，是由地方人民政府的标准化行政部门批准并发布的标准。按照《中华人民共和国标准化法》规定：对没有国家和行业标准而又需要在省、自治区、直辖市范围内统一的工业产品的安全、卫生需要，可以制定地方标准。而且还规定在国家标准或行业标准推行之后，该项地方标准即行废止。医学装备因其使用的普遍性等诸多原因，一般不搞地方标准。在我国，在四级标准的基础上，国家或行业标准又可根据使用中的不同要求分为强制性标准和推荐性标准。

（三）标准的法规性

标准具有严肃的法规性，它是各项经济技术活动中的有关各方共同遵守的准则和依据。在信息交换时，必须统一执行与交换范围相适应的物品分类编码标准，以获得最好的经济效益。

国家标准的维护管理部门明确指出：当标准适合于下级管理部门需要时，下级部门应直接采用该标准；当不能完全满足需要时，允许下级管理部门制订使用自己的标准，但必须与相关的上级标准兼容，以保证信息交换的顺利进行。

二、医学装备的分类与代码标准

（一）医学装备的分类与代码

通常所说的物品分类与代码，是由国家主管部门组织专门人员将生产部门的产品、商业流通领域中的商品和使用单位中所用的物资（即产品、商品、物资，统称之谓物品），按照科学方法进行统一分类，并分别给以不同的数字代号，形成一物一个数码代号，以满足主管部门的统计、分析、决策和管理，对全国各行业各单位之间的信息交流也是极为重要的。

医学装备的分类与代码是由国家卫生行政部门组织专门人员，将卫生系统所用的医疗、教学、科研和药品生产等方面的仪器设备和有关材料在国家物品分类与代码（CB7635-87）的基础上，进行延拓、细化，编制出来的，并注意保持了与国标的兼容性。

无论是国家范围的物品分类与代码，或者是医学装备的分类与代码，都要力求科学性、标准化，并保持一物一码的原则。

（二）医学装备分类与代码的产生

医学装备管理工作者，在以往的管理工作中，特别是在账、物、卡的管理中，均使用各种不同的分类编码方法，有根据自己的知识和经验自行编制的，有采用其他有关单位使用的分类号，也有采用有关系统，如原国家教委制定的编码。分类编码的不统一，给单位间和卫生系统内外的信息交换带来了很多困难。为此，1984年卫生部《医学技术装备丛书》编委会提出并起草了医学装备分类编码初稿，得到了卫生部领导的高度重视。

1987年卫生部计划财务司正式发文组织编写医学装备分类与代码标准，并委托北京医科大学牵头，会同山东医大、上海医大、中国医大、中山医大、白求恩医大、同济医大、华西医大、湖南医大、广州中医学院、北京中医学院、中国医学科学院、中国中医研究院、中国预防医学科学院、北京生物制品研究所和中日友好医院的25位专家教授组成编写组。

（三）医学装备分类与代码标准的执行与修订

《全国卫生系统医疗器械仪器设备（商品、物资）分类与代码》[WZB01-90]，在全国卫生系统组织了多次宣传贯彻、培训和推广应用活动。

《全国卫生行业医疗器械、仪器设备（商品、物资）分类与代码》[WS/T118-1999]保持了与国家标准《全国工农业产品（商品、物资）分类与代码》[GB 7635-87]的兼容性，是它的子标准。它是现阶段卫生行业统一核算的基础标准，是卫生行业经济技术信息交换的共同语言，是卫生行业进行的各种汇总统计和报表的依据。

三、医学装备分类与代码的编制原则和方法

（一）医学装备分类与代码的编制原则

医学装备分类与代码是卫生行业标准，是国家标准的子标准，其编制原则必须坚持统一化、规范化和科学性。

必须保持与国家标准《全国工农业产品（商品、物资）分类与代码》[GB 7635-87]的整体原则和兼容性。

以设备的自然属性为主，结合医学装备的具体情况和使用方向进行分类。

结合全国卫生行业管理的需要和当前的实际管理水平。

结合生产和流通领域的现行分类和个别惯用名称进行分类。

（二）医学装备分类与代码的编制方法

采用国家标准《全国工农业产品（商品、物资）分类与代码》[GB 7635-87]中的门类和四层八位分类与代码。

为了保持国家标准的完整性和系统性，也为了应用的方便，并保证与国家标准的兼容性，全部采用了国家标准中的A、B、C、D、E、F、G、H、J、K、L、M、P、Q、R、S、T、U、V、W、X、Y、Z等23个门类及其名称，同时，也全部采用了01.02.03……92、99等共87个大类的代码及其名称。

四层八位分类与代码的含义：四层八位分类与代码，是将物品分成一、二、三、四，四个类目层，分别代表大类、中类、小类和品名类四个层次，再分别给每个层次以不同的数字代号，每层的数字代号均以两位阿拉伯数字表示，整体上说，就是四层八位的分类与代码。

在国家标准的第二、第三和第四层的一些类目上进行延拓、细化和补充。重点是"68"类和"87"类，而且将进口仪器设备也编入其中。其中"68"类共延拓、细化和补充了约3000余条，比较全面。

保持了分类编码的区间性在各层，特别是品名层中，将品名相近的物品尽量集中到相邻代码

中，以带"9"的代码，比如，"09""19""29"等相隔，这就是分类代码的区间性，便于区分和管理，也避免了从01-99之间的杂乱无章地排列。

空类目编码的原因及处理办法。为了便于查找使用"国标"，在引用"国标"类目时，有引用到第一层的，有引用到第二、第三层的，没有引用到第四层，所以在其代码后面没有补零到第八位。用户使用到这些类目时，必须去查找"国标"中的具体分类代码。

"68"类的补充、细化和延拓的原则坚持医学装备大类的内涵性。属于医学装备的类目均列在该类中，其他类目中有列类的，则坚持不列在"68"类。在遇到其他类目中没有列类的物品，又找不到更为合适的类目时，以用途为主考虑，暂列在"68"类，但在物品名称前一般加上了"医用"两个字，比如，684114医用蒸馏、纯水设备（684116一般医用化验器具、685480医用凳、椅、台床，685614医用推车等。

打破行业与管理单位的界限进行分类和命名。坚持打破行业界限，将物品补充、细化在"国标"的有关类目中，如：防疫车，救护车等医用车辆，也可放在"68"类中，但"国标"，730115专用汽车的说明中注明包括"装有专门设备，具有专门功能"的汽车。故将医用汽车归在"73"类目内。又如，各种医用灯，也可放入"68"类，但"国标"790121医疗用灯具，已有明确列类，只能将各种手术用灯补充在790121类内。

各层中代码的规定每层的代码是两位数字，一般是从"01"开始，按升序排列，最多编到"99"，但第三层一般是从"10"开始，因为第三层的"01"—"09"是开列区，只有特殊类目才能用此代码。

每层中均留有一定的空码，这是为了：保证标准的长期使用，并满足不断增加的类目；保证标准体系的科学性，并保持类目的分段性；为增加和调整类目使用。所以，每层的代码不一定是连续的。

每层中，末位数是"9"的代码，不能随便占用，它是作为该层中的收容类目，作为分段使用的。

四、医学装备分类与代码的应用

医学装备分类与代码的应用，就是贯彻使用卫生行业标准《全国卫生行业医疗器械、仪器设备（商品、物资）分类与代码》[WS/T118-1999]。

在当今兴起的现代化科学管理中，计算机广泛渗透到管理领域。为了便于各种各样的物品的自动收发、管理、统计等，迫切要求有一个科学的物资分类与代码，该标准的实施正是适应了这一现代化管理的要求。同时，对于生产领域，商业流通和使用单位来说，每个物品都有统一的分类代码，也更加利于彼此间信息的交换。在医学装备的应用管理中，有利于工作效率的提高。为提高医疗器械，仪器设备的管理水平，实现经济、技术信息的自动化管理开辟了广阔的应用前景。

（一）查找物品的分类与代码的方法步骤

查找物品名称在本标准内的分类代码时，应从以下几个步骤进行：

1. 确定物品的规范化名称

如果不规范，就应先正其名，力争规范化。如果大致能知道它已有两个或若干个名称，一时

第九章 医院档案实务

又很难确定哪个是规范化的名称。先按较规范化的名称去查找，如果找不到其代码，就按另一个名称去查找。在查找时，一定要兼顾一下分类代码表中的说明，再按说明去查找其代码。

2. 确定物品所属的门类

找出所属大类在看到一个规范化的装备名称后，应确定它应属的门类，比如，医院用的各种防疫车、救护车和胃肠检查车等，再确定它们属交通运输设备门类内的"73"大类公路运输设备及工矿车辆。

3. 查找中分类和组分类

确定所属类目的代码在第四层组分类中再一次辨别确定所查物品的名称与标准中的名称的一致性和规范性，最后确定物品的分类与代码。

（二）遇到物品名称与分类代码的名称不一致时的处理原则

在遇到所用物品名称与分类代码中的名称不一致时，有三种处理情况。

1. 各单位使用物品的名称

不规范时要服从标准中的名称比如，87111925 可见分光光度计是按可见光、紫外光和红外光等波长范围来分的，没有按光电和微量来分，所以，就要查一下使用单位所指的光电和微量等分光光度计所用的波长范围是什么，如果是属可见光的范围，就应该入可见分光光度计类目内，如果是紫外光或紫外可见光范围，就应入到紫外可见分光光度计类目内。

2. 一物多名称问题

实际应用中在遇到一物多名称时，应按本标准中的名称对号入座给以分类代码。如有不同意见，可以逐级向维护管理组反映，并提出修改意见。

3. 标准中名称不规范

受水平限制或者别的原因，本标准中的品名可能有不规范的名称。如果使用中发现这类情况，可以将意见反映给标准维护管理部门，但在没有修正以前，必须采用本标准中的名称，并按适当类目取其代码。

（三）各单位使用的物品，在本标准中找不到分类代码时的处理方法

对于在本标准中确实找不到分类代码的物品，可做如下处理：

查阅"国标"，从"国标"中找出应有的代码。

尽量找合适类目的第四层"99"类，将其列入第四层"99"类目内，但要按照要求的统一格式填表上报给标准维护管理部门。例如，前面讲过，有的单位刚买进了"DNA 修复仪"，在"684030"专用生化分析仪器类目内找不到"DNA 修复仪"的代码，就可将其列入"68403099"类目内，同时将其填表上报标准维护管理部门。

如果难以判断是哪一层的"99"类目时，可将所使用的物品填表报标准维护管理部门，请求暂时给一"99"代码。

使用单位可在相应的类目上增加一个"99"类代码，在各层的空码中增加比较合理的分类代

码，以满足需要，但均须在其代码前加"节"符号，以区别已有的代码。

（四）补充类目时的特殊问题举例

在编制标准的过程中，有些物品在"国标"的类目中并没有恰当的位置，在进行补充，延拓和细化时，为了本部门使用的方便，我们将这些物品分别编制在"68"和"87"类目中，比如，实验室常用的各种振荡器、加热器、搅拌器、加样器、稀释器等设备，没有明显可归入的类目，在"8726"实验仪器及装置类目下增设了"872618"类目——实验室辅助设备。又如：常用的动物实验和饲养设备，按用途分类，仍然在"8726"实验仪器及装置类目下增加一个"872623"动物实验饲养设备。这样，在第四层代码中，便可列入动物固定器、动物笼子、动物隔离器、超净生物层流架，鼠尾脉搏测定仪等。

五、医疗器械、仪器设备（商品、物资）分类与代码的维护管理

（一）维护管理的作用和地位

行业标准的维护管理，就是对标准产生和执行过程中的技术文献以及重要资料的管理；并将有关内容和事项通知使用单位。维护管理就是通过一定的方法和手段去维护标准的完整性、系统性和法规性。

（二）维护管理组织的职责

负责对标准的解释，并承担维护管理任务。

确定维护管理工作的内容和工作程序。

建立标准内容的更改、删除和增添的申报制度。

提供标准的文本和软盘。

负责组织标准的修改工作，并定期向卫健委申报备案。

收集使用单位对标准中的意见和要求，为标准修订工作积累资料。

与有关单位或组织协商标准中内容的更改、删除和增添类目的代码。

定期将标准修改的内容通知有关单位或用户。

在标准贯彻实施过程中，可以补充附加使用说明。

提出标准复审和修订计划。

参考文献

[1] 梅岚. 医院档案管理建设与应用 [M]. 北京：科学技术文献出版社，2019.

[2] 杨广杰. 医院档案数字化管理 [M]. 北京：中国言实出版社，2019.

[3] 红霞. 现代医院档案管理建设与标准化 [M]. 延吉：延边大学出版社，2019.

[4] 付灵运. 医院档案管理研究 [M]. 长春：吉林大学出版社，2017.

[5] 陈栋. 现代医院档案管理 [M]. 北京：科学技术文献出版社，2017.

[6] 王兴鹏. 现代医院 SPD 管理实践 [M]. 上海：上海科学技术出版社，2019.

[7] 蒋飞. 现代医院管理精要 [M]. 北京：科学技术文献出版社，2019.

[8] 徐建江. 新编医院药事管理制度 [M]. 长春：吉林科学技术出版社，2019.

[9] 韩巧灵等. 现代医院护理技术 [M]. 长春：吉林科学技术出版社，2019.

[10] 王溢嘉. 变态心理揭秘 拍案惊奇 变态真相故事集 [M]. 北京：台海出版社，2019.

[11] 王兰平，吴华，张巧穗. 宁波华美医院百年档案 卷 1[M]. 北京：商务印书馆，2018.

[12] 牟锋. 现代医院档案建设与管理 [M]. 北京：科学技术文献出版社，2018.

[13] 刘佳. 现代医院管理档案学 [M]. 长春：吉林科学技术出版社，2018.

[14] 杨励；邓长辉，戴伟令，吴红玲. 医院工作流程管理图集 [M]. 北京：科学技术文献出版社，2018.

[15] 张鑫. 现代档案管理实例分析 [M]. 北京：科学技术文献出版社，2018.

[16] 谭晓东，吴风波，龚洁. 医院公共卫生工作规范 [M]. 武汉：华中科技大学出版社，2018.

[17] 遵义市第一人民医院志编委会. 遵义市第一人民医院志 [M]. 成都：四川科学技术出版社，2018.

[18] 承孝相. 承孝相建筑档案 [M]. 上海：同济大学出版社，2018.

[19] 汪文学. 中国乌江流域民国档案丛刊 沿河卷 县政府档案 （四）50[M]. 贵阳：贵州人民出版社，2018.

[20] 汪文学；梅玉玲校整理. 中国乌江流域民国档案丛刊 沿河卷 县政府档案（二）19[M]. 贵阳：贵州人民出版社，2018.

[21] 谭萍. 基于大数据环境下创新型档案管理与服务研究 [M]. 长春：吉林人民出版社，2020.

[22] 陈苏东. 档案管理原理与务实 [M]. 长春：吉林摄影出版社，2020.

/209/

[23] 汪媛媛, 王思齐, 陈乐. 新时期医院档案管理与发展研究 [M]. 北京: 燕山大学出版社. 2020.

[24] 亢云洁. 档案管理实务 [M]. 北京: 原子能出版社, 2020.

[25] 周璐. 声像档案管理实务 [M]. 昆明: 云南科技出版社, 2020.

[26] 吴娜, 王媛. 会计档案管理实务 [M]. 北京: 当代中国出版社, 2020.

[27] 李明华. 机关档案管理 [M]. 北京: 中国文史出版社, 2020.

[28] 刘月文. 档案管理和信息化研究 [M]. 西安: 西北工业大学出版社, 2020.

[29] 邵海丽. 档案管理与应用创新研究 [M]. 北京: 中国原子能出版社, 2020.

[30] 倪晓春. 家庭档案管理一本通 [M]. 北京: 中国社会科学出版社, 2020.